# モノのお手入れ お直し 作りかえ

暮らしの事典

暮らしの図鑑 編集部 編

SE
SHOEISHA

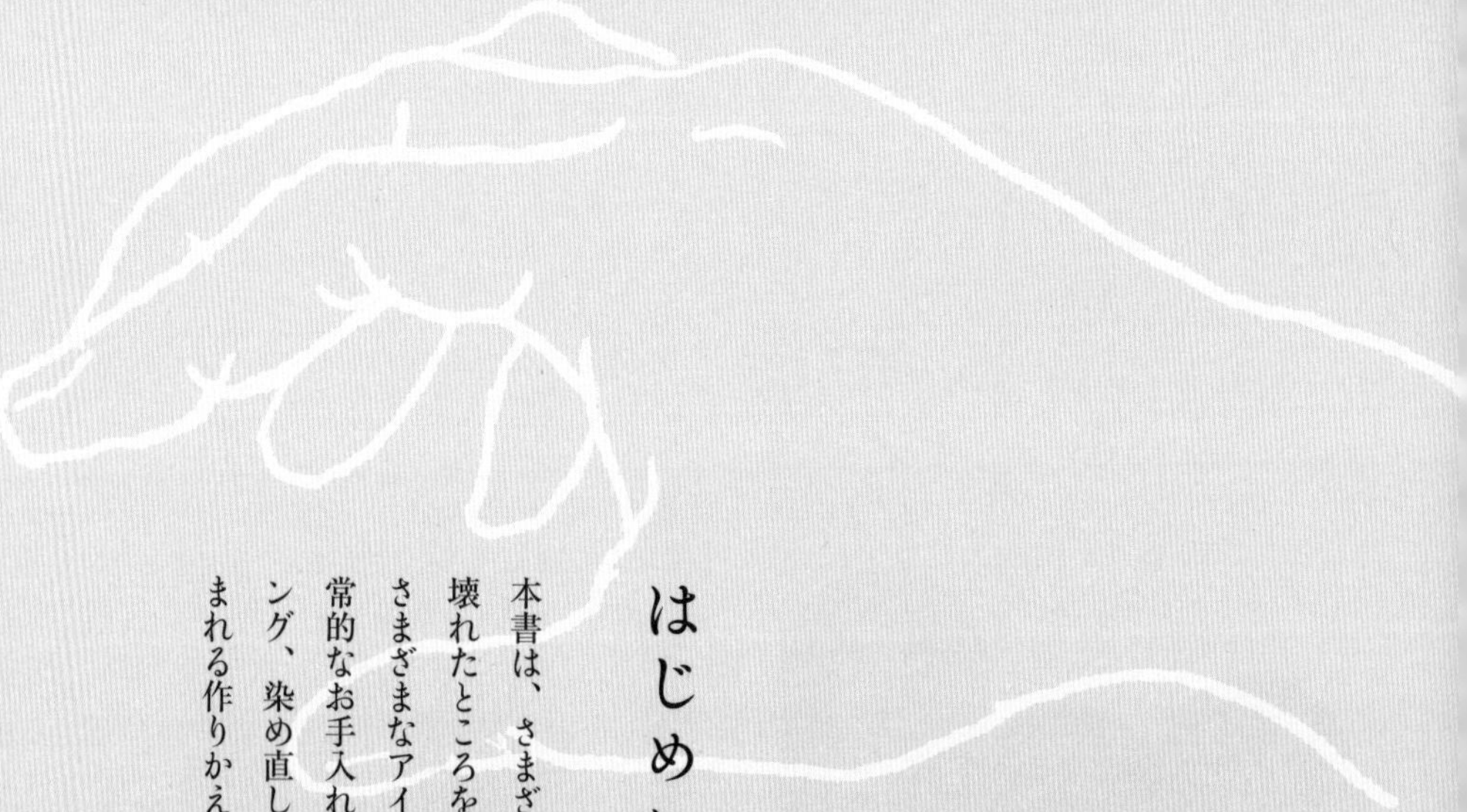

# はじめに

本書は、さまざまな生活道具や室内空間をお手入れし、壊れたところを修繕し、自分らしく整えていくための、さまざまなアイデアやヒントをまとめた事典です。日常的なお手入れやお直しはもちろん、金継ぎ、ダーニング、染め直し、壁の塗り替えなど、新しい価値が生まれる作りかえの提案も多数ご紹介します。

○本当に気に入ったモノを、手入れして長く使いたい
○モノを育てて経年変化を味わいたい
○使い込まれた古道具が好き。家族に受け継いでいきたい
○住空間を自分の手で暮らしやすく整えていきたい
○アップサイクル、ＳＤＧｓ、
　二拠点生活、地方移住が気になる
○毎日を自分らしく、大切に過ごしたい

そんなあなたのための１冊です。

毎日の小さな手仕事の積み重ねが、好きなモノとともに過ぎていく時間が、手入れをされた空間が、きっと、あなたらしい暮らしを生み出していくはずです。本書にまとめたアイデアが、その一助となれば幸いです。

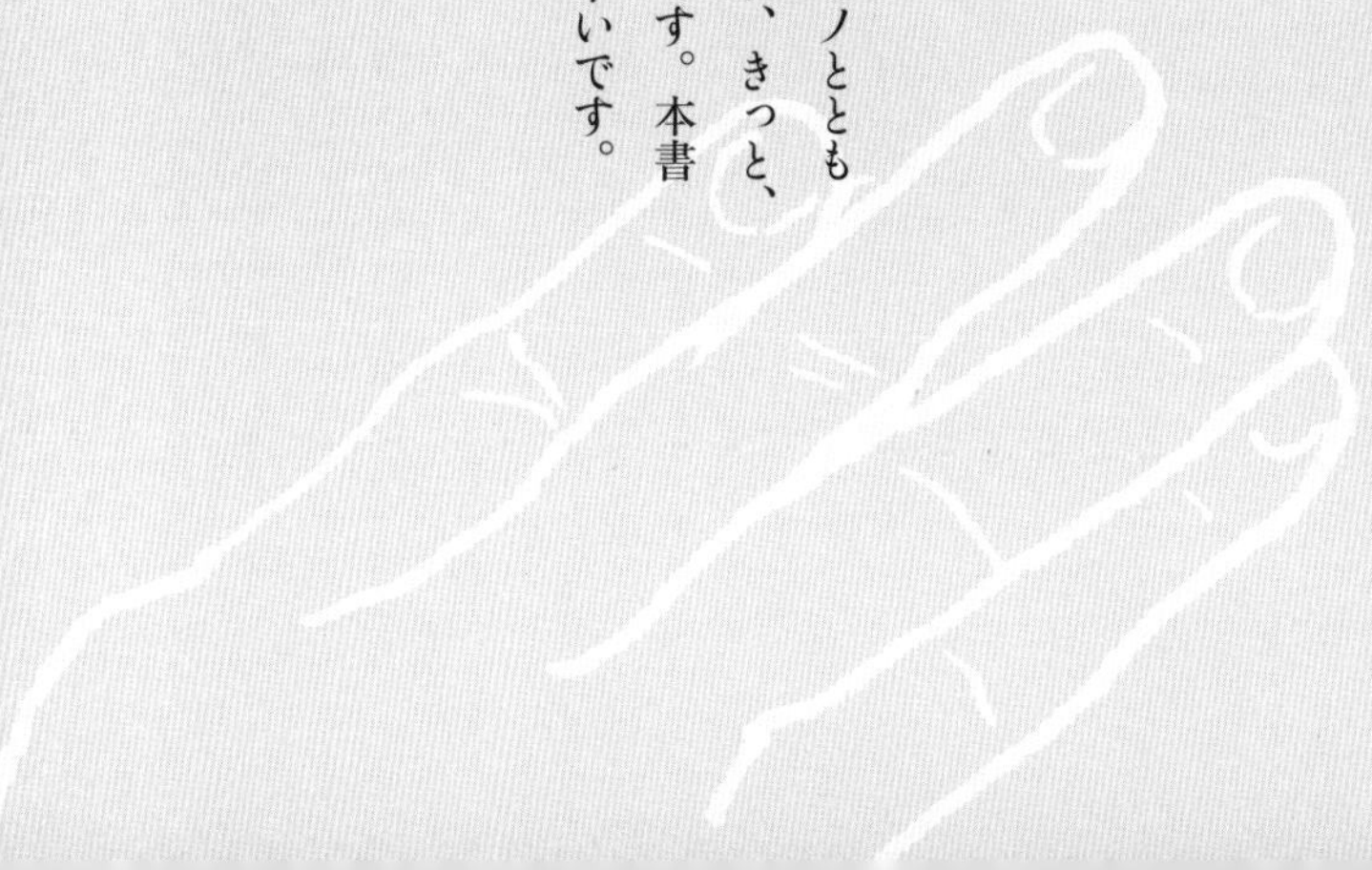

# 一

## 〝お手入れ〟の楽しみ

暮らしの道具を気持ちよく使い続けるために、お手入れをしましょう。汚れをきれいに落とし、木のものや革製品にはオイルを塗り込み、金属やガラスはみがきます。天然素材の道具のケアは手間に感じがちですが、毎日使うことが最大のお手入れになることも。まずは道具を手にすることを楽しんでみて。

7 木の道具や竹製品のお手入れ▶P34

〃塗る〃

8 白っぽくなってしまった木製品にオイルを塗る
▶P35

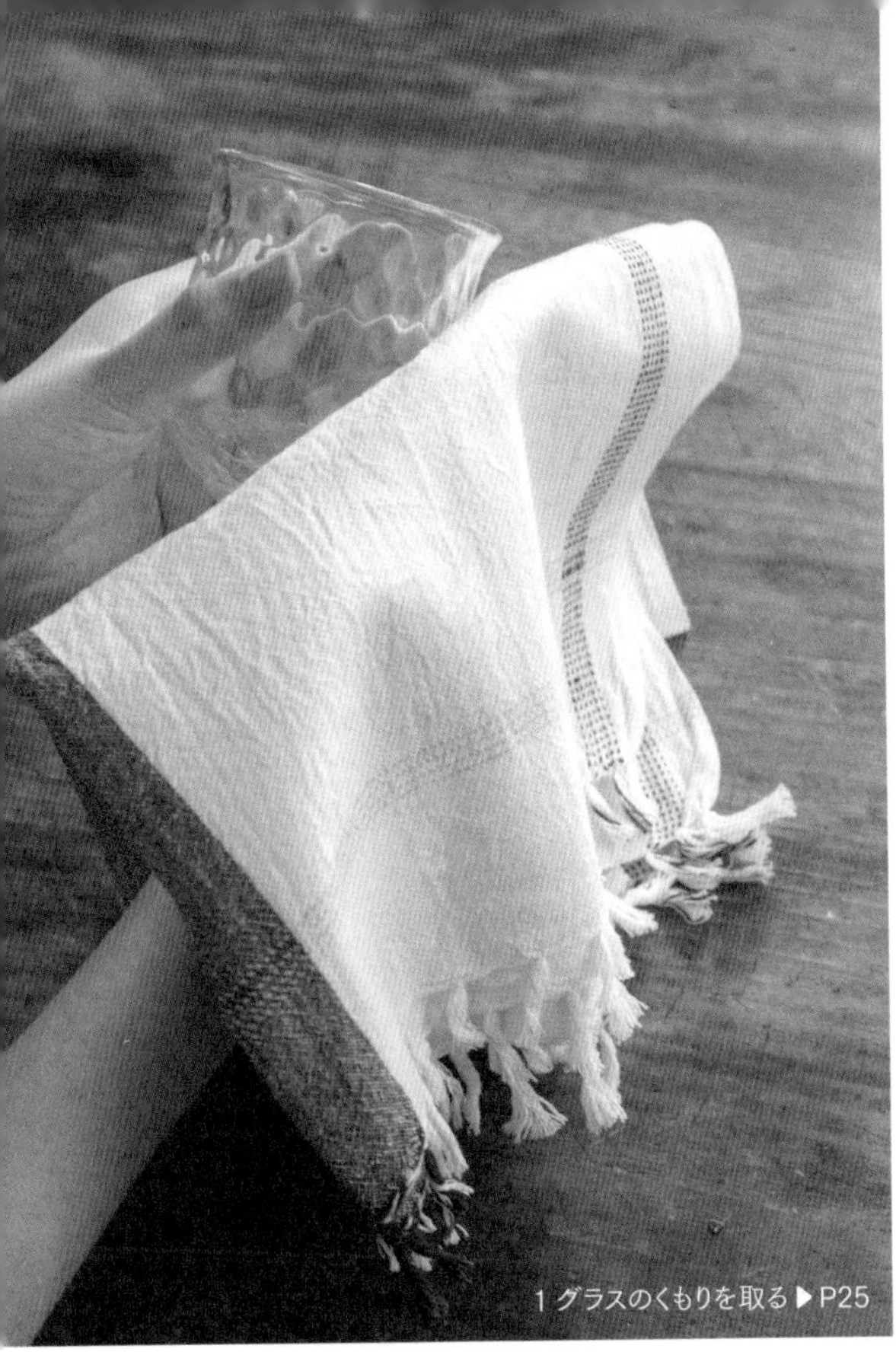

1 グラスのくもりを取る ▶ P25

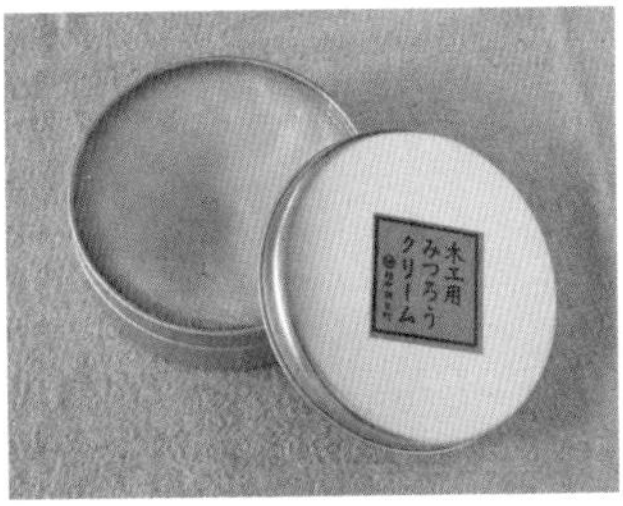

〝みがく〟

82 茶渋を取る▶P26

# 〝使い込む〟

〝育てる〟

二

# 〃お直し〃の楽しみ

穴があいてしまった、シミが出てしまった、編みがほつれてしまった……。モノは使っていくうちに、傷んだり、壊れたり。そんなときは気軽に修繕してみましょう。チクチク縫ったり、ギュッと縛ったり、穴を塞いだり。内装のちょっとした補修にも挑戦してみましょう。お直しはプロに依頼する手もあります。

〝繕う〟

Lookwell

115 穴あき靴下をダーニングする ▶ P212

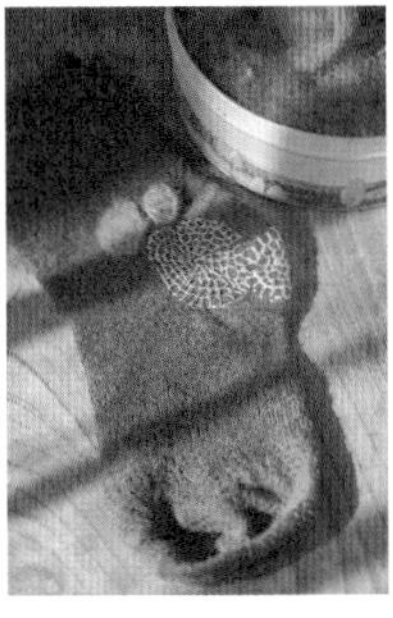

# 〃縫い合わせる〃

# Chapter 1

118 ハギレを組み合わせて小さな
パッチワークを作る▶P216

106 ざる・かごを修繕する▶P199

〝修繕する〟

# 目次

## 第一章 モノのお手入れ 〝衣・食 編〟

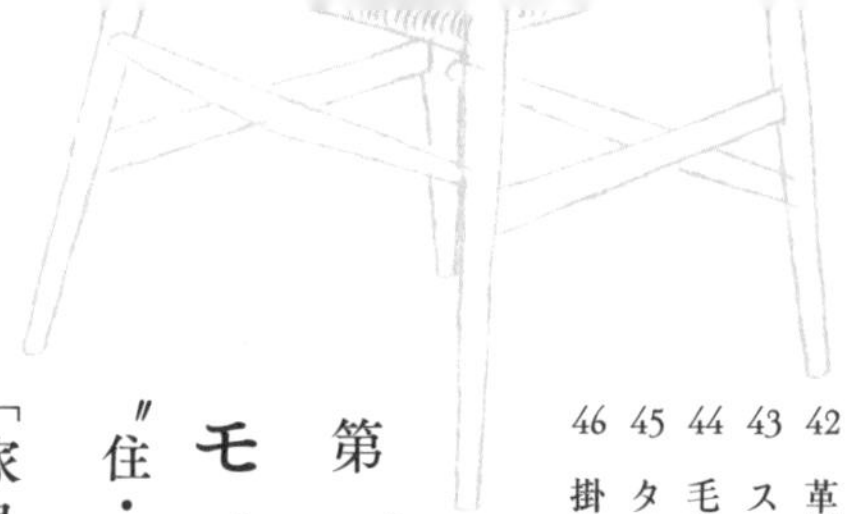



## 第二章 モノのお手入れ

### 〝住・小物編〟

## 第三章 モノのお直し

### 〝修理・修繕編〟

[衣類]



[住宅]



## 第四章 モノの作りかえ

### 〝道具・布・食品 編〟

[暮らしの道具]



[布]

# 第五章 モノの作りかえ

## 〃DIY編〃



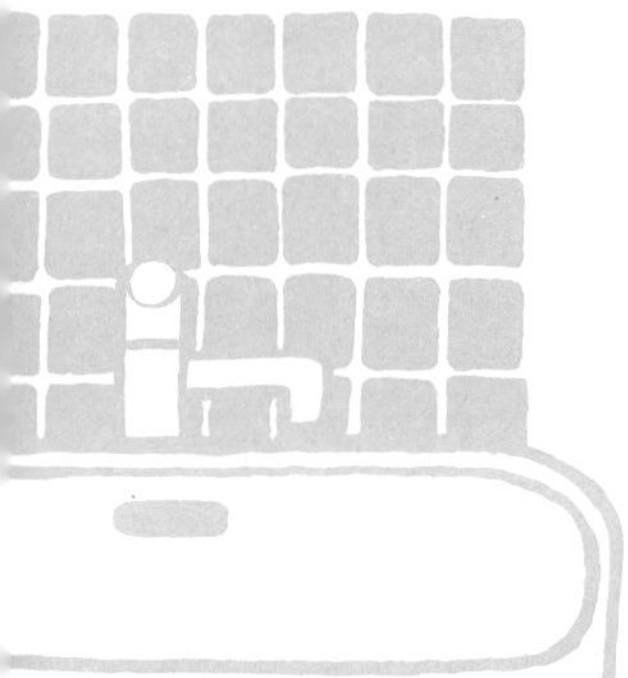

APPENDIX

# 不用品の始末と再生



TOOLs COLUMN



CASE STUDY



［注意事項］

本書ではさまざまなモノのお手入れや扱い方について解説していますが、同じ素材でも製造元や製造工程により扱い方は異なります。取扱説明書や品質表示タグがある場合は必ずよく読み、その内容にしたがって取り扱ってください。

# 第一章

# モノのお手入れ

## 衣・食編

使い込んだ鉄のフライパンに、飴色になったカッティングボード。毎日のように使う台所道具から日々のお手入れをはじめましょう。布巾の煮洗いやアイロンのコツ、さまざまな汚れの落とし方など、布製品のお手入れもご紹介します。

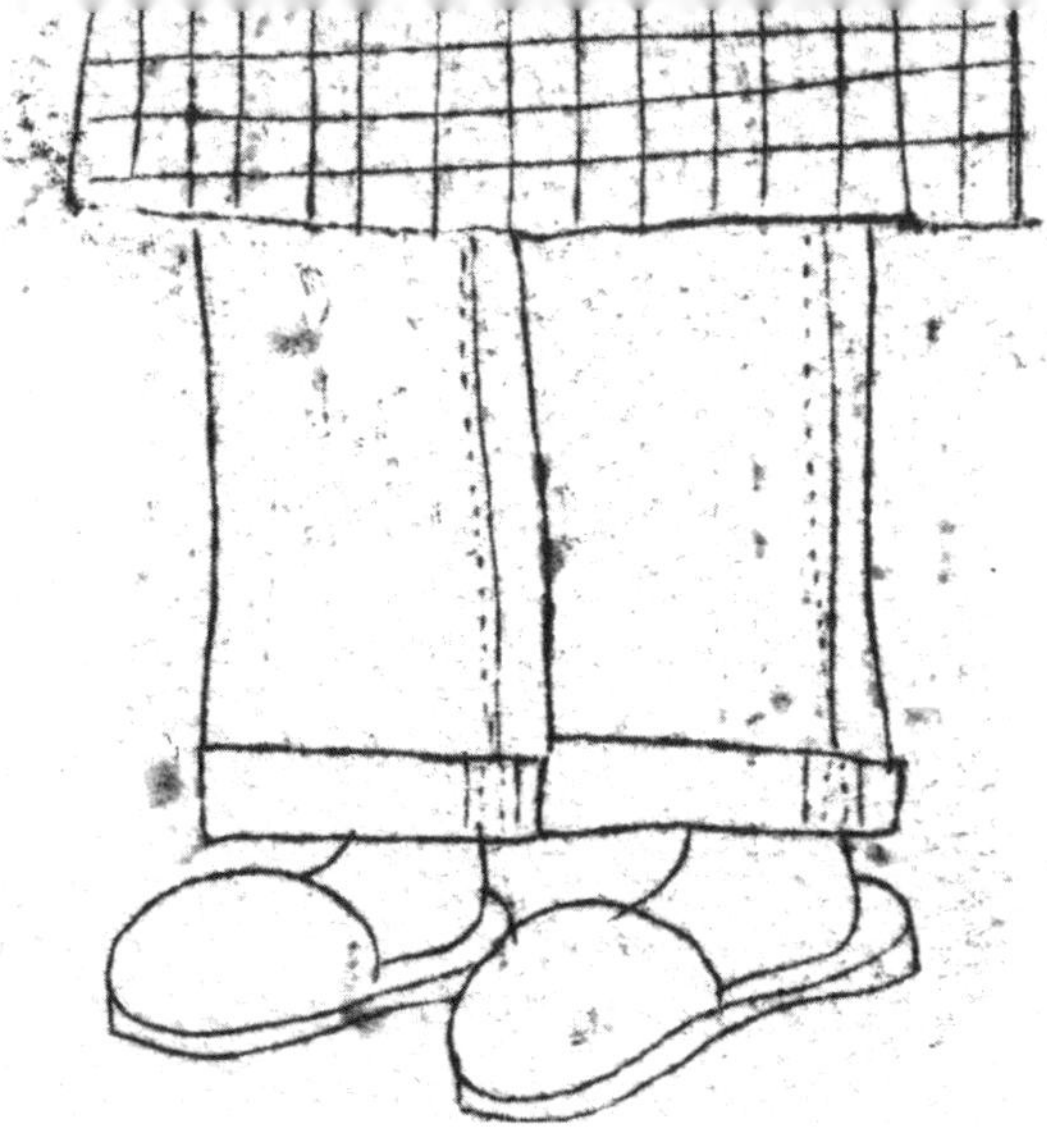

1

# グラスのくもりを取る

使い続けるうちに、くもっていくグラス。水道水に含まれるカルシウム成分がガラス表面に付着して濁る、あるいは、ガラス成分が空気中の水分に反応してくもる、水垢、油分など理由はさまざまですが、透明なグラスがだんだんくもっていくのは気になるものです。いつものお手入れに＋αで輝きを取り戻して。

## 1 中性洗剤＋お湯で洗って拭く

スポンジに中性洗剤をつけてこすり洗いを。お湯で泡をしっかり流したらすぐに乾いたふきんで拭きましょう。自然乾燥させないことがポイントです。

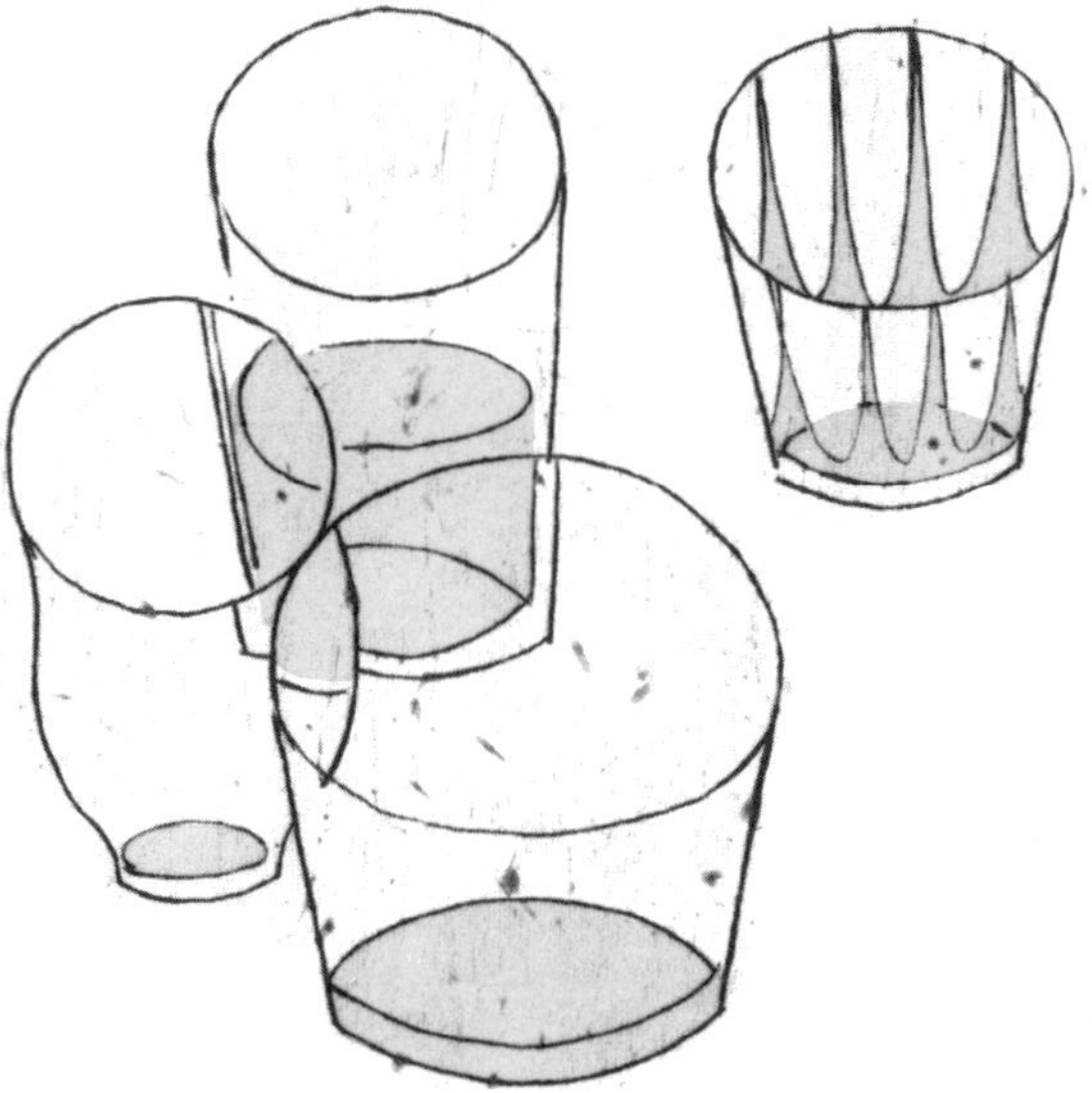

**2 クエン酸＋水で洗う**

水垢の場合は、水にクエン酸を溶かし、グラスを1晩つけおきします。それから、中性洗剤で洗い流し、乾いたふきんで拭きます。クエン酸濃度は、水200ℓに小さじ1杯が目安。

**3 重曹を使う**

油分の場合は、重曹水も有効。パウダーの状態でグラスにふりかけた後、こすり洗いをしましょう。目が粗いスポンジだと粉が中に入り込んで重曹がつきにくいので、効果を高めるため丸めたラップでこする方法もあります。

# 2 ― 茶渋を取る

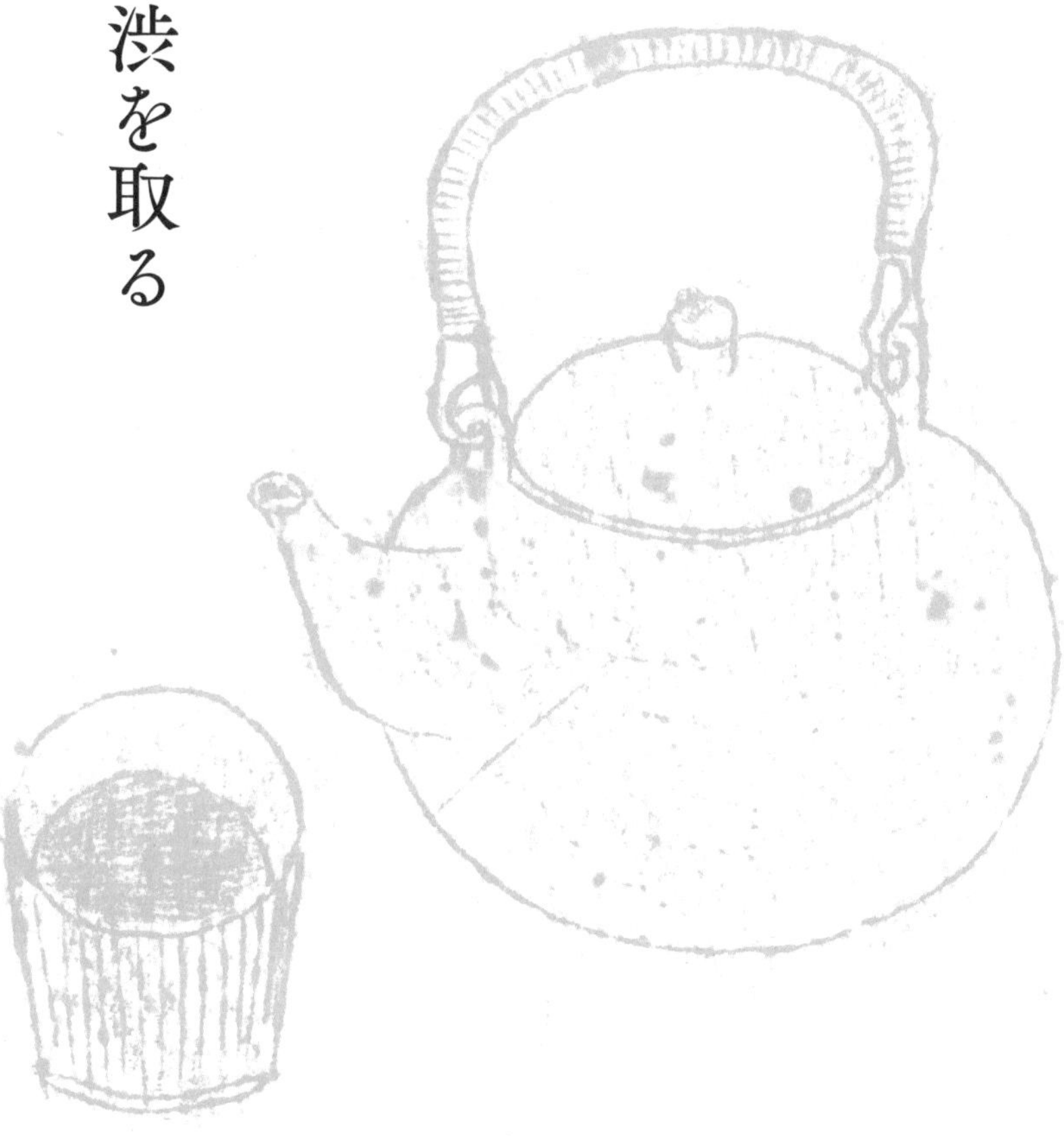

マグカップや急須、水筒などにつく茶渋を落とす方法はいくつかあります。こすり洗いなど磨いても問題ない日常使いの陶器であれば、塩が最も手軽で安心。食品なので、洗い残しがあってもさほど気にせず使えるのがいいですね。

塩を使うときは、まず、茶渋に適量振りかけてから、少量の水で濡らしたスポンジで軽くこすり洗いをしましょう。こびりついた茶渋がきれいになります。同じ手法で、卵の殻も使えるので、洗剤を使わずに茶渋を落としたい人にはこちらもおすすめ。生卵の殻は熱湯と一緒に使いましょう。水筒など、手が届きにくい形状のものは、砕いた卵の殻と熱湯を少量注ぎ入れたら蓋をし、シェイクすると内側の汚れが落ちます。また、マグカップは塩と同様、卵の殻で直接、マグカップを磨くようにこすり洗いしてもきれいになります。茹で卵の殻なら、火を通しているので安心ですね。

ほんのり色づいた茶渋には、アルカリ電解水を吹きかけて流すだけでも落ちます。アルカリ電解水は、濃縮タイプのものを希釈して使うとコスパもよくおすすめ。指示通りの比率で希釈したらスプレーボトルに入れておきましょう。

頑固な汚れの場合や、繊細なデザインの陶器は、こすり洗いで傷つく可能性があるので、つけおきで汚れを落としましょう。重曹をお湯で溶かしてもいいし、手早く漂白剤を使って落とすのもいいでしょう。漂白剤は、塩素系と酵素系があり、素材によって使えないものもあるので、注意が必要。

また、サッと落としたいときは、メラミンスポンジも便利。ただし、木製品や漆器、光沢のあるステンレス、プラスチックなどコーティング加工されているものはメラミンスポンジでこすると剥がれてしまったり、ツヤが失われるので気をつけて。

3
—
# ガラス製品のお手入れ

透明度が高く、美しいガラス製品の輝きをいつまでも保ちたい。それには、日々のお手入れからちょっとだけひと手間かける習慣をつけていきましょう。

まずは洗い方。いつも水でサッと流すだけ、という場合は、中性洗剤+やわらかいスポンジ+ぬるま湯の3つを使って洗ってみてください。スポンジはできるだけやわらかいものを選び、やさしく手洗いを。繊細なグラスは、内側にスポンジを押し込んでひねるように洗うと、力が内側からかかり破損する可能性があるので、柄付のスポンジなどを使って直接手が入らないようにすると安心。最後にぬるま湯でしっかりとすすぎましょう。水ではなく、ぬるま湯にすると油分も落としやすいだけでなく、水切れがよくなるので、後の作業が楽です。

ガラス製品を洗った後、そのまま自然乾燥させるとくもりやすくなり、水垢の原因にもなるので、布で拭き上げましょう。麻の布は、毛足がつきにくいのでおすすめ。他にも、ガラス専用のマイクロファイバークロスなど、ガラスに特化した商品も。しっかり洗っても長期間使わないと汚れやくもりが浮き出るガラス。布で拭くだけでもきれいになりますから、専用布が1枚あると定期的にお手入れしやすいですね。

ガラス製品の保管は、なるべく重ねないで。どうしても重ねる必要がある場合は、間に紙や布などを緩衝材のように挟んで割れないように注意します。欠けたり、ヒビが入ってしまったら、そのまま使い続けるのは危険なのでやめましょう。お直しはプロに任せるのが一番です。ガラス製品の修繕方法は、削る、切り取って仕立て直す、金継ぎ（P196）など修繕方法はいくつかあるので、プロに相談してみましょう。

# 4 — 包丁を研ぐ

使い続けるうちに、だんだん刃先が摩耗してくる包丁。トマトと玉ねぎが切りにくくなってくると、そろそろ研ぐタイミング。定期的に研ぎながら切れ味のよさをキープしましょう。

包丁を研ぐアイテムとして、昔からあるのは砥石。水に濡らした砥石に刃先を滑らせて研いでいきます。裏表で目の粗さが異なるものが便利です。包丁と対話するようにじっくりと観察しながら、調整していく時間もいいものです。

サッと手軽に済ませたいときは、シャープナーがおすすめ。大小さまざまなサイズがあり、砥石に近い仕上がりになるロール式や電動タイプ、ハサミにも使える棒状のハンディタイプなど種類も豊富。砥石、シャープナー、どれを使うにしても、刃先の種類は確認しておきましょう。

また、自分で研ぐのが心配な場合は、包丁メーカーが行っている「研ぎ直し」を利用する方法もあります。長く使う包丁なら、数年に一度は本格的にプロに研いでもらい、切れ味の違いを楽しむのも一興です。

## ［研ぐ前の準備］

### ① 包丁の種類を確認する

刃の素材は大きく分けて、鋼（はがね）とステンレスの2種類。鋼は、切れ味がよく研ぎやすいのが特徴。ただし、錆びやすいので水気はすぐに拭き取って。ステンレスは、錆びに強いため、さほど気にする必要はありません。

### ② 刃の構造を確認する

刃の構造は、片側だけ研がれていれば「片刃」で、刃の表裏が

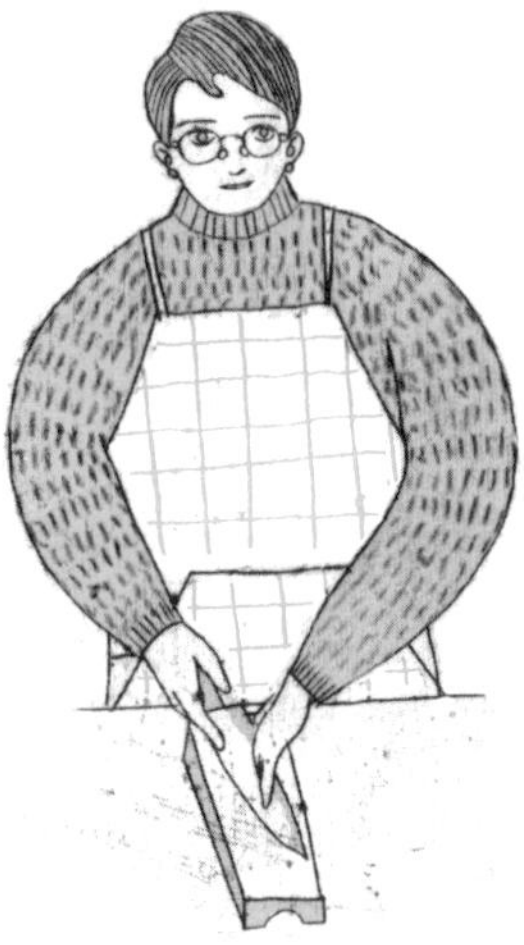

研がれていれば「両刃」。片刃の場合は、片方だけを研ぎ、両刃は両方研ぎます。一般家庭で広く使われる包丁は、両刃が多いです。

［研ぎ方］

**1 砥石を水に沈める**

洗い桶などに水を張り、砥石を沈めます。ブクブクと気泡が出てくるので、しばらく放置し、気泡が出なくなったら引き上げます。

**2 ふきんの上に砥石と包丁を置く**

台の上にふきんを敷き、砥石を置きます。包丁を横に寝かせて砥石の上に置きますが、砥石に対して刃を45度程度傾けるのがポイント。

**3 手前から奥へ往復させて研ぐ**

上・中央・下（柄に近い部分）と部位を分け、刃先を砥石に当てて手前から奥へ滑らせるようにして動かします。包丁と砥石の接する角度は15度くらいが目安。砥石が乾いてきたら、都度、水をかけながら、20往復くらい研いでいきましょう。

**4 仕上げ研ぎをして試し切り**

3つの部位すべて、表裏を同じように研ぎます。目の細かい砥石があるなら、③の要領で再度研いで仕上げます。研ぎ終わった後で、熟れたトマトを試し切り。サクッと切れたら合格です。

## 5 — キッチンバサミのお手入れ

肉や野菜など食材を直接切るのにも便利なキッチンバサミ。水分や食材の成分が残ったまま放置すると錆びるので、使うごとにきれいにしておきたいですね。オールステンレスタイプのハサミは、丸洗いができて便利です。中には、クロスしている刃を1本ずつに分解できるタイプもあります。すみずみまで洗えるだけでなく、しっかり拭き取りもできるので、衛生的。取り外しと装着の際に、ケガをしないように注意しましょう。

切れ味が悪くなったハサミは、アルミホイルで復活します。アルミホイルを適量出し、横長に折りたたんだら、ハサミで数カ所程度、切り込みを入れてみてください。アルミホイルの成分がハサミの摩擦熱で溶けて刃の欠けた部分を補い、切れ味が劇的によくなります。

包丁と同じように、砥石やシャープナーを使用する際は、まずお手持ちのハサミが使えるタイプか確認してから行いましょう。メーカーによっては研ぎ直しを推奨していない製品があります。

なお、錆びてしまったハサミは、クレンザーや錆び取り消しゴムなどでしっかり落としてください。錆び取り消しゴムは、やかんや包丁、鍋、水回りなどいろいろなところでサッと使えて便利ですよ。

# 6 — 木の道具の表面加工の違いを知っておく

食器やトレイ、カトラリー、曲げわっぱ、竹製の容器など、台所用品から収納までいろいろなところで使われる木や竹製品。軽くて熱を伝えにくい性質を持っています。

木製製品は、表面をどのように加工しているかで扱い方が変わってくるので、種類による違いを確認しておきましょう。木がもつ調湿作用や木目をそのまま活かしてくれるのが、「無塗装」や「オイル仕上げ」「ミツロウ仕上げ」のものです。表面は木の質感がそのまま感じられて風合いがよい一方、デリケートなので扱いには注意が必要です。

「ウレタン塗装」や「漆塗り」など、造膜型のもので木の表面を覆っている木製品は、比較的扱いやすい木製品です。木の風合いは弱まっても、塗膜の厚みが木を守ってくれます。

近年よく使われているのが「ガラス塗装」です。何も塗られていないように見えますが、液体状のガラスを木の内部に染み込ませることで、木の風合いを損なうことなく強度を強めるメリットがあります。

# 7 — 木の道具や竹製品のお手入れ

食器やカトラリー、キッチンツール、お盆などは、木の風合いを魅力的に保ち続けるためのお手入れが欠かせません。表面に何も塗られていない無塗装のものは汚れがよほどひどくなければ洗剤は使わず、軽く水洗いにとどめます。オイル仕上げやウレタン塗装、漆塗りのものは、中性洗剤とやわらかいスポンジを使って洗えます。長時間水につけないよう注意。洗ったらすぐに布巾で水分を拭き取り、なるべく接地面積を少なくして自然乾燥させるようにします。木製品に湿気や水分は大敵なので、普段から風通しのよいところで管理し、傷まないように気をつけて。

素早い乾燥がポイントですが、直射日光にさらしたり、暖房器具で温めるのはNG。変形や変色の原因になりかねません。また、塗装の種類に関わらず、食洗機は使えません。

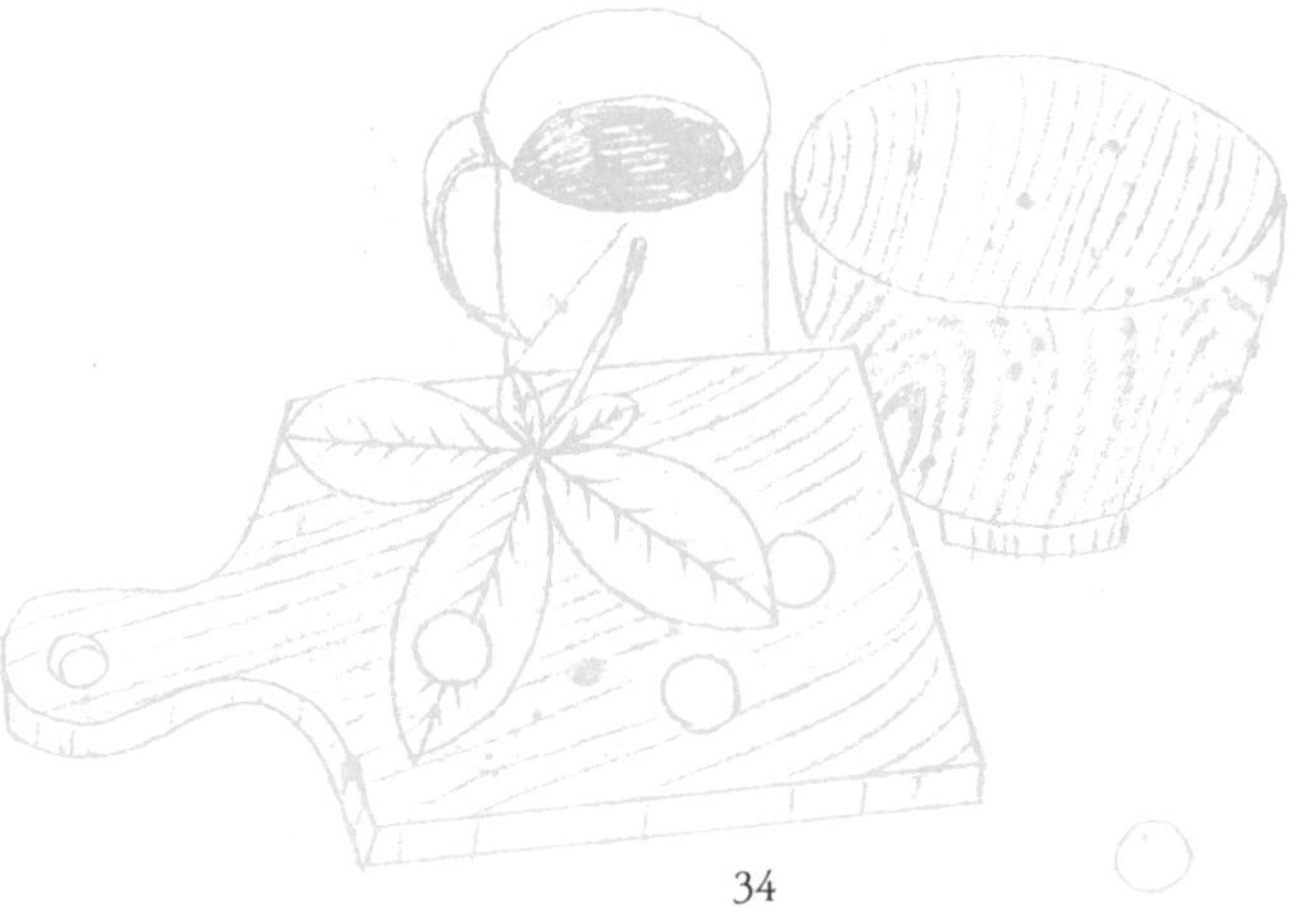

## 8 — 白っぽくなってしまった木製品にオイルを塗る

オイル仕上げやミツロウ仕上げ、無塗装の木製品を使い続けていると、だんだん油が抜けてツヤがなくなり、白っぽくなることがあります。こうした木製品には、オイルを塗って手入れをしましょう。クルミ油や亜麻仁油、エゴマ油など、「乾性油」と呼ばれる種類のものを使います。口にできる食用オイルなら、食器類でも安心です。布で塗り込むようにして磨くとツヤが復活します。菜種油やオリーブ油はケアに不向きです。小さな傷の補修には、サンドペーパーをかけて。こするだけで、きれいになりますよ。

## 9 — 木のまな板を長く清潔に使い続ける工夫

刃のあたりがやわらかく、丁寧に扱えば長持ちする木のまな板。抗菌作用のあるヒノキや油分が多く水を弾くイチョウなどが多く使われています。

木のまな板は、使う前に必ず全体を軽く水で濡らします。表面の水分が、においがつきやすい食材、色移りしやすい食材から、まな板を守ってくれるからです。

使用後は、臭いや汚れをまな板が吸収してしまわないよう、すぐに水で洗い流しましょう。肉や魚などを切る際は、切り開いた牛乳パックや新聞紙をまな板の上に敷き、直接食材がつかないようにするのも一手です。

木のまな板は、たわしと水でこすり洗いが基本。木の目に沿ってゴシゴシ磨いて大丈夫。注意点は、洗いはじめにお湯を使わないこと。特に、肉や魚を切ったあとで、お湯を使うとタンパク質が熱で固まってしまいます。洗剤は、木本来の油分が失われるので、なるべく使わないほうがよいですが、どうしてもという場合は少量使ってすぐに洗い流しましょう。

洗い終わったら、乾いた布で全体を拭きます。すぐに水気を拭き取ることで、カビの発生が抑えられます。さらに徹底する場合は、アルコールスプレーを吹きかけておきましょう。そのまま、風通しのいいところで陰干しを。

10

# 木のまな板の黒ずみを落とす

木のまな板の表面が黒ずんでしまったときは、できるだけはやく除去しましょう。長時間放置すると、まな板の芯までカビが入り込んでしまいます。黒ずみには、塩、重曹、酢、クレンザーなどが有効。黒ずみの上にかけて、たわしでゴシゴシとこすります。

また、紙やすりを平らな板などに巻きつけ、表面を削る方法もあります。厚みのあるまな板なら、プロに頼んで表面の削り直しをしてもらってもよいでしょう。プラスチック製とは違い、年月をかけて使い込む楽しみがあるのが木のまな板なのです。

なお、表面にウレタンなどで塗装がされているカッティングボードの場合、削ると塗装が剥がれてしまうので注意しましょう。オイル仕上げのカッティングボードは、P35の方法でオイルを塗り直すことでケアができ、愛着も深まります。

# 11 ― ざるのお手入れ

ざるの素材は、竹、ステンレス、プラスチックなどが一般的。普段のお手入れは、どれも「水洗いして、乾かす」が基本です。ブラシを使うと手早く洗えるので、たわしで洗ってから、細かいところに歯ブラシなどを使うと細かい汚れもしっかり落とせますね。竹製のざるはつけおきNG。一方、ステンレス（金ざる）やプラスチックは、つけおきができるので、網目にこびりついたときは、つけおきをして汚れを浮かせてから落としましょう。以下は素材別の汚れと落とし方です。

［竹ざる］

◎白い粉が吹いている

竹は糖分を含んでいるので、虫が素材内部に潜んでいることがあります。虫が発生すると、小さな虫食い穴と白い粉が出るので、穴や白い粉を発見したときは熱湯（60℃以上）で掛け流して熱処理を。処理後は水気を拭き取り、しっかり乾かしてから使いましょう。数日に分けて何回か繰り返すと効果的です。

◎白いカビが生えている（軽度のカビ）

虫食いや粉ではなく、白いふわふわしたカビが発生した場合は、消毒液を吹きかけて拭き取りをすればOK。食品にも使えるドーバー パストリーゼ77などを常備しておくと便利です。拭き取ったら、全体を水洗いして水気を拭き取り、風通しのよいところで乾かします。直射日光には当てないよう注意してください。

◎黒や青いカビが生えている（重度のカビ）

黒や青が沈着してしまった重

度のカビは、消毒液でも取れないので、酵素系漂白剤を使います。ただ、漂白剤を使うと、色素も抜けてしまうので、風合いが失われる可能性もあります。濃度や量を加減しながら、直接振りかけたりつけ込んだりせずに、布に含ませて、該当箇所だけを拭い取るようにしましょう。最後に水洗いをして水気を拭き取り、風通しのよいところで乾かします。

[ステンレスざる（金ざる）]

◎蓄積汚れを落とす

食品のカスの堆積や経年の黄ばみは、重曹で除去。アルミ製以外の鍋に水を入れ、湯量の0・6〜1%程度の重曹を加えて沸かし、沸騰しない程度の温度でキープ。ざるを鍋に入れて20分程度つけおきしたあと、ざるを取り出してたわしやブラシでこすり洗いをして、水で流します。

[プラスチックざる]

プラスチック製のざるは、塩素系・酵素系どちらの漂白剤も使えます。しっかり汚れを落としたいときは定期的にメンテナンスを。塩素系漂白剤は、金属製やステンレス製のざるの場合、サビや黒ずみの原因になるので避けて。竹製にも適しません。

| 素材 / 方法 | 中性洗剤 | 消毒液（アルコールスプレー） | 重曹 | 酵素系漂白剤 | 塩素系漂白剤 |
|---|---|---|---|---|---|
| 竹製 | △ | ○ | ○ | △ | × |
| ステンレス・金属 | ○ | ○ | ○ | △ | × |
| プラスチック | ○ | ○ | ○ | ○ | ○ |

# 12 — 鉄製の調理道具のお手入れと扱い

鉄製品の特徴は、熱伝導性と保温性、蓄熱性のバランスのよさ。鉄製のフライパンや鍋などは、熱が均一に広がりじっくり加熱するので、食材がおいしく焼き上がります。調理後にそのままテーブルに出してもサマになるスキレットや打ち出しフライパン（1枚の鉄の板からなるフライパン）にあこがれる方も多いのではないでしょうか。フッ素樹脂加工のフライパンに比べると扱いに手間はかかりますが、お手入れを楽しみたいという人には、「使い込んで育てる喜びが感じられる道具」といえます。

まずは使用時の扱いについて確認しましょう。鉄製のフライパンは、最初に火を入れてしっかり温めないと、食材を入れたときに温度が下がって食材がくっついてしまいます。ですから、鉄製のフライパンは、薄煙が出るくらい空焚きしてから使うようにしましょう。（フッ素樹脂加工など表面加工されているものは空焚きNGなので要注意。P44参照）。

調理後は洗剤の使用はできるだけ避け、水かぬるま湯を使い、たわしなどでこすり洗いをします。こびりついて落とせなければ水を入れてつけおきするか、煮立たせると落ちやすくなります。洗剤は、鉄表面の油膜を落とす原因になります。油膜が落ちると鉄が空気に触れて酸化しやす

くなり、赤錆びにつながるため、洗剤は極力避けて。

同じ理由で、水分がついたままにすることもNG。洗った後は、軽く水気を切り、火にかけて水分を蒸発させて乾かします。仕上げに、薄く油をひいて、キッチンペーパーでなじませておきましょう。このひと手間が、赤錆びや食材のくっつき防止になります。

鉄製の調理器具は、毎日使うのがいちばんのお手入れ。日々油がなじみ、より使いやすい状態に育っていきます。逆に、長期間使わないときは、水分を避けるためにも新聞紙などに包んで保管を。仕舞い込む前に、しっかり空焚きしてから油をなじませておくひと手間も忘れずに。



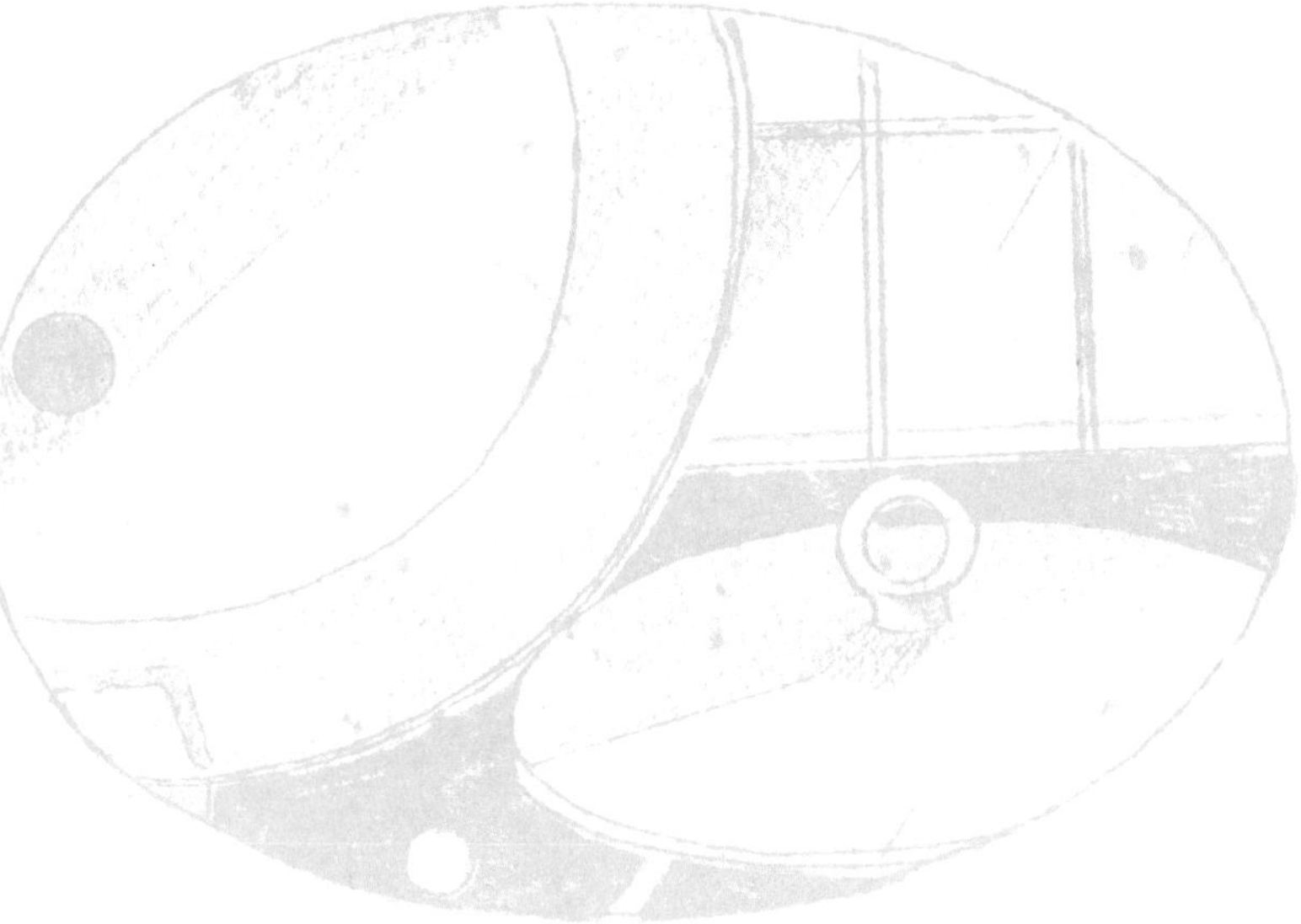

# 13 — 鉄のフライパンの赤錆びを落とす

鉄製のフライパン。毎日しっかり空焚きしてお手入れができることが理想ですが、日々忙しく暮らしていれば、錆びてしまうこともあるでしょう。赤錆びは微量であれば毒性はないので、さほど気にしなくても問題はありません。油をなじませた布で拭き上げ、そのまま使って構いません。それでも取れないほどの赤錆びは、焦げつきや腐食などフライパンの劣化にもつながるので、ケアしておくと安心です。

赤錆びは、こすり落とすのが基本です。手軽なのは、たわしやヘラですが、こすり落とした錆びがつくので、普段のお手入れとは別のものを用意しましょう。まずは乾いた状態で、たわしやヘラを使って取れる範囲で落とします。取りきれなかった分は、フライパンに水を張って火にかけ、一度汚れを浮かせてから水を捨て、熱が冷めないうちにたわしで磨きましょう。

錆びがひどい場合は、クレンザーや重曹を使って磨いてもOKです。またサンドペーパーで磨いてから洗い流す方法もあります。

いずれにしても、洗い終わったら、必ず空焚きでしっかり乾燥させてから、油ならしをしておきましょう。

# 14 — 鉄のフライパンに油ならしをする

鉄製品は、油膜を作ることで、汚れや焦げつき、サビを予防できます。毎回調理をするときには、油をひいてから焼いたり、炒めたりするので、鍋肌に油がまわり、よい状態になりますが、新品きやひさしぶりに使うとき、錆び落としのケアのあとなどは、しっかり油ならしをしましょう。

**1 鍋肌に熱を入れる**

鉄製フライパンを火にかけて温めます。完全に水気を飛ばして、鍋肌に熱が回ったら一度火を止めます。

**2 油を注いで火にかける**

そこから1～2cmくらい（カップ100cc～200cc程度）の油を鍋肌から①に注ぎ入れて、弱火で3分程度火にかけて油膜を作ります。

**3 鍋肌の油を拭き取る**

火を止めたら、オイルポットに油を移し、キッチンペーパーで鍋肌の油を拭き取ります。

油ならしの手順は、メーカーや製品によって異なりますが、基本は油を入れた状態でしっかり熱を加えればOK。野菜くずなどを入れてザッと炒めると、油がなじみやすくなるので、おすすめです。

# 15 — フッ素樹脂加工の調理道具を洗う

アルミ、ステンレス製品の表面加工として多くの調理道具に施されるフッ素樹脂加工。少ない油でも食材が鍋肌にこびりつかないよさがあり、お手入れも楽ですね。このフッ素樹脂加工された鍋やフライパンなどは、表面が薄い膜でコーティングされている状態なので、洗うときはこの膜が傷つかないように注意します。温冷の急激な温度差に弱いため、調理後の熱いフライパンを水にさらすのはNG。すぐに洗いたいときは、温度変化が少ないよう、お湯を使うのが膜を傷めないコツです。

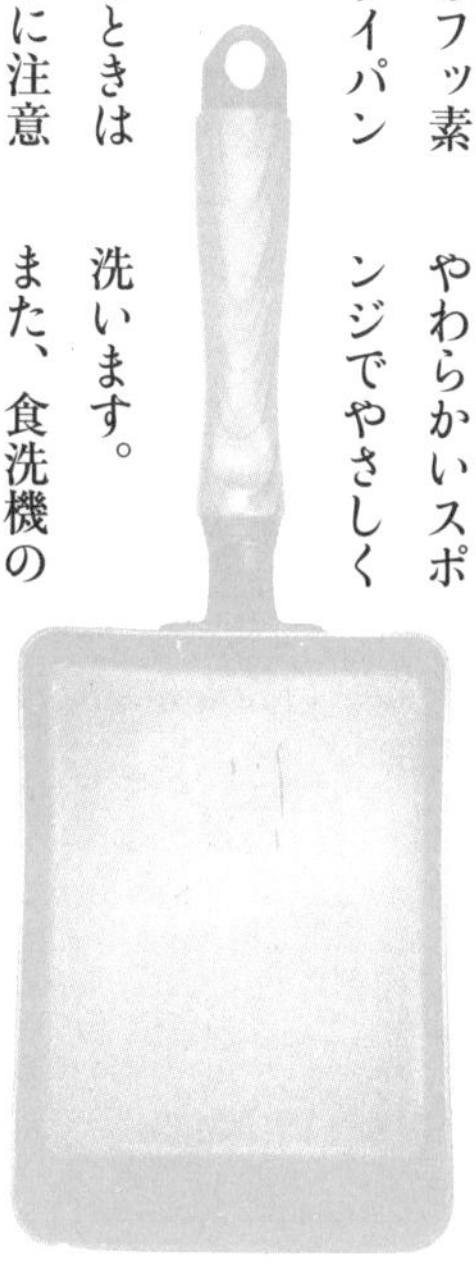

鉄のフライパンや鍋はたわしでゴシゴシこすり洗いしますが、フッ素樹脂加工のものに、ブラシ系の道具は使えません。中性洗剤を含ませたやわらかいスポンジでやさしく洗います。

また、食洗機の使用は避けたほうがよいでしょう。家庭用食洗機の洗剤は、一般的に強アルカリ性のため、アルカリに弱いアルミニウムに使うと変色や腐食の原因になってしまいます。

フッ素樹脂加工は、一度剥がれてしまうと元に戻せません。劣化が進むと、食材が焦げやすくなります。明らかにコーティングが取れてきたことがわかったら手放すタイミング。フッ素樹脂加工は、高温にも弱いので、空焚きしないことはもちろん、強火にかけない、油やバターは火をかける前に入れておく、予熱時は水を入れて沸騰させて温めておく、など使用時に気を配り、末長く使っていきましょう。

16

# アルミ製品の黒ずみを落とす

軽くて扱いやすいアルミ製品ですが、酸やアルカリに弱い性質があります。レモンなど酸性の食品を入れることはもちろん、アルカリ成分を含んだ水も黒ずみの原因になるので気をつけて。黒ずみは毒性があるわけではありませんが、変色したものを使い続けるのも気になるもの。黒ずんでしまったら、研磨して落としましょう。

アルミ製品の黒ずみには、クレンザーや研磨剤入りの洗剤を使います。スチールたわしに適量つけて、黒ずみをこすります。黒い液体が出てきたら、水で洗い流してください。アルミは磨くと表面が削れて、細かなラインが入りますが、これも味わいのひとつです。

注意点は、重曹やセスキ炭酸ソーダなどアルカリ性のものを使わないこと。食洗機の洗剤もアルカリ性が多いので避けるのが無難です。アルミ製品は、中性洗剤で手洗いしましょう。雪平鍋やアルミ製のフライパンなどは、米のとぎ汁を煮て表面に膜を作ると、変色の予防になるので、定期的に行うのもおすすめです。

# 17 ― ステンレス製品のお手入れ

ステンレスは「錆びない（Stainless）」という名前の通り、錆びに強い素材。鉄と金属の合金素材で、水まわりのアイテムにもたくさん使われています。頑丈なところ、お手入れのしやすさもステンレスの魅力ですね。

錆びだけでなく、酸にも強いのが特徴なので、酸性のものに使っても変色や腐食しにくく、取り扱いはラク。使用後はすぐに洗うのがうまく汚れを落とすコツです。注意点としては、食べ物や油を長時間入れっぱなしにしないこと。洗剤のつけおきもおすすめしません。これをすると、錆びにくいステンレスでも錆びが発生する可能性が高まってしまいます。

また、錆びた金属が触れているとサビが移ってしまうことがあります。

ステンレスが錆びてしまったときは、研磨剤の入ったクレンザーを使って落としましょう。クレンザーがなければ、重曹やメラミンスポンジで落としてください。錆びが落ちたら、水できれいに流し、中性洗剤をつけたスポンジで仕上げ洗いをします。

もしも、ステンレス製の鍋を焦がしてしまったら、鍋に水をはって沸かし、食酢を加えて浮かせましょう。または水量に対し、10％程度のクエン酸でもOKです。焦げの部分がやわらかくなるまで弱火で加熱し、取りやすくなってきたら流して、中性洗剤で仕上げ洗いを。

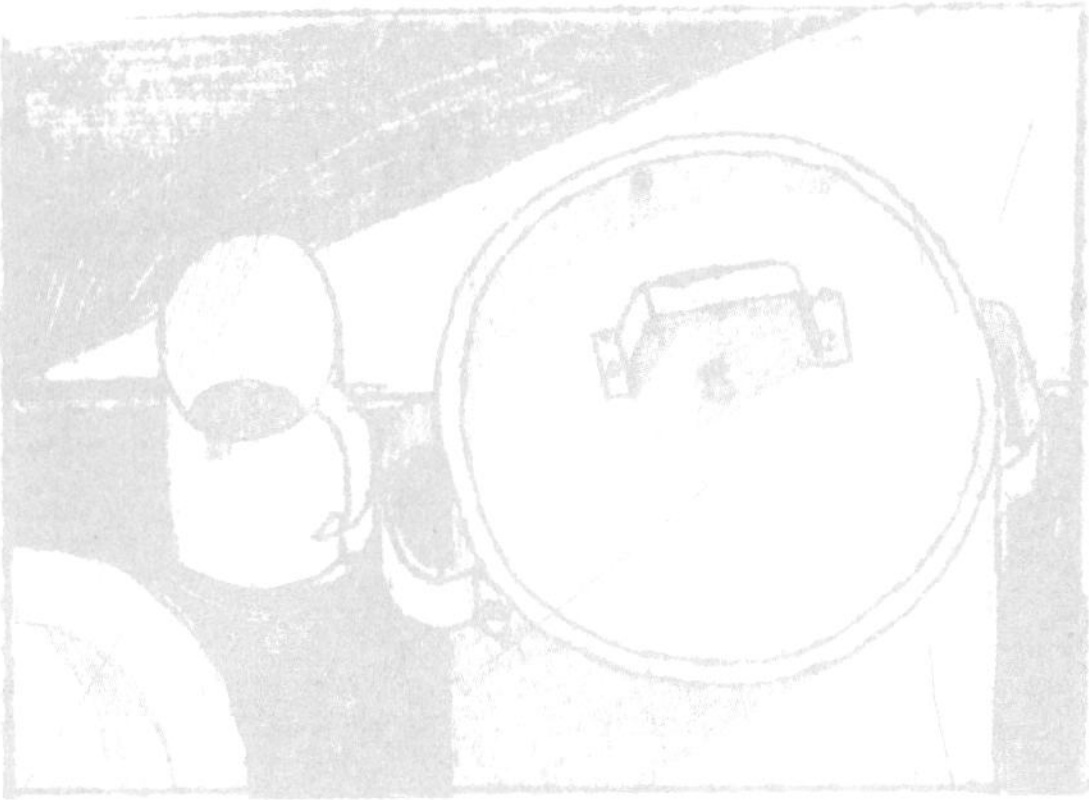

# 18 ステンレス製品が虹色に変色してしまったら

シルバーだったステンレス製品の表面に、虹色の汚れが浮かんでしまうことがあります。これは、ステンレスを酸化から守っている被膜に、水などに含まれるミネラル分やイオン成分が付着しておきるもの。特に害のあるものではありませんが、見た目が気になるようなら、簡単に取ることができます。用意するのは、クエン酸と水。桶に水をはってクエン酸を溶かし、そこにステンレス製品をつけおきます。クエン酸がない場合は、食酢でも代用可能です。

クエン酸はあらかじめ水に溶かしてスプレーにしておくといろいろな場面で使えて便利です。使いやすい分量は小さじ1杯を500mlの水で薄めたサイズ。酸性のスプレーになるため、虹色変色のほか、水回りの水垢や、トイレの黄ばみなどアルカリ性の汚れを落とすのに重宝します。

# 19

# 銅製品のお手入れ

鍋、やかん、卵焼き器、フライパンなどの調理器具から、マグカップ、ビアカップなどにも使われる銅。金属の中でも熱伝導率が高いので、弱火でも均一に火が入り、冷却も瞬時に行き渡って温度を一定に保つすぐれものです。ただ、銅は空気に触れるだけで酸化するほど繊細な面もあるため、変色も味わいとしておつき合いしましょう。また、調理前に、傷や

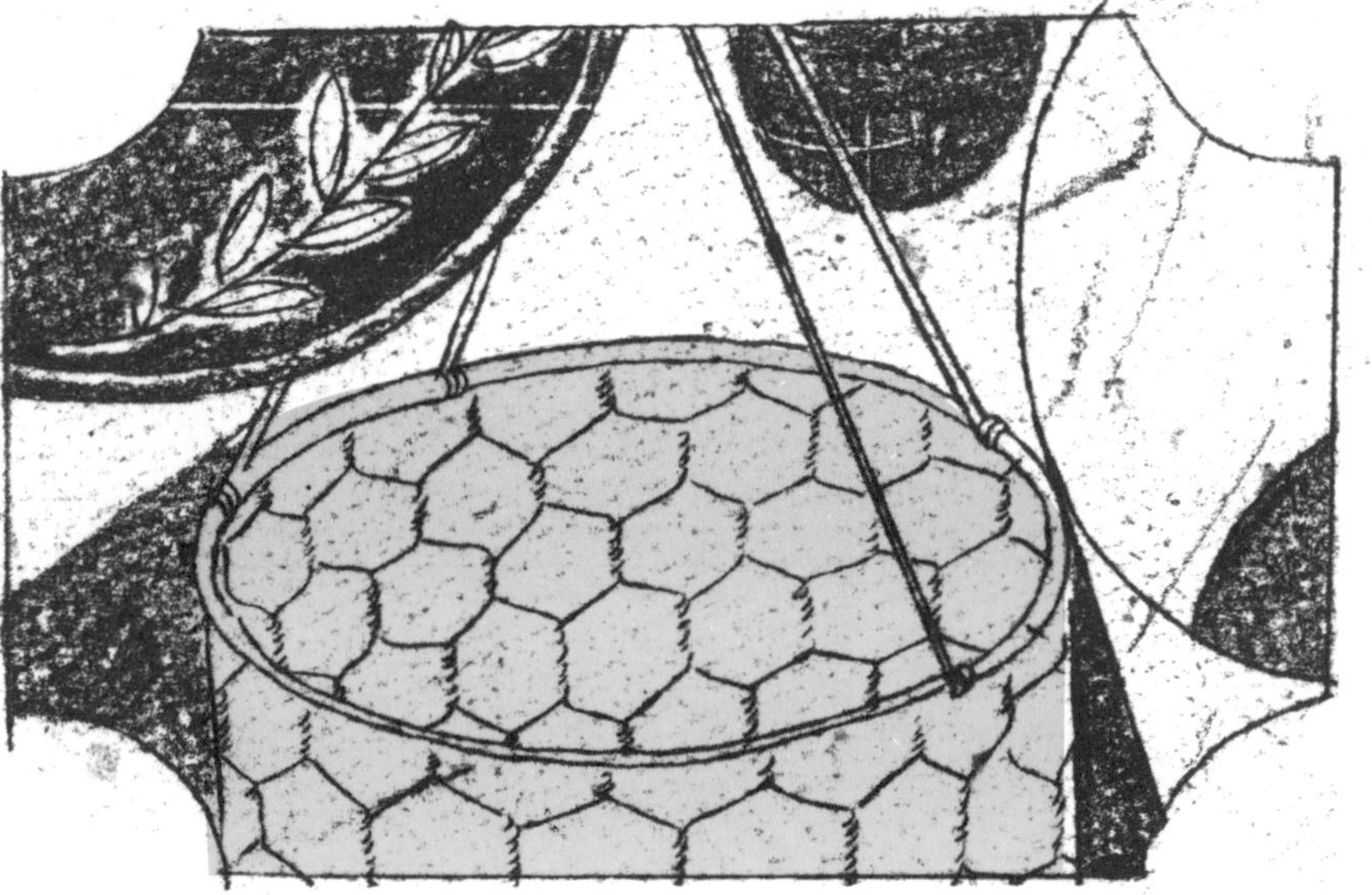

メッキの剥がれなどがないか確認してください。剥がれていたら使用を中止して、修理に出しましょう。

おろしたての銅製品を使う際は、中性洗剤を含ませたスポンジで洗い流してから使いましょう。卵焼き器やフライパンは油ならしをしますが、弱火でOK。表面に気泡が出たら火を止め、冷えてから油を捨て、キッチンペーパーで拭いておきましょう。

銅製のフライパン類は鉄のフライパン同様、使用後に洗剤を使わないほうがよいですが、銅鍋やキッチンツールは洗剤で洗えます。サビ防止のため、水気は取っておくこともお忘れなく。



## 20 — 銅製品に緑《ろく》青《しょう》が出たときの対処法

銅は、「緑青」という緑色に変色する錆びが起こりやすい材質です。銅でできた10円玉が青緑に変色しているのも同じ現象です。この緑青、体に害はないものの、見た目がよくないので、取っておくと気持ちがいいですね。緑青は、酢と塩を同量混ぜ合わせて布かスポンジにつけて磨くときれいになります。酸性である酢の効果と、塩の研磨剤としての効果がサビを落とすのです。両方口にできるものなので、調理器具でも安心です。

仕上げに洗い流し、水気を切ったらしっかり拭き取りを。湿っていると、錆びや劣化の原因になるので、よく乾かして保管しましょう。銅製品の大きな魅力のひとつである美しい見た目が鮮やかに蘇ります。

# 21 — 琺瑯製品のお手入れ

琺瑯は、金属にガラス質の釉薬をかけて高温で焼き上げた素材。表面はガラス質なので、酸やアルカリ、塩分に強く、色やにおい移りもしにくいため、保存容器にしても調理器具にしても使いやすいですね。また、オーブンにもそのまま入れて加熱できたり、コンロで直火にかけられたりなど、重宝します。見た目のおしゃれさも相まって、愛用する人も多いでしょう。

汚れやにおいに強い琺瑯は、使用後のお手入れもシンプル。中性洗剤とスポンジで洗い流すだけでほとんどの汚れは落ちてしまいます。日頃から、こまめに洗うことが長持ちのポイントです。ただお湯を沸かすだけのケトルやポットも、水分内に含まれるミネラル類が蒸発して付着するので、使用後はしっかり洗っておきましょう。

一方、琺瑯は焦げには弱い性質。料理に使って焦げてしまったら、重曹と食用油で落としましょう。まず、焦がした部分が浸るくらいぬるま湯を入れたら、大さじ1程度の重曹を入れてかき混ぜます。そこに、食用油を数滴加えたら、火にかけましょう。直接直火に当てられないものは、鍋などに移して沸騰させてから注ぎ入れます。冷めるまで置いてから、中身を捨て、スポンジで洗います。一度で取りきれないときは、何度か繰り返すとよいですが、琺瑯特有のツヤ感がなくなることがあるので、ほどほどに。また、同じ理由で研磨剤クレンザーや金たわしの使用も控えましょう。

なお、琺瑯の素地は鉄製のため、表面のガラス質がこすれると灰色が浮かび上がります。特に、金属のカトラリーなどが当たると、ひっかいたような跡（メタルマークと呼ばれる灰色の線）が出ますが、これはメラミンスポンジでやさしくこすると落とせます。ただし、頻繁に行うと、琺瑯の質感が失われるので、注意しましょう。

TOOLS COLUMN

# 重曹の使い方

水に溶かせば重曹スプレー、水と混ぜてペースト状にすれば研磨剤に。お掃除にも大活躍の重曹は医薬品から食品添加物、飼料、洗剤や染料などの工業用までさまざまな用途で幅広く使われる万能素材。ここではお掃除をはじめとした、ご家庭での重曹活用方法をご紹介します。なお、目的が料理や洗濯、ボディケアの場合は、食用以上のグレード（純度98～99％）の重曹を選びましょう。

POINT 1

## 重曹ペーストで汚れを落とす

コンロ周辺の油汚れやシンクの頑固な黒ずみ、水垢などに重曹を活用しましょう。粉のままよりも、水と混ぜてペースト状にしたほうが効果的です。水と重曹を1対2の割合で混ぜ合わせ、汚れているところに塗りましょう。汚れを覆うように塗ったら、しばらく放置します。その後、スポンジや歯ブラシ、丸めたラップなどでペーストごとこすり、汚れを落としましょう。仕上げに水拭きをして重曹が残らないようきれいに拭き取ります。

POINT 2

## 重曹スプレーで汚れを落とす

電子レンジや冷蔵庫の庫内など、こまめに掃除したい場所には、重曹スプレーが便利。100㎖の水であれば、小さじ1～2杯くらいの重曹を加えてスプレーボトルに入れておくと使いやすいですね。

POINT 3

## ゴミにかければ消臭に

生ゴミなどがにおうときは、粉のままサラサラと振りかけて脱臭を。同じ理由で、トイレの便器にふりかけるのも即席のにおい取りとして使える手法です。

POINT 4

## 魚のぬめりを取る

魚に重曹を粉のまま振りかけてしばらく置いた後、水で流してキッチンペーパーなどで水気を拭くと、ぬめりが取れます。

POINT 5

## 食材のアクを抜く

フキやたけのこなどアクの強い食材のアクを短時間で抜くのに重曹が使えます。直接振りかけて揉み込んでから熱湯で茹でる、または、お湯の中に重曹を振り入れて重曹水を作り、その中で煮るなどの方法があります。若干重曹の苦味が残ったり、食材が変色したりすることもあります。

POINT 6

## 湯船に入れる

体にもいい重曹風呂。目安として、２００ℓの湯船に対し、大さじ1～3杯程度の重曹を加えます。入れすぎると刺激が強くなるので注意しましょう。また、体質に合わない場合もあるので、必ず少量から始めて様子を見てください。入浴剤代わりに重曹を入れると、湯上がり後冷めにくくバスタブの汚れも落としやすくなります。

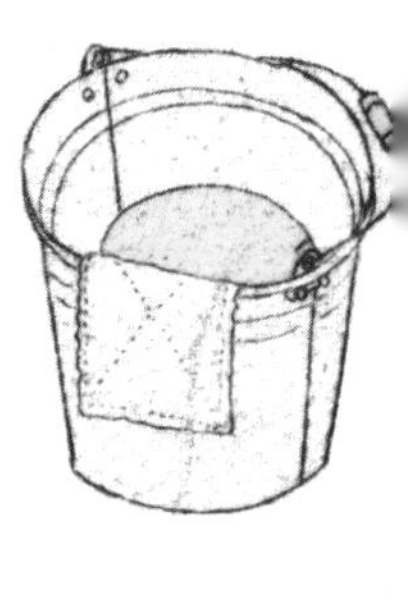

# TOOLS COLUMN

# クエン酸の使い方

水垢や尿石など、アルカリ性の汚れを中和する作用があるクエン酸。重曹と同様、人にも環境にもやさしいエコな洗浄剤で、普段のお掃除に使いやすいアイテムです。アルミや銅、鉄や大理石、ニスでコーティングされた製品など使用できないものもあるので、使えるところ、使えないところを確認してから使用するようにしましょう。また、塩素系の洗剤などと混ぜると有毒ガスを発生させるので、併用しないように気をつけてください。

POINT 1

## 粉のまま使う

洗面台やシンク、浴室の洗い場など面が広い場所は、粉のまま直接振りかけてスポンジやブラシでこすると水垢やピンクぬめりがきれいになります。

POINT 2

## クエン酸水にする

日常的なお手入れには、クエン酸水が便利です。水200㎖に対し小さじ1の割合を目安にクエン酸をあらかじめ水に溶かしてスプレーボトルに入れておくと、気になるときにサッとお掃除できます。便器にこまめにスプレーをしておくと衛生的です。ペットのトイレ掃除にも安心して使えますよ。

POINT 3

## ペーストにする

結晶化した水垢や尿石など、頑固な汚れはクエン酸ペーストで分解しましょう。5㎖の水に対し、大さじ3杯程度のクエン酸を溶かして混ぜ合わせたら、汚れに被せるようにのせます。その上からラップをかけて密封し、しばらく置いた後、歯ブラシや丸めたラップでこすり落としましょう。仕上げに水洗いで、ペーストをきれいに流します。

# [クエン酸はここに使う]

## シンクや洗い場

洗面台やキッチンの流し台、浴槽など、水栓がある場所は、水垢やピンクぬめりが発生しやすいので、クエン酸水のスプレーをこまめに使って汚れをためない工夫をすることで、頑固な汚れがつきにくくなります。

## トイレ

便器の中だけでなく、床や壁などもクエン酸でお掃除を。目に見えない飛び散りも、クエン酸水を含ませた布などできれいに拭き取っておくとにおいも取れて気持ちがいいですね。

## 電気ケトル・ポット

水を使う電化製品は、内部にたまる水垢やカビの発生が気になります。電気ケトルは、満水まで水を入れたら、大さじ2分の1から1程度のクエン酸を加えて沸騰させ、粗熱が取れるまで置いてから中の水を捨てます。その後、水を入れて再度沸騰させて流し、きれいに洗います。電気ポットも同じようにに掃除できます。

## 22 — やかんのお手入れ

外側と内側で汚れの種類が違うのが、やかん。熱源にさらされる底面は、黒い焦げや、コンロの上に置いたときに、そばで炒めものなどをすると、外側は油はねでベタベタしますね。一方、内側は水から出るカルキや水垢などで汚れます。汚れの種類が違うので、場所ごとにアプローチを変えて落としていきます。一般的なステンレス鋼のやかんは、重曹とクエン酸のふたつを使うのが簡単。

[外側の汚れを落とす]

まず、やかん全体に軽く水をかけて濡らした後、重曹を直接やかんにふりかけます。30分程度置いたら、布やスポンジでこすり落とすようにして汚れを取っていきましょう。最後に水で洗い流せばOK。

[底面の汚れを落とす]

底面の焦げつきや落ちにくい頑固な汚れは、重曹水にしばらくつけおきして汚れをやわらかくしてから磨きます。重曹水は温めると汚れが落ちやすくなります。沸騰した湯に重曹を加え混ぜたら、やかんがすっぽり入る大きさの桶などに重曹水を注ぎ入れ、やかんを浸しましょう。冷めたら取り出して、布やスポンジでこすり落とし、水で洗い流します。

[内側の汚れを落とす]

カルキや水垢の元はミネラルなので、クエン酸できれいになります。やかんに水を汲み、クエン酸を加えて沸かします。水1ℓにクエン酸は小さじ1杯程度と少量でOKです。沸騰後、10~15分程度煮沸させたら火を止め、冷めるまで放置します。その後、やかんの中の水を捨て、しっかりすすぎ洗いをしましょう。

[素材別注意点]

◎アルミのやかん
重曹などアルカリ性のものは使用不可。酸性のものでお手入れしましょう。やかんに水を注いでクエン酸や酢を入れて、沸騰させます。15分程度煮たら、水を流してきれいに拭き取りましょう。

◎琺瑯のやかん
普段のお手入れは中性洗剤を含ませたスポンジで洗うだけでOK。焦げつきや着色汚れには、重曹やメラミンスポンジを使って磨きます。重曹は、お湯に溶かしておき、焦げつきを浮かせてから落としましょう。内側はステンレス鋼のやかんと同じように、クエン酸水で落とせます。

◎鉄のやかん（鉄瓶）
重曹は使えません。鉄瓶は水気があると錆びるので、使い終わったらしっかり乾かします。空焚きは割れの原因になるので避けましょう。内側は湯垢（カルシウム結晶）を作ることが錆び防止になります。毎日お湯を沸かすこと、硬度の高いミネラルウォーターを使うとより効果的に湯垢が作れます。また外側は、煎茶を含ませた布で磨くとツヤツヤに。鉄瓶を使った後の温かいうちに磨くのがポイントです。

◎銅のやかん
色が黒くなったら、酢やクエン酸を使って洗い、しっかりとすすぎ洗いをします。スチールたわしを使うと傷つくので、磨くときはやわらかいスポンジで。緑青は、酢と同量の塩を使うと落ちます（P49参照）。

◎電気ケトル
電気ケトルや電気ポットなどは、水に沈められないので、外側の汚れは固く絞った布などで拭き取ります。内側は、水を満水ラインまで入れてクエン酸かお酢を加えて沸かし、冷めたら一度捨て、今度は水だけを入れて沸かします。落ちない場合は、何度か繰り返すときれいになりますよ（P55参照）。

23

# 調理道具の油汚れを落とす

フライパン、鍋、フライ返しやお玉などについた油汚れ。「何度洗ってもヌルヌルが取れない」、「洗剤や水をたくさん使ってしまう」など細かなところでストレスを感じませんか？ 簡単に、スッキリ落とす方法を紹介します。

### 1 ペーパーや古紙で拭き取る

洗い流す前に、キッチンペーパーや新聞紙で拭き取りましょう。このひと手間で、洗剤や水の量が減らせて、時短にもなります。温かいうちに拭き取っておくことがポイント。

### 2 アルカリ性の洗剤で洗う（鉄、木製品以外）

油は酸性で、この油を中和させるのがアルカリ性なので、アルカリ性か弱アルカリ性の洗剤を使って洗います。アルカリ性は肌に負担がかかるので、手袋を忘れずに。

### 3 たわしでこすり落とす（鉄、木製品）

鉄製フライパンや木製まな板などは、基本的に洗剤を使いません。汚れは紙や布で拭き取り、たわしでしっかりと洗い流しましょう。ぬるま湯を使うと、油が落ちやすくなります。

### 4 頑固な油汚れには重曹やセスキを使う（アルミ製品以外）

頑固な油汚れは、重曹やセスキ炭酸ソーダを使って落としましょう。水を張り、重曹、またはセスキ炭酸ソーダを適量加えて沸騰させたら、火を止めて冷まし、洗い流します。アルミ製品にアルカリ性を使うと黒ずみができるので、使わないように気をつけて（P45参照）。

# 24 — 白木のおひつや弁当箱のお手入れ

木の表面に塗装されていない無塗装の状態が「白木」。おひつや曲げわっぱ、お弁当箱などにも白木のものがありますね。白木の入れ物は、木の香りや風合いを感じることができるのが最大の魅力です。香りが強いスギやヒノキなどは、除菌・抗菌作用があり、お弁当箱に最適。炊き立てのごはんを白木の入れ物に入れると、木の調湿作用で時間が経ってもふっくらした食感が続くなど、実用性に富んでいます。

ただ、白木は無塗装なので、使い方やお手入れに少し気を配っておきたいもの。例えば、油っぽい食材はシミを防ぐためペーパーカップに入れる、ムレやカビ、腐食防止で温度が高いままフタをしないこと。汚れや色移りするものは直接木にふれないようにするなど、注意すると洗浄時がラクです。

白木の入れ物は、ぬるま湯につけおきすると汚れが落ちやすくなりますが、長時間水に入れっぱなしはNG。またできるだけ洗剤の使用は避けましょう。すすぎも水よりぬるま湯のほうがスッキリ汚れが落とせます。洗った後は、しっかり水気を拭き取ってから乾かすとカビが生えにくいですよ。

# 25 — 使い始めの土鍋は目《め》止《ど》めをする

土鍋は、その名の通り、陶土を焼いて作られたやきものです。素地には目に見えない細かな穴が無数にあるため、初めて使うときはお粥を炊くなどして、でんぷん質で細かな穴をふさぐ必要があります。これを「目止め」といいます。

水が染み出るときや、細かなヒビのようなもの（貫入《かんにゅう》）が目立ってきたら、同じように「目止め」をしてから使いましょう。しっかり使い込むことで、味わいのある土鍋に育ちます。

1 洗ってしっかり乾燥させた土鍋に、8分目まで水を入れ、水量の5分の1程度のごはんを加えたら、ざっと混ぜ合わせます。

2 土鍋の蓋をし、吹きこぼれないよう弱火でじっくり炊きます。

3 お粥ができたら火を止めて土鍋を十分に冷まします（1時間以上放置）。お粥が炊き上がったら取り出して、土鍋は水洗いを。お粥は美味しくいただきましょう。水洗いした土鍋は、すぐに水気を拭き、底面を上にして風通しがよいところで乾かします。

# 26
# 使い終えた土鍋のお手入れ

使い終わった土鍋は、すぐに水洗いが基本。たわしを使ってきれいにします。中性洗剤を使える製品もありますが、土鍋は水分を吸収するので洗剤が中に入り込んで、次回使うときに溶け出す恐れがあるため、洗剤は手早く洗い流してください。

また、洗った後はしっかり乾燥させないと、目詰まりやカビが発生するので注意。土鍋は長時間調理品を入れっぱなしにしたり、水に浸したままで乾燥していない状態が続くと、気孔が詰まってしまいます。これが目詰まりです。目詰まりすると、茶色い液体がにじみ出てくることがあるので、きちんとお手入れしましょう。

[目詰まりしたときは]

土鍋の8分目程度まで水を入れたら、重曹を小さじ1杯程度加えて煮立たせます。その後、天日干しをして乾燥させ、もう一度「目止め」をします。重曹と水を煮立たせる方法は焦げ落としにも有効です。

[においを解消したいときは]

土鍋のにおいは、ほうじ茶や緑茶などの茶殻が効果的です。土鍋に8分目まで水を入れ、茶殻をひとつかみ加えたら10分ほど煮立てます。カビ臭は、酢で解消。水に大さじ2~3杯程度の酢を入れ、同じように煮沸を。重曹もにおい消しに有効です。

［ケーススタディ］

# 「モノとのつき合い方」によって素材を選び、おおらかに味を楽しむ

CASE STUDY

01

日本の手仕事・暮らしの道具店cotogoto

## 栗原悠太さん

キッチンツールを中心に展開する道具店「cotogoto」のバイヤーとして活躍されている栗原さん。職人や作家などモノづくりのプロと交流を重ね、商品を吟味し、自身も使い込む中で培ってきた知識と感性が、モノ選びの基準になっています。そんな栗原さんに、台所道具を中心に、モノとお手入れの関係について伺いました。

素敵な台所用品といえば、鉄のフライパンや木のカッティングボードなど、使い込むとかっこよくなるけれど、ケアに手間がかかるものも少なくありません。育てる楽しみはあるけれど、ちゃんとお手入れができるかな、と心配になる人もいるのではないでしょうか。でも栗原さんは「案外大丈夫ですよ」といいます。

「台所道具は結局のところ、使うことが一番のお手入れになります。使って、汚れを落として、水気を取り、しっかり乾かすという習慣をつけてしまえば、サビやすい鉄のフライパンもカビやすい竹製品もそれほど怖くありません。丁寧に扱わないと……と気負いすぎると大変ですが、無理せず、少々傷や汚れがあってもおおらかに。『味』と思える鈍感力があるといいですよね。でもどこまでを味と感じて、どこからが汚れと感じるかは個人差がかなりあります。少しの汚れが気になってしまうという人は、汚れにくく変化しにくい素材を選ぶといいと思います」

そう話す栗原さんの愛用品は、ステンレスの調理道具も多いのだとか。壊れにくく、手入れが楽なのがステンレスという素材の魅力です。

「道具を選ぶときに、その素材が何なのかはお手入れに直結するポイントです。自分が道具に手間ひまをかけられないならフッ素樹脂加工のフライパンを。お手入れを楽しみたいなら鉄のフライパンを。そんな風に、ライフスタイルに合わせて素材を選べばいいのです。cotogotoではさまざまな素材の商品を取り扱っているので、使い比べもしていいます。木製がよいとか、ガラスや琺瑯、銅や真鍮が好きとか、人によって好みや選択は様々です。でもシンプルで壊れにくいものが好きという部分は、スタッフみんな共通しているかもしれませんね。作りや構造がシンプルな道具は、壊れても直すことができます。包丁は数年に一度研ぎ直しに出せば小さくなるまで使えるし、漆器も塗り直せば何十年も使えます。少々高くても、定期的にメンテナンスをすることで新品同様に生まれ変わるので、自然と長く使えるものを購入する傾向はありますね」

気負わず自分の暮らしにあった素材を選ぶこと。しっかり使ってケアをすること。シンプルな作りで直せるものを選ぶこと。cotogotoが提供する考え方は、自分らしいモノ選びのヒントにあふれています。

お気に入りの道具は、使うだけでなく眺めるのも好きという栗原さんの台所。使いやすく、取り出しやすく、見せる収納も楽しんで。

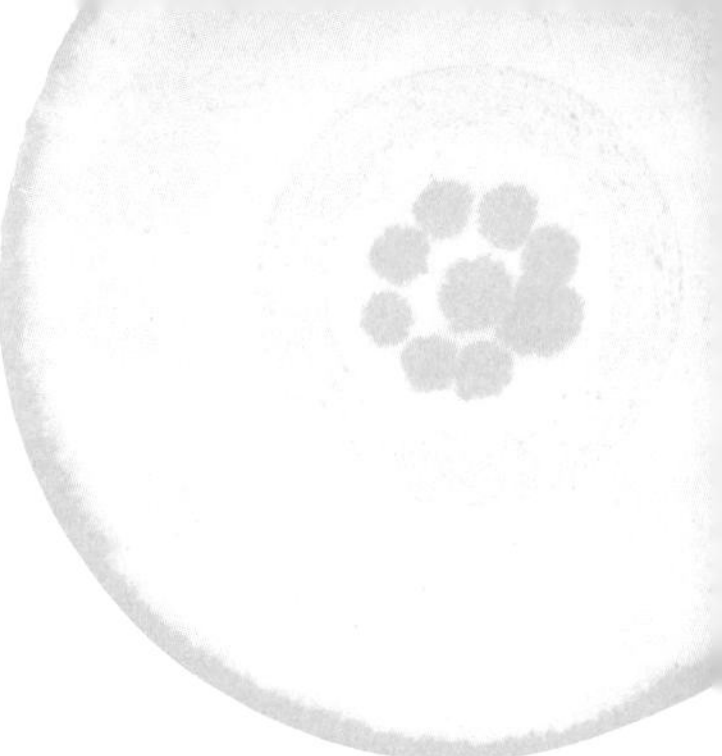

27

# 陶器と磁器、性質や扱い方の違いを知っておく

一般的に「やきもの」と呼ばれるうつわは、大きく分けると「陶器」と「磁器」の2種類。このふたつのやきものは、原料が違うため、手ざわりだけでなく、扱いも大きく変わります。陶器と磁器、ふたつのやきものの違いをおさえて、使用からお手入れまで、それぞれに適した取り扱いをしましょう。

**［陶器の基本］**

原料は自然から採れる粘土（陶土）。縄文、弥生など古くから日本で作られてきた土器文化の流れに大陸の技術などが混ざり、発展したもの。釉薬をかけ、1200度前後の高温で焼成する（釉薬をかけずに焼く「焼き締め」という技法もある）。「土もの」とも呼ばれます。

◎陶器の扱い

陶器は、素地に小さな孔があることで熱を取り込みやすく、冷めにくい特徴があります。磁器と比べて土の密度が低く、食品や料理の成分を吸収し、色やにおいがつきやすいですが、盛りつけ前に30秒ほど水に浸けるだけでも予防になります。特に焼き締めのうつわはやっておきたいですね。油をたくさん使った料理は直接うつわにのせず、紙

を敷くようにしましょう。

◎陶器の注意点

陶器は電子レンジが使えません。陶器に含まれる水分が急激に熱せられて、破損の原因になるからです。陶器はやわらかい素材で欠けやすいので、食洗機も避けて、手洗いを。使用するうちに水漏れやシミが出るようであれば、汚れ防止に目止めをしてもよいでしょう(Ｐ60参照)。ただ、目止めで風合いが変わる陶器もあるので、販売元で確認しておくと安心です。

［磁器の基本］

原料は白く硬い陶石。磁器は中国から伝わったやきもので、日本では約４００年前に作られ始めたといわれます。陶石を砕いて粘土状にして作った器に釉薬をかけ、１３００度前後の高温で焼成。指ではじくと金属質の音がするのが磁器の特徴。「石もの」とも呼ばれます。

◎磁器の扱い

粒子が細かく均一な素地の磁器は、硬質で丈夫。つるっとした手ざわりで、汚れも落としやすく、においや色移りの心配はありません。洗ってもサッと乾くので、頻繁に使う食器としても扱いやすいもの。最近は、陶器と磁器を掛け合わせた半磁器と呼ばれるうつわもありますが、半磁器と磁器は異なるものですので、取り扱いについては個々に確認しましょう。

◎磁器の注意点

磁器は電子レンジを使えますが、色絵のうつわ（Ｐ66参照）は使用できません。磁器は堅牢なので、食洗機で洗えるものも多いです。なお、オーブンやコンロなど直火使用はできません（陶器も直火は不可）。

# 28 ― 色絵(上絵付け)のうつわの扱い方

彩豊かに描かれた華やかな色絵のうつわ。素焼きした陶磁器に透明の釉薬をかけ、その上に絵つけして再び焼く技法を上絵付けといいます。釉薬の上に色絵具で描かれているため、丈夫な磁器でも扱いは慎重に。特に、金彩や銀彩など、金属が施されている色絵うつわは、酸に触れると変色することがあります。洗浄や殺菌に酸性のものを使用しないことはもちろん、酢のものやレモンなど酸が含まれる食べものを載せるのも控えましょう。

また、磁器であっても色絵うつわを電子レンジや食洗機に入れることは避けて。絵の部分が傷むおそれがあります。金彩や銀彩など金属が含まれるものは電子レンジのマイクロ波に反応すると大変危険です。絶対にやめましょう。

色絵うつわの保管は、重ねないのがベストですが、どうしても重ねないといけないときは、間に紙などを挟んで、装飾を保護しましょう。

# 29 木のうつわやカトラリーのお手入れ

カトラリーや食器にも木製のものがいろいろあります。木は軽くて熱を伝えにくいのでアウトドア用のお皿やボウル、カトラリーでも大活躍。ナチュラルな木の質感が食卓の雰囲気を盛り上げてくれそうです。食器には熱い汁ものなど高温のものを入れることもありますが、基本的にはアツアツのものは木のうつわには入れないのがベター。また無塗装のうつわは油ものも避けましょう。オイル仕上げの木の食器は、油ものをのせてもツヤにつながるという考え方もあります。表面塗装がしっかりされている食器は、比較的のせるものに気を遣わなくてもいいですが、極度に熱いものは避けたほうが無難です。

木のうつわやカトラリーは、使用後にすぐ洗うようにしましょう。汚れたままだと成分が木に入り込んでしまい、カビや着色の原因になります。また、つけおきもおすすめしません。水洗いしたあとは必ず水分を拭き取り、空気がこもらない、風通しのよい場所でしっかり乾かすこと。湿気は大敵、直射日光も傷む原因になります。保管に気をつけると、カビや割れから守れます。扉つきの戸棚や引き出しに入れっぱなしにせず、頻繁に開閉する場所に入れたり、湿気がこもりにくい高所に置いてこまめに使うようにするとよいですね。

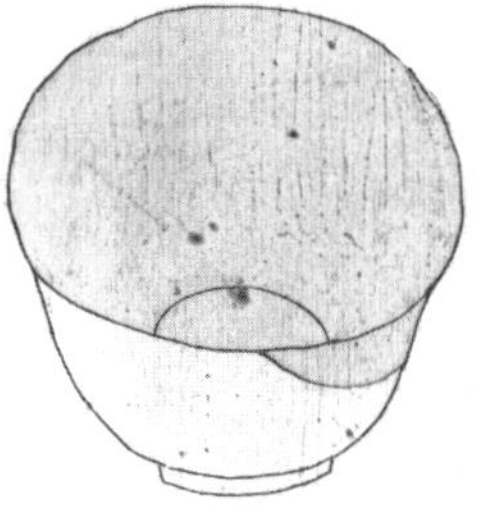

# 30 — 銀の食器やカトラリーのお手入れ

銀製品は、硫化して黒ずむ性質があります。シルバーのアクセサリーをつけたまま温泉に入ると黒く変色してしまうのもこの性質によるもの。この黒ずみは、空気中の硫化水素（硫黄）と結合してできた硫化銀の被膜によるものです。この皮膜を取り除けば、美しい輝きが取り戻せます。

フォークやスプーンなど使う頻度が高い銀製品は、こまめに洗って拭き取りするので、変色はゆるやかですが、しまい込んでいると、どんどん黒ずんでしまいます。銀食器などは、使いながらお手入れするほうがきれいな状態をキープしやすいです。

また、使ったらすぐに洗いましょう。食べ物の中には、硫黄を含む食品類もあり、付着したまま空気にふれる時間が長くなると、黒ずむ可能性が高まります。

◎普段のお手入れ

中性洗剤とスポンジで手洗いを。漂白剤や研磨剤は、銀の劣化を招くため、使わないのが得策。歯磨き粉も研磨剤が入っているので避けて。

◎黒ずみの落とし方

鍋で湯を沸かし、適当な大きさに切ったアルミホイルを丸めずに鍋に沈めます。塩を大さじ1～2杯程度加え、銀製品を鍋に入れて5分程度煮ると、黒ずみがアルミホイルに移り、銀製品がきれいになります。仕上げに水洗いしてしっかり水気を拭き取りましょう。

◎保管の仕方

こまめに使うことが一番のメンテナンスですが、しまっておく場合は直射日光を避け、空気に触れないようにするのがポイント。銀製品専用の収納袋なども利用するとよいでしょう。時々取り出して状態をチェックし、きれいな状態でも布で拭いておくと安心ですね。

# 31 — かごのお手入れ

竹や、木の皮など自然素材で仕立てたかごやざるを編組品（へんそひん）と呼びます。サイズも豊富で軽く、使い勝手がいいかごは収納しても見栄えが良く、重宝しますが、湿気が大敵。クローゼットや閉め切った場所など、空気を流さず湿気がこもるところで保管したり、野菜や果物など水分を含む食材を直接入れたままにしたりすると、カビや変色の原因になるので注意しましょう。

かごは、使用するにも保管するにも、風通しをよくしておくことが日々のケアになります。

かごのおき場所は窓や扉を開け、サーキュレーターや換気扇などで空気の循環をよくするなど工夫をしましょう。接触面が少ないほうが風は抜けやすいので、ぶら下げる、壁にピンで留める、高いところに間隔を開けて置くのも一案。脱衣場など水まわりで自然素材のかごを使うときも、湿気がこもらないようにすれば大丈夫。表面に少し汚れがついたくらいなら、たわしでゴシゴシこすり落とせば問題ありません。

カビてしまったら、漂白する手もありますが、基本的には漂白剤の類は使わないほうが無難です。

また、かごがほつれてしまったときは、ぜひお直しを。小さなほつれは、細い紐でぐるぐる留めればＯＫ。あえて異素材を用いても面白いかもしれません。作り手がわかる製品であれば、修繕をお願いできるケースもありますので、購入する際は、修繕を依頼することも視野に入れて買い求めると長期スパンで使いやすくなります。

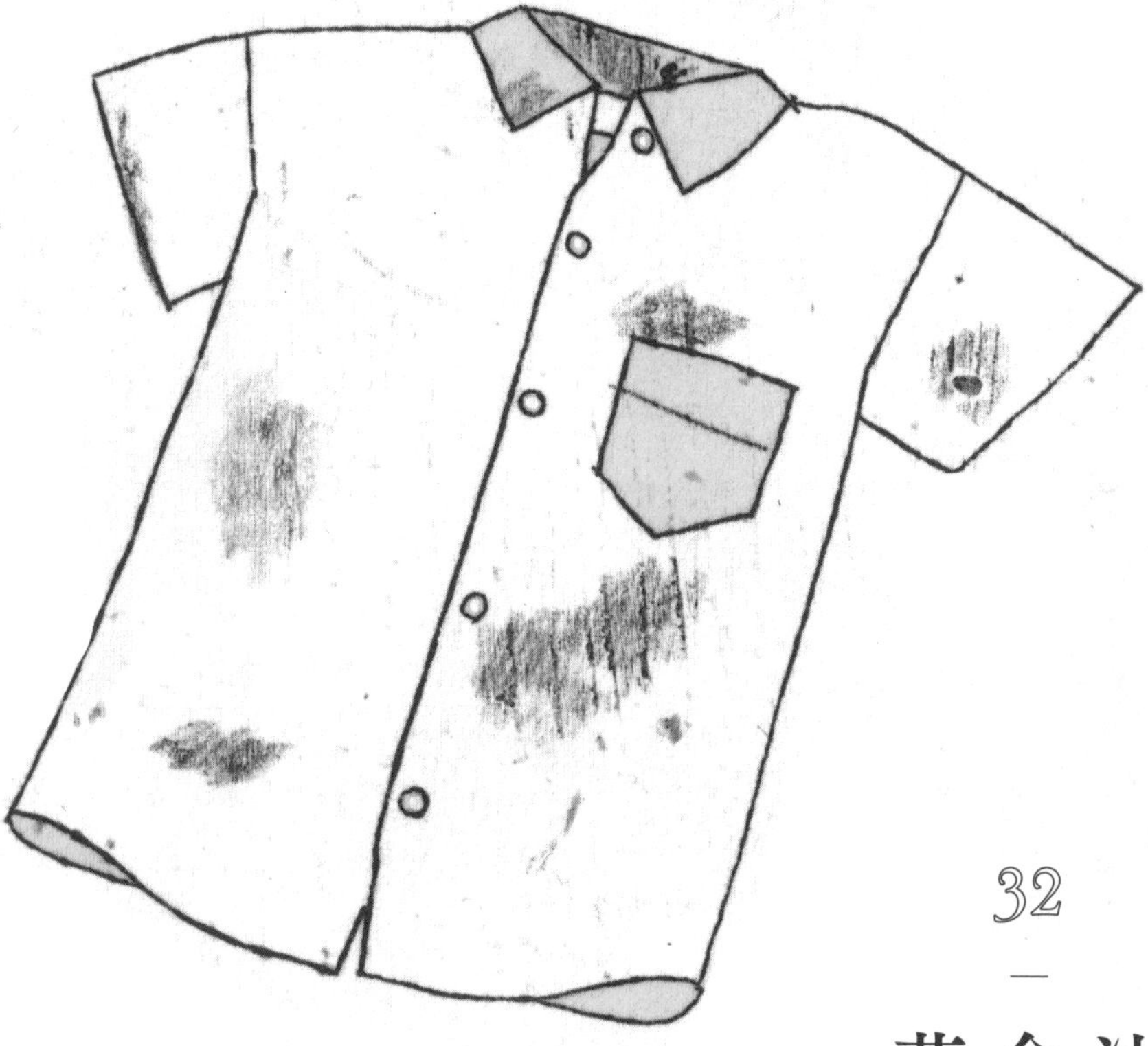

32

—

# 油汚れや食べ物のシミを落とす

衣服やクロスなど布物につく汚れの中でも、油汚れや食べ物のシミは時間が経つと落としにくくなります。汚れやシミがついた直後は、応急処置しておけると安心ですね。

食べ物のシミは、水だけでも落としやすい水溶性と、油汚れと同じ油性があります。野菜や果物の汁、しょうゆ、コーヒーなどは水溶性なので、固く絞った布で上から叩くと落としやすいです。左右にこすったり、つま

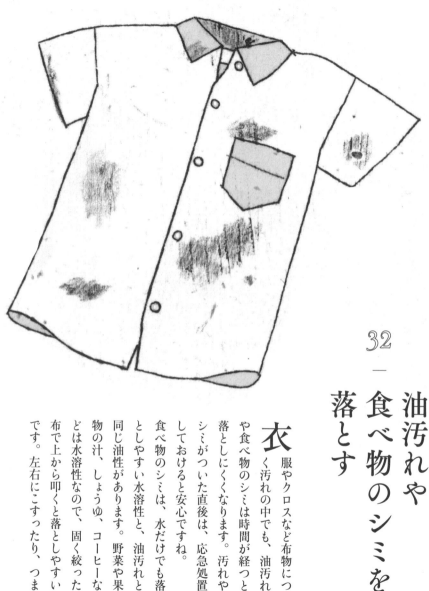

んだりせずに、叩く側の布に汚れを移すような要領で動かしましょう。

カレーやチョコレート、肉汁など油分を含んだ油シミは、歯ブラシと中性洗剤を使います。乾いた布で表面の汚れを取り除いた後、シミがついた生地の下(裏側)にタオルを敷き、歯ブラシに3~5倍程度に薄めた中性洗剤を浸してトントンと上から叩いて取り除きます。左右に動かすと繊維の中に汚れが入り込んでしまうので、注意しましょう。応急処置ができて、シミが目立たないようならそのまま普通に洗濯を。取りきれないようなら、洗濯機に入れる前に以下の方法で、汚れ落としをしてみてください。

[クレンジングオイルを使う方法]

**1** 汚れやシミの下(裏側)にタオルを敷いたら、汚れやシミに直接クレンジングオイル(メイク落とし)をつけます。

**2** 歯ブラシを使って、汚れを下のタオルに向かって叩き出していきます。左右にこすらずに注意しながらトントンと叩きましょう。

**3** 洗面器にぬるま湯を張り、クレンジングオイルがついた部分を洗います。ある程度落ちたら、洗濯機などで普段通り洗います。

[酵素系漂白剤を使う方法]

**1** 下洗いとして、中性洗剤を泡立てて汚れやシミにつけてしばらく置きます。汚れが浮いてきたら、一度洗い流しましょう。

**2** 洗面器にぬるま湯を張り、洗濯用洗剤と酵素系漂白剤を入れてかき混ぜたら、汚れやシミがついているところをつけおきします。

**3** 2~3時間程度つけおきした後でゆすぎ、洗濯機などで普段通り洗います。

# 33 ― 血液や皮脂の汚れを落とす

衣服についた血液は、基本的には水で落とせる水溶性の性質なので、水で流すだけで落ちます。ついたばかりの血液は水で流すだけで落ちます。お湯をかけると血液が凝固して落としにくくなるので、必ず水を使いましょう。落としきれないときは、固形石鹸を使うときれいになります。洗濯用石鹸でもいいですね。3～5倍に薄めた中性洗剤もOKです。

一方で、皮脂汚れは水だけでは落ちません。こまめに洗濯してても黄ばみや黒ずみが出てしまうのは酸化しているから。皮脂汚れは弱酸性なので、アルカリ性の洗剤を使えばきれいになります。黄ばみやすいシャツの襟元や袖口に固形石鹸、または洗濯用石鹸をすりつける、重曹をふりかけてつけおきしてから洗濯しましょう。

血液にも黄ばみにも手軽に使えるおすすめは、セスキ炭酸ソーダです。血液も皮脂もタンパク質汚れですが、セスキ炭酸ソーダはタンパク質を分解して汚れを落とす作用があります。手垢や泥汚れ、頑固な油汚れにも有用なセスキ炭酸ソーダは、洗濯や掃除など幅広く使える便利アイテムです。

34

# 泥汚れや黒ずみをきれいにする

土や砂埃、泥の汚れなどは、衣服の繊維に入り込んでしまうと落とすのが大変です。水で洗い流しても落ちず、洗濯用洗剤でつけおきしてもなかなかきれいにならないのは、泥汚れは水や油に溶けにくい不溶性だから。まずは、乾かしてブラシなどで落としましょう。それから石鹸で下洗いをするのがおすすめです。

石鹸は、土や泥など不溶性の性質でも汚れを分解して落とす作用があります。固形石鹸であれば、お湯で濡らして汚れの部分に直接こすりつけたら、水を張った洗面器の中でもみ洗いをしながら落としましょう。ウタマロやシャボン玉石けんなど、生地にも手肌にもやさしい洗濯用石鹸を選ぶのもいいですね。

また、ふきんやタオルの黒ずみは、洗い残しの洗剤や黒カビなどが主な原因。洗濯用洗剤と酵素系漂白剤を溶かし入れたお湯（40～50℃弱）に30分程度つけおきをしたらすすいで、洗濯機を回してみてください。取りきれない場合は、同じように洗剤と漂白剤を加え、鍋で煮洗いしましょう。手早く行うのが、生地を傷めないポイントです。

# 35 — 布巾を煮沸消毒する

使うたびに洗って干していても、何度洗濯しても、布巾の汚れやにおいが気になるなら、それは菌が付着している状態。気づいたときにしっかり落としてしまいましょう。

手軽なのは、鍋で布巾をグツグツ煮ること。消毒を兼ねて、定期的に行う習慣をつけておくと、衛生面も安心ですね。

布巾が入る大きさの鍋に水を張って沸かしたら、セスキかクエン酸、あるいは重曹のどれかを適量加えて、布巾を投入します。すると、湯がどんどんグレーになって汚れが溶け出るように落ちていきます。

白色の布巾であれば、酵素系漂白剤が使えます。漂白作用がある酵素系漂白剤は、色も落としてしまうため、白色以外の布巾はセスキを使いましょう。また、塩素系薬剤は煮込んではいけません。

［煮沸消毒・漂白のポイント］

**1 熱湯消毒だけでもOK**

70℃以上の温度で煮沸すれば除菌できるといわれているので、軽い汚れの場合は、何も入れなくても消毒されます。

**2 油汚れには重曹を使う**

油はねやソース、ケチャップなど、油分を含む汚れの場合は、重曹が便利。大さじ1～2程度を加えればOKです。ただし、アルミ鍋に重曹は使えません。重曹を使うときは、ステンレスや琺瑯の鍋を選びましょう。酵素系漂白剤も避けてください。

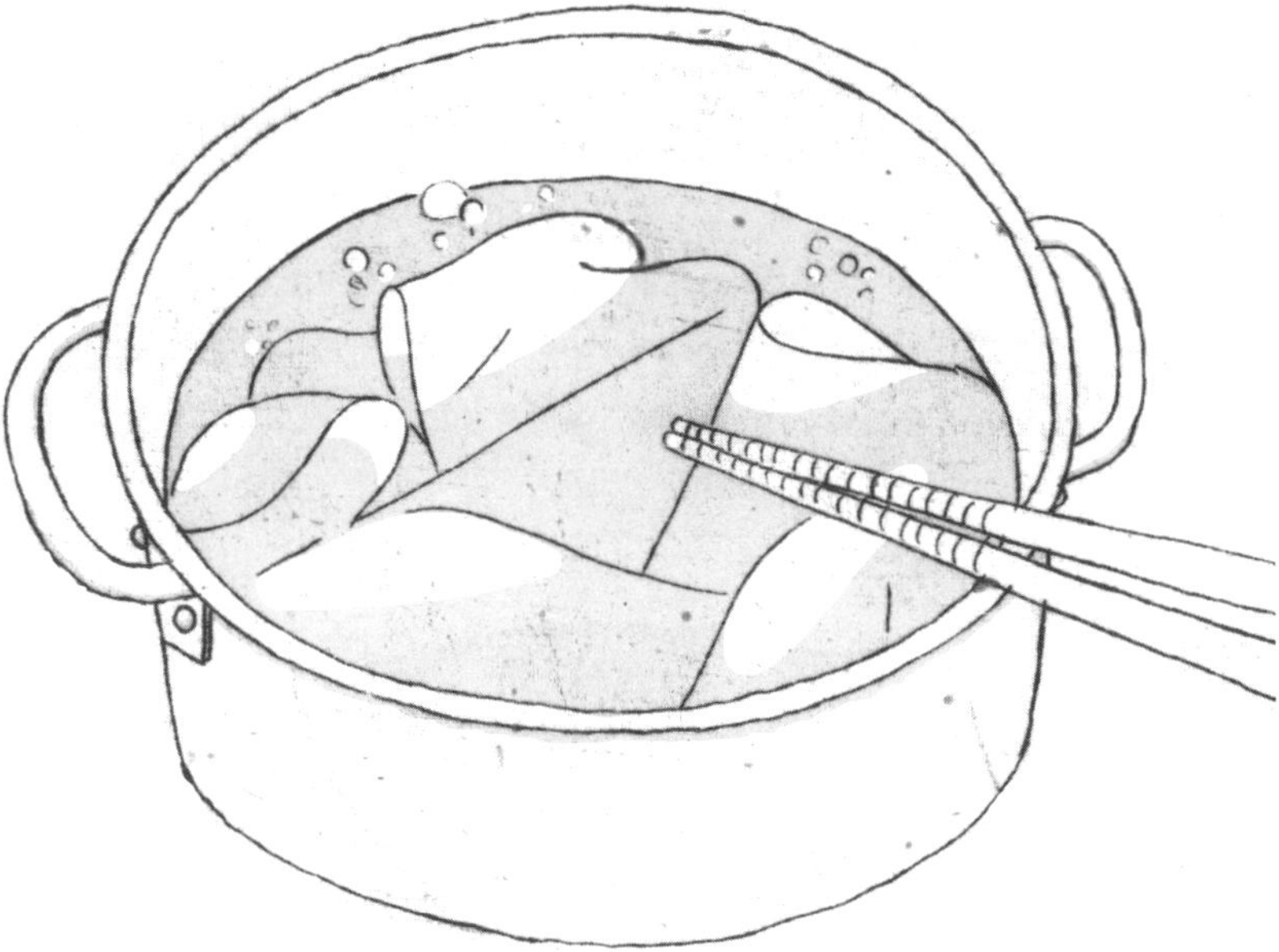

### 3 アルミにはクエン酸を使う

アルミにアルカリ性や弱アルカリ性の成分が付着すると腐食など傷みの原因になります。アルミ鍋で煮沸消毒する場合は、クエン酸を使いましょう。

　鍋で煮沸消毒した後は、取り出してすすぎ洗いをしっかりしてから、洗濯機に入れて洗います。そのまま手洗いなどでもよいですね。しっかりすすぎ洗いをして乾かしましょう。

# 36 — 天然繊維の布を洗う

麻（リネン、ヘンプなど）や綿（コットン）、絹（シルク）、毛（ウール）、カシミヤなどの天然繊維。下着や靴下、スカーフ、ハンカチなど肌に直接ふれるものは、刺激が少ない天然繊維を愛用している方も多いと思います。夏場はざっくりとした麻やさわやかな綿の衣類はたいへん重宝しますね。天然繊維で作られていても、今は自宅で洗えるものも多いので、きちんとお手入れしたいものです。

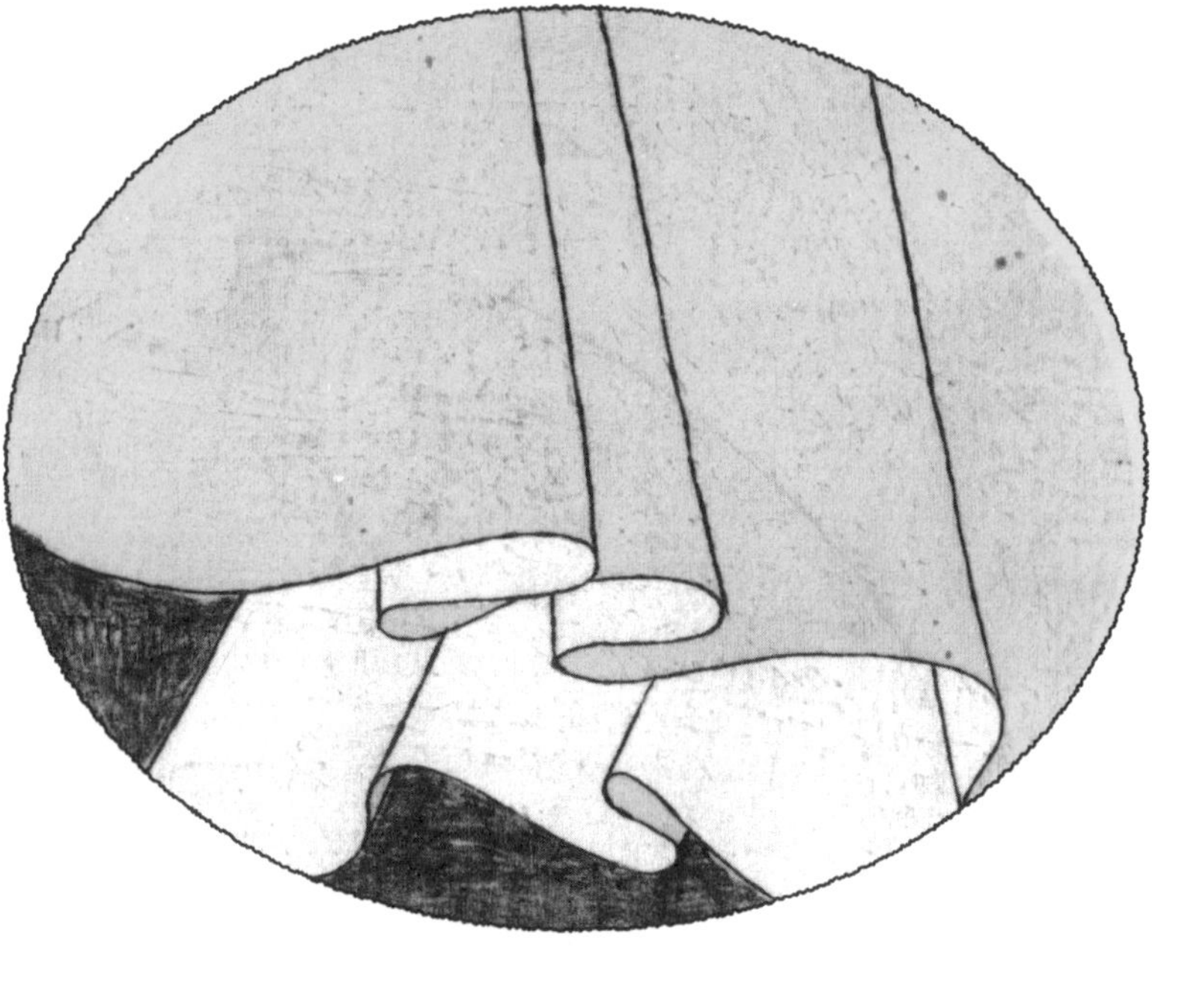

天然繊維は自然界にある素材から作られた繊維で、大きく分けて麻や綿などの植物性繊維と、絹や毛、カシミヤなどの動物性繊維にわかれます。それぞれお手入れの方法が異なるので素材ごとに確認しましょう。なお、天然繊維のもので、手洗いマークがついていなければ、水洗いできないので、自宅では洗わずに、ドライクリーニングに出しましょう。

◎麻（リネン）・綿（コットン）

植物性の天然繊維である麻や綿は、シワになりやすい素材。濡れているときに、手で縦横に軽く引っ張るなど、かたちを整えて干しましょう。乾くとシワが伸ばしにくくなるので、半乾きのうちにアイロンをかけるのがおすすめ。麻や綿は、多少シワが寄っていても味わいに感じられるのも魅力ですから、ものによってはアイロンをかけずにざっくりとした風合いを楽しんでも。

◎絹（シルク）・毛（ウール）・カシミヤ

手洗いが基本です。絹は水か30℃以下のぬるま湯を、毛とカシミヤは常温の水を洗面器などに用意して洗剤を溶かし、手で押し洗いをしましょう。毛とカシミヤは縮んだり、もつれやすい素材なので、なるべく摩擦が起きないように気をつけながら、手のひらでやさしく上下させます。水をとりかえ、すすぎ洗いを繰り返して洗剤の流し残しがなくなったら、水気を押し出し、乾いた布やタオルに挟んで手押しで脱水します。それからかたちを整えて、平置きで陰干しを。ハンガーなどを使うと型崩れしやすいため、注意しましょう。

TOOLS COLUMN

# 洗濯表示の見方

衣類などの布製品についている洗濯表示タグには、サイズや素材の情報だけではなく洗濯やアイロンなどお手入れ方法が示されています。２０１６年12月以降は品質表示規程の改正に伴い、洗濯表示が国際規格に合わせて変更されました。ここでは代表的なマークを紹介します。

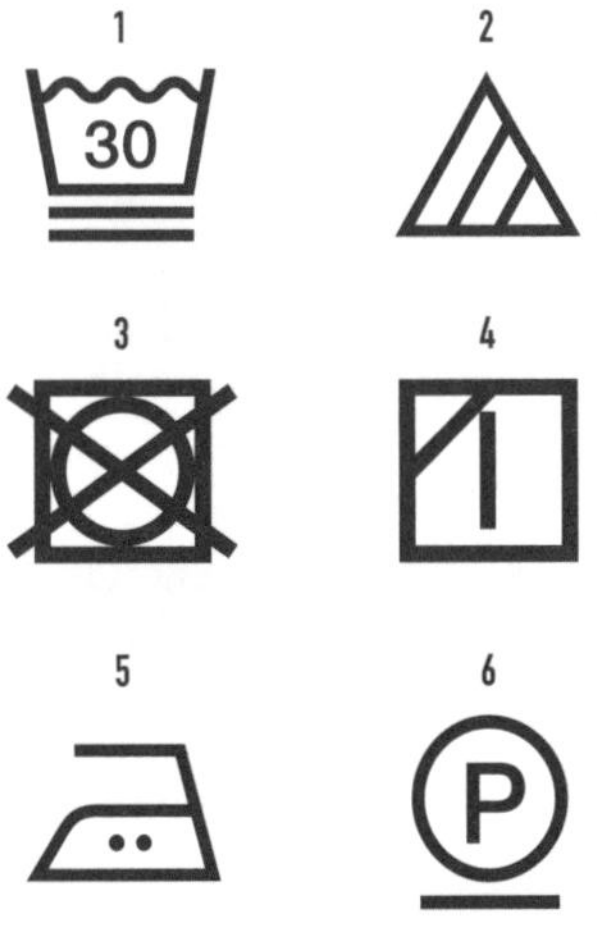


POINT 1

## 洗濯の仕方

洗濯機で洗えるか、手洗いが良いかなど、洗い方についての表示です。水洗いの可否や水流の強弱、水の温度などが示されています。数字は使ってよい洗濯液の上限温度。記号の下の線は洗うときの強さ。線が多いほど弱い洗い方（おしゃれ着洗いなど）にする必要があります。手のマークは手洗いができるという意味。×マークは自宅での洗濯はできません。

水洗いできない

手洗いできる

POINT 2

## 漂白剤の使い方

漂白剤を使えるかどうかの表示です。塩素系・酵素系どちらか、または両方使えるかどうかが記号で読み取れます。

白い△はどちらも使える、斜線は酸素系漂白剤が使える、×マークは漂白剤が使えないことを表しています。

## タンブル乾燥機の使い方

ドラム式洗濯乾燥機の普及に合わせて追加された、タンブル乾燥(タンブラー乾燥)の表示です。熱を加え、回転させながら乾燥させるので衣類に負担もかかるため、×がついているものは使用しないように注意しましょう。

## 自然乾燥の方法

洋服のマークから、四角と線に変更されました。縦線は「つり干し」、横線は「平干し」を指し、左側上の斜め線は、日陰を指します。また、二重線の場合は、脱水しない(絞らない)で干すというマーク。

日陰につり下げて干す

脱水せず平置きで干す

## アイロンのかけ方

熱に強い素材、弱い素材があるので、温度管理に気をつけてかけましょう(P80参照)。×マークは、アイロンがかけられないという意味。それ以外は、点の数がアイロンの底面温度の上限を示します。点が多いほど高温でも大丈夫なことを意味します。

## ドライクリーニング・ウェットクリーニングの方法

クリーニング店で使うことのできる溶剤の種類などを表しています。ウェットクリーニングとは、専門店にてプロが行う特殊な水洗い方法です。

パークロロエチレン及び石油系溶剤による弱いドライクリーニングができる

石油系ドライクリーニングができる

ウェットクリーニング禁止

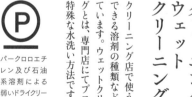

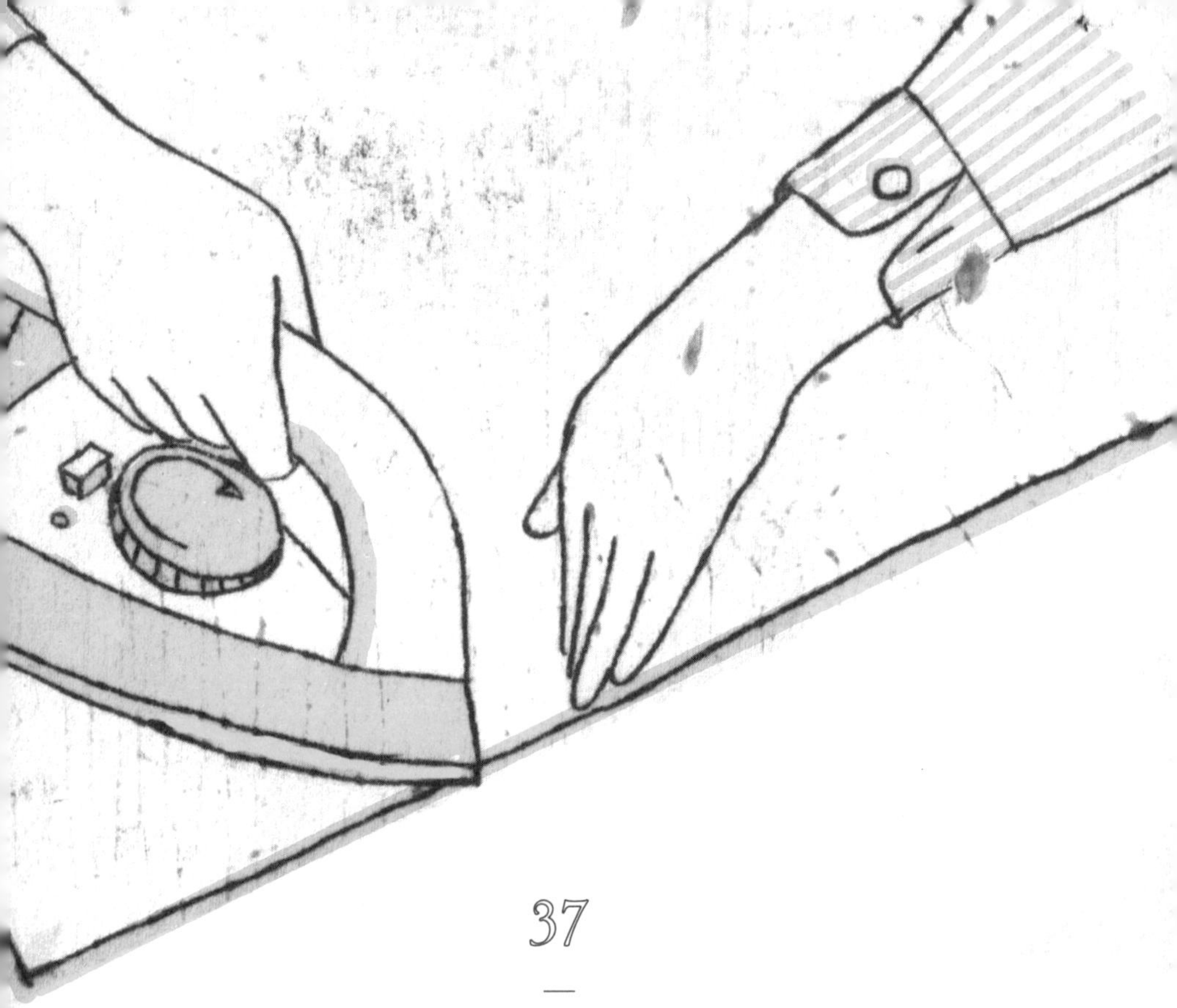

# 37
—
# アイロンの選び方・基本的な使い方

アイロンは重量があるほどシワを伸ばす力が強くなります。プロ仕様のアイロンになると、ずっしり重みを感じるものもありますが、シャツの洗濯ジワにアイロンをかける程度であれば、家庭用アイロンで十分。片手で持ち上げても疲れない重さで、使いやすいものを選ぶとよいでしょう。

アイロンは、生地に熱と圧力、さらに水分を加えることでシワを伸ばします。とくにシワになりやすい麻や綿は、スチーム機能つきアイロンでしっかり水分を与えましょう。蒸気が出るときにアイロンを少し生地から浮かせ、手早くかけてください。スチーム機能がなかったり、シワが伸び切らない場合は、霧吹きで軽く水気を与えながらアイロンをかけましょう。霧吹きは、30㎝くらい離して、シワ全体にかけるようにします。なお、シルクやポリエステルなどの繊細な生地は、水分を与えずにアイロンをかけます。霧を吹くと水シミになってしまう素材もあるので注意しましょう。

アイロンは、生地に押し当てながらかけるので、生地に負担がかかります。必ず事前に表示タグを見て、適切な温度を確認しておきましょう（表示マークの見方はP78を参照）。

［アイロンの温度と生地の種類］

◎低温（80～120℃）
ナイロン、絹（シルク）、アクリル、毛、ウール、アセテート、ポリウレタンなど

◎中温（140～160℃）
レーヨン、ポリエステル、フリース、キュプラ、アクリルなど

◎高温（180～210℃）
綿（コットン）、麻など

毛（ウール）や絹（シルク）など当て布をしないとテカってしまう素材もあるので、アイロンと生地の間に布を一枚挟み、直接アイロンが生地に当たらないようにしてかけましょう。

# 38 覚えておきたいアイロンがけのポイント

袖や身頃などが組み合わさったシャツは、きれいにアイロンをかけても他のところをかけているうちに先にかけた所がシワになっている、ということがありませんか？ プロのような仕上げのポイントは、かける部位の順番と方向、そしてかけた後。きちんと押さえておきましょう。

**1 襟やカフスなど生地が厚いところからかける**

シャツの場合、最初にかけるのは襟とカフス。そこから、両袖をかけ、後ろ身頃をかけてから最後に前身頃をかけます。生地が厚いところを先に、一番目立つところは最後にするのがポイントです。

**2 地の目に沿ってかける**

生地の縦横の織り（地の目）を確認し、縦にかけ、横にかけ、と地の目に沿ってアイロンを動かすときれいにかけられます。

**3 アイロン直後に畳まない**

かけ終えた直後の温かい状態だと、シワになりやすいので、衣服は畳まずに吊るしておき、熱が取れてから畳むようにするとよいでしょう。また、軽いシワなら湿度が高い浴室などにかけておくと、湿気でシワが伸びやすくなります。

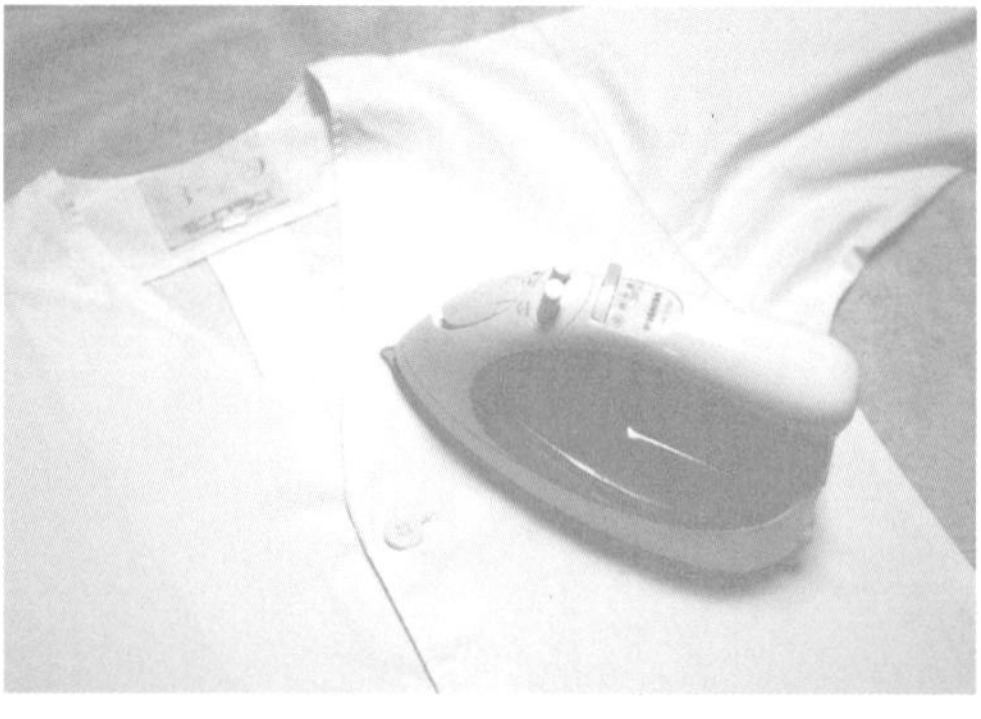

# 39 — セーターを洗う

セーターやニット類は、洗濯機の手洗いコースやドライコースなどで洗うこともできます。洗濯表示を確認して、洗えるものは自宅で洗ってみましょう（洗濯表示の見方はP78を参照）。

**［セーターやニット類の洗い方］**

洗濯機でも、タライでもほとんど工程は同じ。注意点は、型崩れしないようにすることです。洗うときは畳んだ状態を保ち、乾かす際も重みでのびないような干し方を。

1. 色の濃いものは、洗濯する前に色落ちしないかチェックします。衣料用洗剤（おしゃれ着用洗剤がおすすめ）を目立たないところに少量かけたら、綿製の白い布や紙を押し当てます。色移りがしていたら、他の洗濯物とは分けて、単体で洗いましょう。
2. 袖口や襟、裾など、汚れがたまっているところには、洗剤を塗布してスポンジか指でポンポンと叩いてなじませます。シミがある場合は、シミ抜き剤や酵素系漂白剤などを部分的に塗布してから、汚れが目立つところが表になるように折り畳みます。
3. 洗濯機を使う場合は、折り畳んだセーターやニットを洗濯ネットに入れ、洗剤と柔軟剤をセットしたら手洗いやドライコースで洗濯を。手洗いの場合は、ダウンジャケットの洗い方の要領（P85参照）で押し洗いと脱水を数回繰り返しましょう。
4. 脱水後はすぐに取り出して軽く叩いてシワを取ります。のびやヨレを防ぐため、平干しがおすすめですが、ハンガーや竿に干すなら、袖が垂れ下がらないようにします。
5. ふんわり仕上げたいときは、スチームアイロンをセーターやニットから浮かせてかけるといいですよ。

# 40 ― 毛玉を取る

セーターの毛玉を手で取るのはNG。引っ張るのもちぎるのも、衣類を傷めてしまいます。きれいに取るためには道具を活用しましょう。毛玉の量と頻度に合わせて選びましょう。

◎毛玉取り器を使う

毛玉の量が多く、頻繁に使うなら専用の毛玉取り器がひとつあると便利。仕様や性能もさまざまで、電池式、充電式、交流式など給電方法も選べます。毛玉取り器を使うときは、平らなところに衣服を広げ、毛玉の上から当てるようにしてゆっくりと動かして。力任せにすると生地を傷めるので、軽い力でゆっくり行うのがコツ。

◎毛玉取りブラシを使う

動物性や植物性のブラシは毛玉を取りやすい上、生地を傷めにくいです。スッスッと軽くなでるだけ。ブラシは、毛玉の予防にもなるので、衣服を脱ぐ前後にブラッシングを習慣づけるのもおすすめです。

◎ハサミやカミソリを使う

T字型のカミソリも毛玉を取るのに使えるアイテム。平置きした衣服の上から軽く滑らせるときれいに取れます。頑固な毛玉やもつれた箇所などは無理にやると穴が空いてしまうので注意しましょう。ハサミは、毛玉が少ないとき、局所的に処理するのに向いていますが、切る際に毛玉を引っ張りすぎたり、間違えて生地自体を切り取らないように気をつけて。

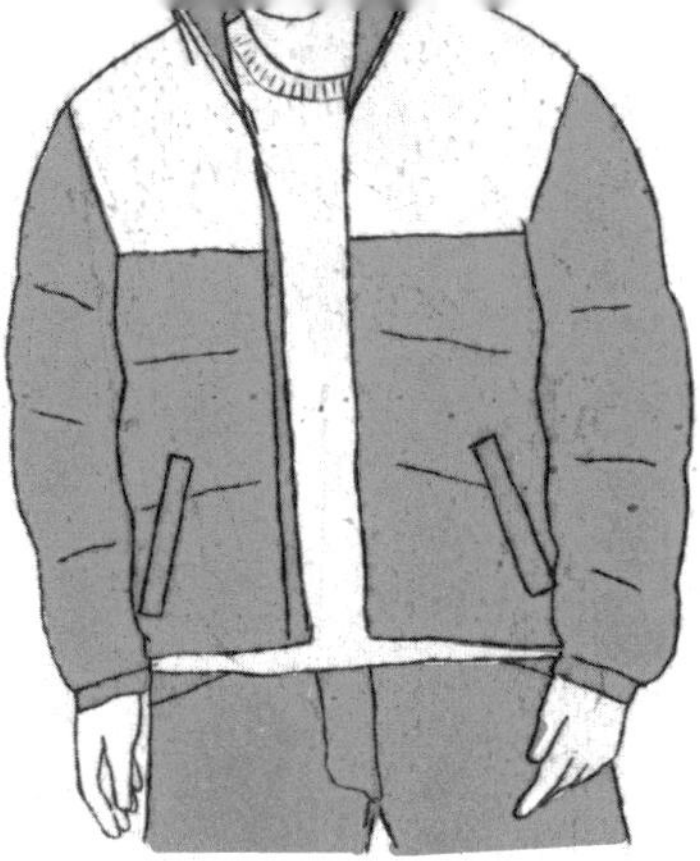

# 41 ― ダウンジャケットを手洗いする

寒い時期に大活躍するダウンジャケット。かつてはドライクリーニングに出すのが一般的でしたが、今は自宅で洗える商品もたくさんあります。洗濯表示で手洗いマークがついているものは、手洗いにトライしてみましょう（洗濯表示の見方はP78を参照）。

自宅で洗えるダウンジャケットは、桶などにぬるめのお湯を入れて衣料用洗剤を溶かしてやさしく押し洗い。十分にすすいだら、軽く1分ほど手で脱水をし、型崩れしないように整えて陰干しをするのが基本です。

ダウンジャケットを洗うポイントはふっくら乾燥させること。ダウンが偏っているところは指でほぐしながら均一にします。乾かしてもふっくらせず、ペタッとしてしまうときは、低温で10分ほど乾燥機にかけるとボリュームが戻ります。洗濯表示でタンブラー乾燥が使えるものはお試しを。

## 42 — 革製品のお手入れ

革製品は、お手入れしてこそ長く使えるもの。こまめにケアをしながら使いましょう。木や革などの天然素材は、経年変化しながら表情を変えていくのが魅力ですが、使いっぱなしでケアをしなければどんどん劣化します。革製品は、人間の皮膚のようにデリケート。汗や皮脂などの汚れをつけたまま放置すると、乾燥してヒビ割れを起こしてしまいます。使い終わったら、軽くブラシをかけたり、布でサッと乾拭きするなど、汚れ落としを行いましょう。

そして、革製品専用のクリーム（レザークリーム）を使って磨き上げることで、革がどんどん育っていきます。クリームは、革に栄養を与えるのと同時に、コーティング作用で汚れや傷がつきにくくなるので、ぜひ使用しましょう。特に、新品の革は、デリケートな状態なので、月1回を目安にクリームを使ってケアしてください。1年くらい続けると、革の状態がなじんできて、傷がつきにくくなりますよ。

［ケアの手順］

1 馬毛ブラシや布で表面の汚れを落とします。

2 布にレザークリームを適量とって磨きます。

3 時間を置いて乾かし、布で拭き上げましょう。

4 水気や汚れの付着防止に、

防水スプレーをかけます。

［手入れのアイテムとポイント］

◎ブラシは馬毛がおすすめ
革を傷めずに汚れを落とせる適度な硬さとしなやかさがある馬毛のブラシは革製品のケアに最適。こまめにブラッシングするだけでも効果的。また、お手入れの仕上げにブラッシングをかけると美しい光沢が出ます。

◎レザークリームは革の状態を見て適切なものを選ぶ
栄養補給になるレザークリームは、ワックス成分入りで光沢が出るものや、油分が多めで乾燥を防ぐものなど、さまざまな種類があるため、いくつか常備し、状態に合わせて使うのがおすすめ。

# 43 ― スニーカーを洗う

スニーカーは、素材によってお手入れ方法が異なります。キャンバス地やナイロン系の素材などは、水洗いできれいに汚れを落とせますが、レザーやスエードが入っているスニーカーは水洗いができないので、ブラシでケアします。

水洗いできる素材のスニーカーは、バケツや桶などに洗剤を溶かした水を用意しておき、ブラシを浸しながら底面から洗います。靴紐がついている場合は事前に外しておきましょう。専用クリーナーを使う場合は、直接ブラシにクリーナーをつけて磨き、布で泡を拭き取ります。靴全体を浸して洗うと、型崩れや縮みの原因になるので避けたほうがよいでしょう。ある程度水気が拭き取れたら、陰干しで乾かします。

レザーやスエードなどは、ブラシで表面の汚れを落とし、靴用クリームや防水スプレーをかけて保護します。目立つ汚れがあるときは、革製品なども使えるクリーナーを使ってしっかり落としましょう。

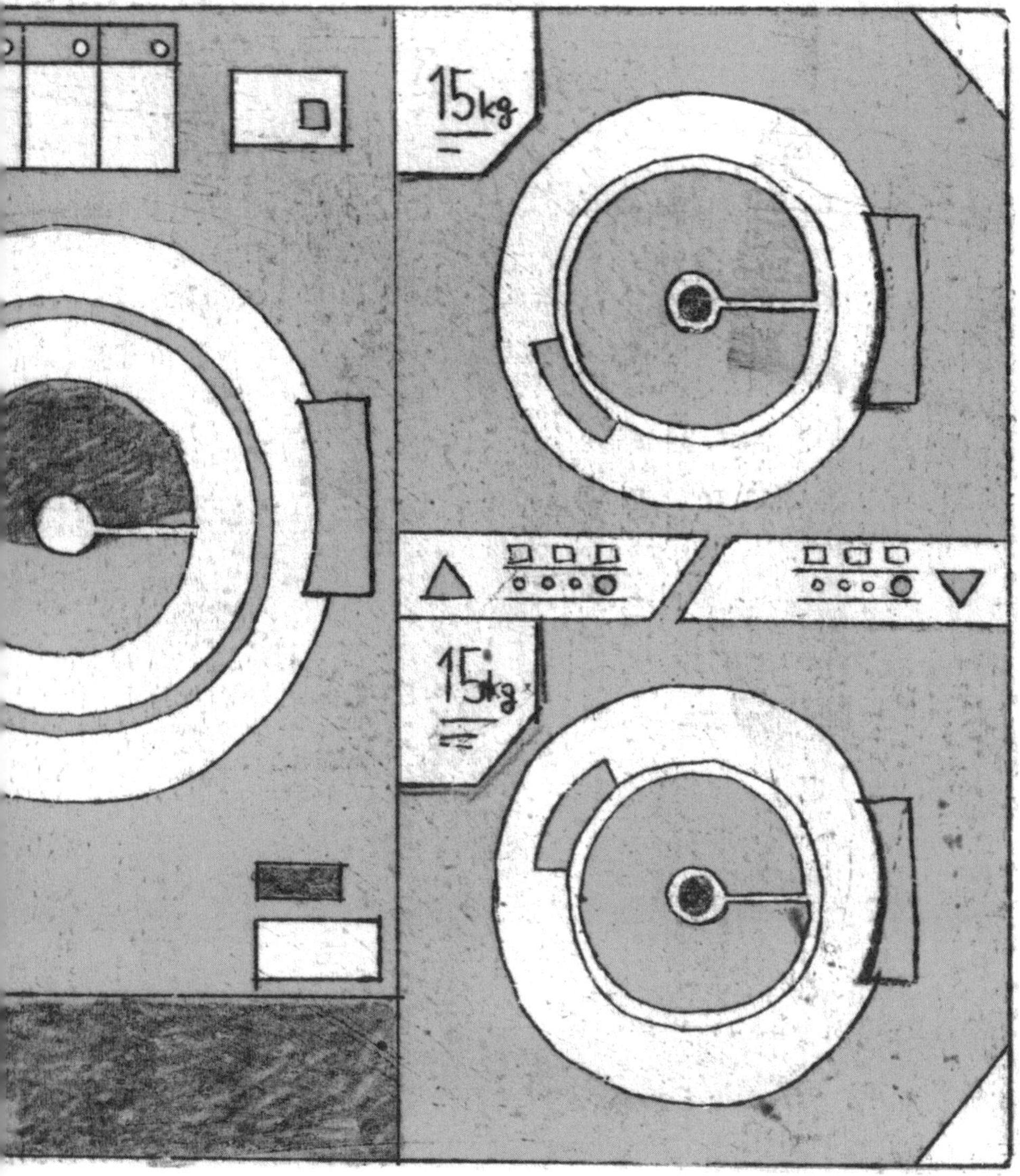
15kg
15kg

# 44 — 毛布を洗う・お手入れする

暖かくなってシーズンが終わったら、きれいにしてしまいたい毛布類。素材によってはドライクリーニング推奨のものもあるので、まずは洗濯表示を確認しましょう。自宅で洗えなくても、時々干して汚れなどをはたいて落とし、虫干しすることも気持ちよく使い続けるコツです。布団クリーナーやスプレーなども活用しつつ、定期的にお手入れしましょう。

自宅の洗濯機で洗う場合は、毛布を入れても余裕がある大きさかどうか確認を。毛布は水を吸って膨らみ、重くなります。入れた時点でパンパンだと洗濯槽がうまく回らず、洗えないだけでなく洗濯機の故障の原因にもなりかねません。入らない場合は浴槽の中で手洗いを行って。洗濯後は、洗濯表示に従って干しますが、風が通りやすいように竿を2本使った「M字干し」をすると乾きやすいですよ。

大きな毛布を洗うのは、なかなか重労働。予算があるなら、やはりクリーニングに出すのが手軽です。敷布団などとセットで出すなら、集荷から行ってくれるサービスもあります。または、毛布が洗える大型洗濯乾燥機のあるコインランドリーの利用もおすすめ。枚数が多くても比較的安価に、ふっくらきれいに洗うことができます。

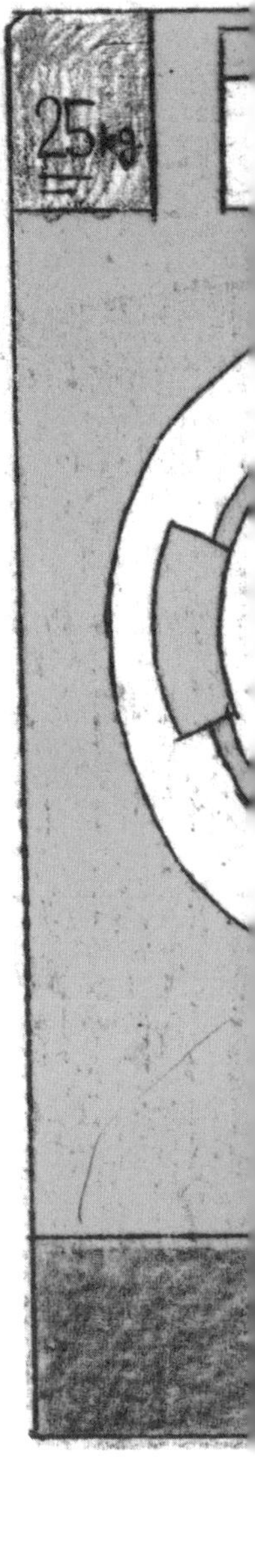

# 45 — タオルケット・タオルをふっくらと洗う

タオルケットやタオルなどパイル地のものは、ふっくらやわらかに洗い上げたいですね。ゴワゴワさせずに上手に洗うコツは3つ。①たっぷりの水でゆったり洗うこと ②干すときにふりさばいてパイルをしっかり起こすこと ③日に当てすぎないこと です。

洗うときに洗濯機に洗濯物を詰めすぎると、タオルのパイルが潰れたり、生地が傷みやすくなるので、タオルがのびのび泳げるような量にとどめて。洗濯後はすぐに取り出し、タオルを広げて上下にしっかりふりさばいて、パイルを起こしてから干します。外に干す場合は長く日に当てると水分が蒸発しすぎて繊維が硬くなり、ゴワゴワの原因になります。乾いたらすぐに取り込みましょう。

ふわふわな仕上がりにするため、柔軟剤を活用する手もありますが、柔軟剤は生地をやわらかくするのではなく、コーティングをかけて手ざわりをよくするものです。使用頻度が高いと生地に負担がかかるので、ゴワつきが気になったときだけ使うなど、数回に1度のメンテナンスとして取り入れるようにしましょう。

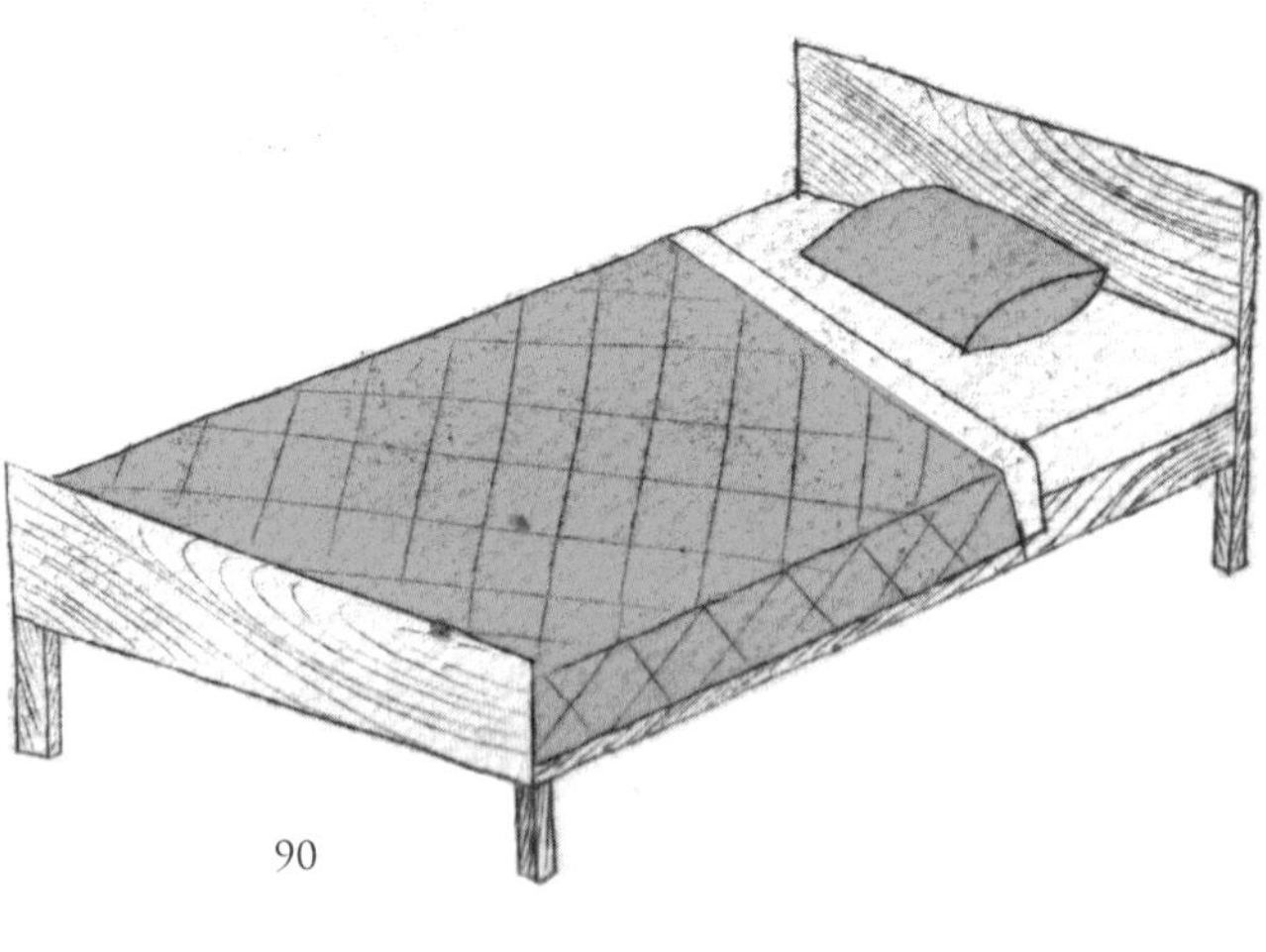

## 46 ― 掛け布団や敷布団など寝具のお手入れ

寝具を、長く気持ちよく使うためにはカバーやシーツの装着は重要です。人は睡眠中にコップ1杯の汗をかくといわれるので、寝具は思った以上に汚れるもの。しかし、カバーやシーツがついていれば、お手入れもずっと楽になります。

布団にはさまざまな素材のものがあります。布団のケアは素材に合わせて行いましょう。自宅で引き取りを頼めるクリーニングサービスなども使って、シーズン終わりはしっかりケアしたいですね。

［寝具共通のお手入れ］

洗濯しない布団は、日干し、陰干しともに直射日光や汚れ防止でカバーをつけたまま行います。風が行き渡るようにゆったり干しましょう。

日干しできないときは、日が入る室内で干すか、布団乾燥機を活用して。

◎合成繊維（ポリエステル）

軽くて扱いやすい合成繊維の布団。掛け布団は洗濯機で丸洗いできるものが多いので、夏場など汗をかきやすい季節はこまめに洗いたいですね。「毛布を洗う・お手入れする」（P89）を参考にしてみてください。

◎羽毛布団のケア

吸湿放湿性にすぐれている羽毛布団は、基本的に月に1回程度、表裏1〜2時間日干しするくらいでOK。直射日光を避け、カバーなどをつけた状態で風通しのよいところに干しましょう。

◎綿布団のケア

湿度を吸収しやすく、布団の中に湯気がこもりがちなので、こまめに日干しをして乾かし、ホコリをはらい、ダニやカビの発生を防ぎましょう。

［ケーススタディ］

# 仕立て直しで人とモノをつなぎ続ける

CASE STUDY

02

ソーイングデザイナー

## オルソン恵子さん

スウェーデンで洋裁店を経営するソーイングデザイナーのオルソン恵子さん。北欧テキスタイルで作るオリジナルの布小物や洋服がインスタグラムで人気となり、動画配信やレッスンを通じて作品や裁縫のアイデアを伝えています。そんなオルソンさんは「お直しやお手入れは、モノを大切にするために欠かせない習慣」と話します。

「新しいモノを買うのは簡単ですが、ちょっとしたお直しやお手入れをするだけで、古くなったモノもまた使えるようになるんですよね。スウェーデンで暮らしはじめてから、それを強く感じるようになりました。ここでは、家具類はもちろん雑貨やリネン類なども家族代々受け継いで使う習慣があり、お直しやお手入れが暮らしになじんでいるので、長く、大切にモノを扱うのは自然なことという感覚になっていくんです」

衣類の穴やほつれの修繕はもちろん、ロングコートを短くしたり、ワンピースをスカートに作りかえるというオルソンさん。

「私自身、布系のお直しやアレンジはよくします。既成服の着丈や袖丈、身幅などシルエットを変えて、より自分に合うように調整したり、流行に合わせて作り変えたりすることもありますよ。ビッグシルエットをタイトラインに変えるとか、コートのテーラードカラーをスタンドカラーに、など、レッスンで教えることもあります。流行が過ぎたものでも、洋服の印象を変えることでまた使えるようになるので、新鮮な気分で着られますよ」

思い出や愛着のある衣類は捨てにくいもの。長年仕立て直しをしてきたオルソンさんは「仕立て直しは、『モノと人をつなげる役割』をするもの」といいます。「針に糸を通し、小さな穴をかがってみるだけでもお直しになります。着丈や袖丈を直すくらいでも印象がけっこう変わるので、試してみるのもおすすめです。仕立て直しは、洋服の構造がわかっていないと直せない部分もあるので、専門店などお直しのプロの手を借りるのもいいと思います。私も革製品や靴などのお直しはできなくて、プロに任せています」

家具類のリメイクも行うオルソンさん。「キャビネットの脚はちょうどいい高さに切りそろえました」

# 第二章

# モノのお手入れ

## 住・小物編

次は家具や家電、居住空間のお手入れです。うまく取れないままのシール跡や落書き、テーブルの輪染みも、時間をとってきれいにしてみませんか。汚れがちな家電の掃除や小物の清掃、お風呂や玄関、絨毯のお手入れも。住空間を整えましょう。

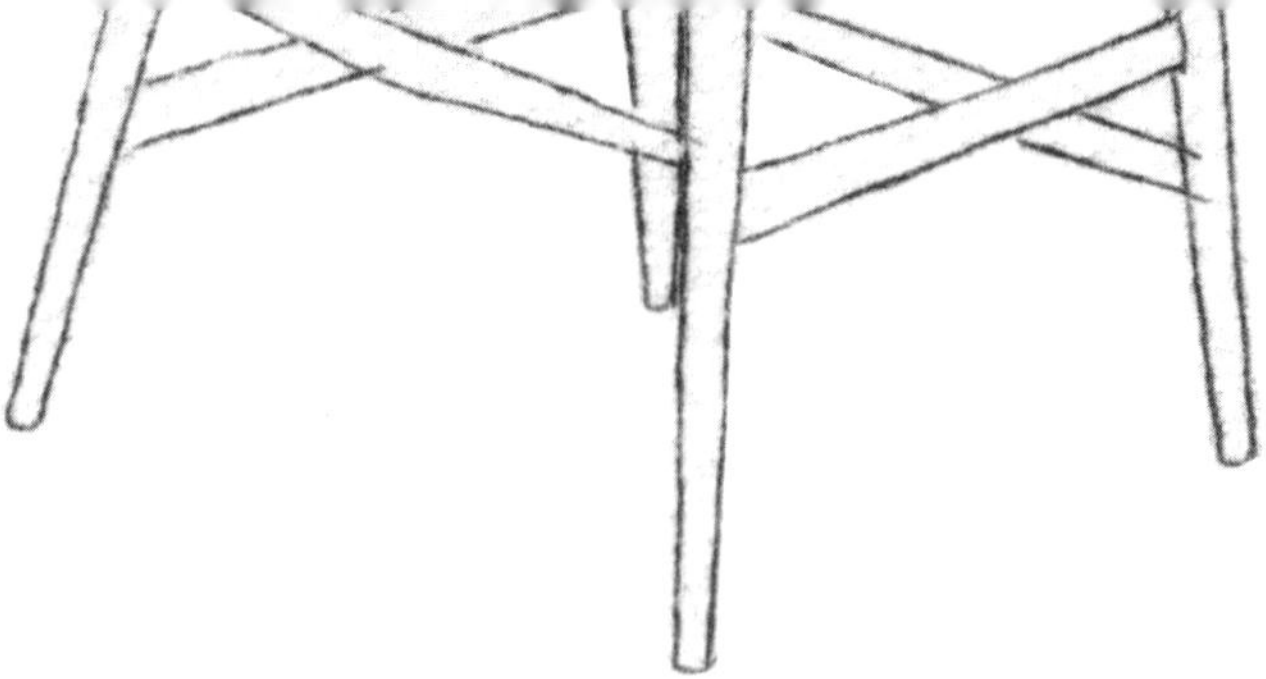

# 47
# オイル仕上げの無垢材家具のお手入れ

表面が樹脂の塗装で覆われた家具と違い、オイル仕上げの無垢材家具は、使い込んで味わいを深めていく楽しみがあります。手入れをしていけば、購入時よりも味わい深い佇まいになるので、お手入れについて見ていきましょう。

**◎油分を補給する**

時間がたつうちに、木の表面が白っぽくパサついてくることがあります。そのまま放置すると表面が毛羽立つだけでなく、反りや割れの原因にもなるので、年に1～2回程度はオイルを塗り込んでお手入れをしましょう。

手順はまず、家具表面の汚れを払い落としてから、乾いた布に少量のオイルか蜜蝋をつけて拭きます（オイルの種類はP35参照）。10分ほど放置してから乾拭きするとピカピカに。その後、半日ほどは上に何も置かないようにしてください。小さい傷などはこれで目立たなくなります。

オイルや蜜蝋は時間が経つと酸

化してにおいが強まるので、なるべく小さいものを選んで購入しましょう。特に蜜蝋は革製品の手入れにも使えて汎用性が高く、おすすめです。

**◎染みや汚れがある場合**

汚れがある場合は、固く絞った布で水拭きを。それでも落ちないガンコな染みは、サンドペーパーで削り落としましょう。

目の細かいサンドペーパーを選び、木目に沿ってかけます。テーブルの場合は、サンドペーパーを手ではなく当て木で押さえると、平面を保つことができます。汚れが削れたら固く絞った布で水拭きし、オイルや蜜蝋などで油分を補ってください。



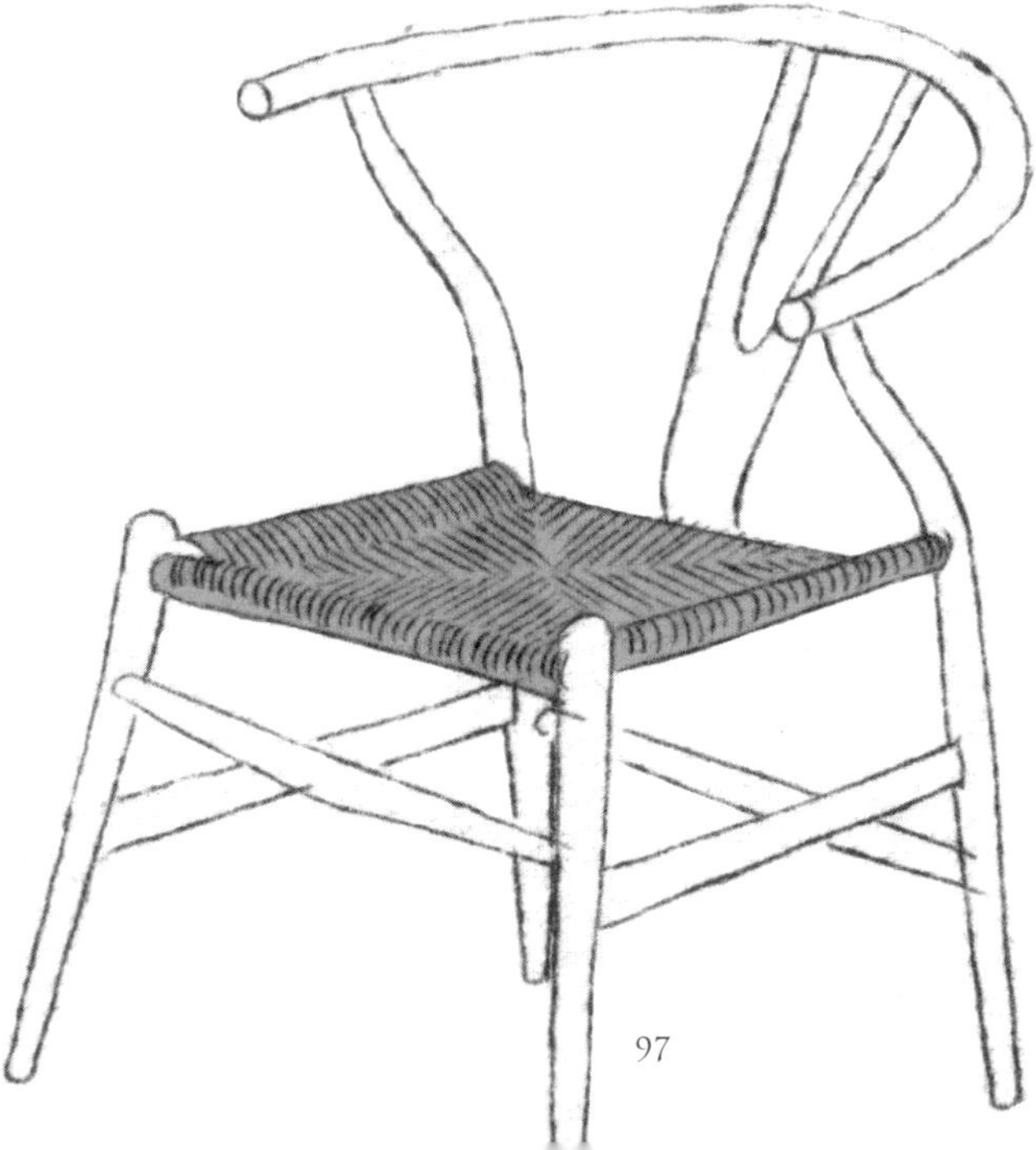

48

# ウレタン・ラッカー塗装仕上げの家具のお手入れ

木の表面を樹脂でコーティングしたウレタン塗装の家具は、湿気や汚れに強いのが特徴で、水拭きする機会の多いテーブルにもよく使われています。経年変化はせず、特別なメンテナンスをしなくても長期間きれいな状態を保つことができるのがいいところ。軽い汚れは乾拭きで落とせますが、落ちない汚れは薄めた中性洗剤で拭き取り、固く絞った布で水拭きを。洗剤の成分が家具に残らないようにしましょう。仕上げに乾拭きをすれば完了です。扱いやすいウレタン塗装ですが、傷に弱いため、メラミンスポンジや研磨剤入りのクレンザー・スポンジなどは使わないようにしましょう。

ラッカー塗装はウレタン塗装に比べると塗膜が薄く、オイル仕上げとラッカー塗装の中間くらいの風合いと特性を持っています。ウレタン塗装ほど水に強くないので、日常的なお手入れは乾拭きで。濡れた場合はすぐに乾拭きして、水分を拭き取ってください。

ラッカー塗装は、ウレタン塗装と違って経年変化を楽しむことができます。ラッカー塗装専用のワックスが販売されているので、表面の乾燥が気になったときは使ってみましょう。磨くほどにツヤと光沢が出て、深みを増していきます。

49

# 突板家具・プリント合板の家具のお手入れ

薄いシート状にスライスした天然木を、ベニヤ板や集成材などの芯材に貼りつけた突板家具。無垢材のような質感と風合いを楽しめますが、傷がつくと芯材が露出してしまうので注意が必要です。

一般的に突板家具は、表面を保護するためにウレタン塗装やオイル塗装が施されています。どちらも日常的には、木目に沿って乾拭きするだけで十分。メラミンスポンジは、傷の原因になるので使わないようにしてください。ウレタン塗装の場合、特別なメンテナンスは不要ですが、オイル塗装の場合は年に1~2回程度、オイルや蜜蝋を塗って乾燥を防ぎましょう。

薄い天然木を芯材に貼りつける突板に対して、木目や模様を印刷した化粧シートを貼りつけたものは「プリント合板」と呼ばれます。プリント合板は手入れがしやすく、マイクロファイバーなど化学繊維の布も使用可能。汚れが目立つ場合は、薄めた住居用洗剤で拭き取ってから、固く絞った布で水拭きします。その際、強く擦りすぎないように注意しましょう。

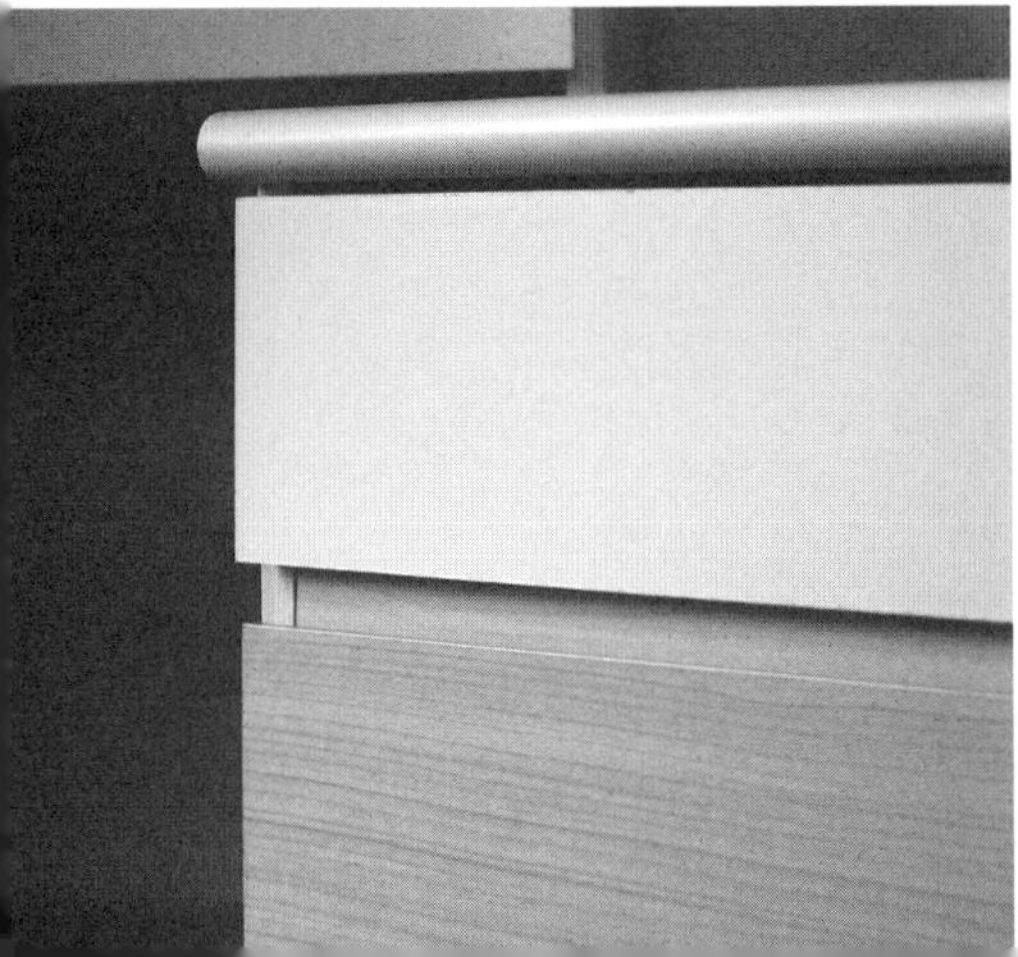

# 50 — テーブルの輪染みを落とす

木材のテーブルに冷たいグラスや熱い鍋、水滴のついたものを直に置くと、そこに白い輪染みができることがあります。コースターや鍋敷を使うことで予防するのが第一ですが、できてしまっても対策はあります。

輪染みの落としかたは塗装の種類によって異なります。ウレタン塗装やラッカー塗装など、木の表面に被膜が施されているテーブルは、熱いものを直接置くと被膜が溶けて白い輪染みがつくのですが、ドライヤーであたためるだけで消えることがあるります。まずは、弱めの風をあてて様子をみましょう。時間が経った輪染みには、オイルを染み込ませる方法が有効です。家具メンテナンス用の専用オイルはもちろん、マヨネーズやオリーブオイルでもOK。輪染みにかけて1時間ほど放置し、拭き取ってから乾拭きします。

オイル仕上げの木製家具は、水滴のついたグラスなどを直接置くと、水分が浸透して木材の油分や染料が抜け、白い輪染みになります。無垢材の家具であれば、輪染みをサンドペーパーで削り落としてしまいましょう。研磨した部分には家具メンテナンス用のオイルを塗り込むときれいになります。ただし、表面に薄い板を貼りつけてある突板や、プリント合板は削ることはできないので注意しましょう。

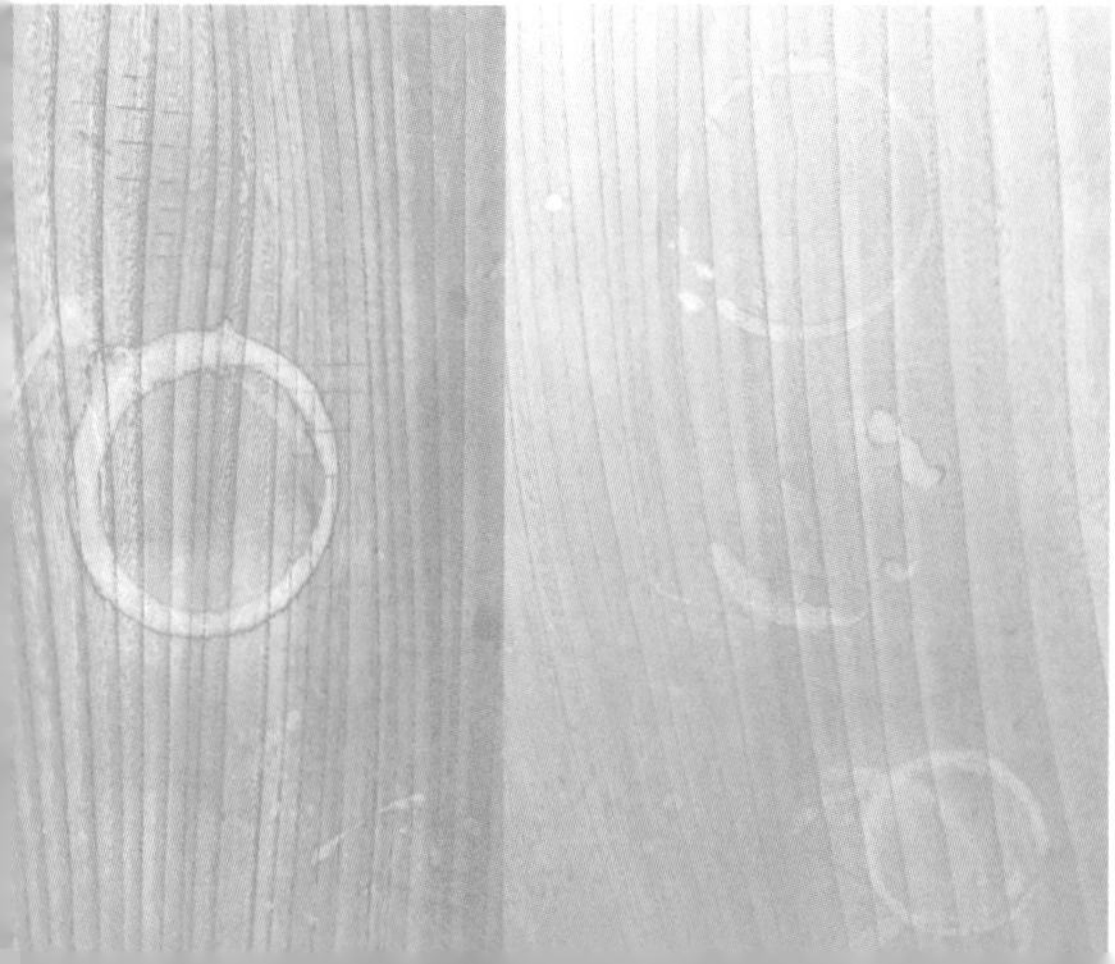

## 51 — 家具についたクレヨンを落とす

クレヨンは油汚れなので、表面がつるつるに塗装された家具や床、プラスチックやガラス製品類は、クレンジングオイルか台所洗剤を含ませた布で拭き、仕上げに乾拭きをすればOK。一方、表面に凹凸がある家具は少し厄介です。乾いた歯ブラシで汚れをかき落とすようにして落とします。その際、あまり強く擦りすぎないように注意してください。

塗装されていない家具や床にクレヨンがついてしまった場合は、消しゴムか、水を含ませ固く絞ったメラミンスポンジで擦り、仕上げに乾拭きをします。それでも落ちない場合は、ホームセンターなどで売られているスポンジタイプの研磨剤を使うといい手も。極細タイプのスポンジ研磨剤で汚れを削り落としてから、超極細タイプで表面を滑らかに整えてください。

## 52 — 油性ペンの跡を落とす

家具に油性ペンの汚れがついてしまった場合、ウレタン塗装かオイル仕上げであれば落とせる可能性が高くなります。ウレタン塗装の場合は綿棒や布にエタノールを含ませて汚れた部分を拭き、インクが浮いてきたら、今度は中性洗剤を含ませた布で拭き取ってください。長時間エタノールがついたままにしたり、強く擦ったりすると塗装が傷むため、やさしく、手早く、短時間で済ませましょう。オイル仕上げの場合は、水を含ませて絞ったメラミンスポンジを使います。汚れが落ちたら乾拭きをし、最後に家具メンテナンス用のオイルで仕上げます。

## 53 — ガムを取る

家具や床にガムが付着してしまった場合、取り方は①冷やして固めるか②溶かすかの2通りに分けられます。

ガムを冷やして固める方法は、とてもシンプル。氷の入った袋や保冷剤をガムに当てて冷やし、固まったらゆっくりと剥がしましょう。こびりついて剥がれにくい場合はヘラで削り取るしかありませんが、家具や床に傷がついてしまう可能性があるので注意して。

溶かす方法には、油を使います。自宅にあるサラダオイルやオリーブオイルのほか、マヨネーズやクレンジングオイルでもOK。ガムに少量つけて5分程度放置し、溶けてきたらキッチンペーパーなどで取り除いてください。表面にオイルやウレタンなど塗装がされていない家具の場合は、油分に触れても大丈夫な材質か確認してから行いましょう。

油以外では、除光液やシンナーでもガムを溶かすことができますが、家具や床の塗装まで一緒に溶けて白くなってしまうのでご注意を。まずは目立たないところで試してみることをおすすめします。

## 54 — シールを剥がす

家具や家電などに貼られたシールは、早めに剥がすのが重要。時間が経つほどベタつきが増し、剥がしにくくなります。市販のシール剥がし溶剤を使うとスムーズですが、溶剤自体が強力なので、素材によってはダメージを与えてしまうことも。先に目立たない部分でテストしましょう。以下は溶剤を使わない方法です。場所や素材に合わせて試してみてください。

**1 ドライヤーで温める**

シールにドライヤーの風を当てて温め、ゆっくりと剥がします。風量は弱に設定してください。また、プラスチックや耐熱性でないガラスには他の方法を使いましょう。

**2 ぬるま湯でふやかす**

シールが濡らせる場所やものに貼られている場合は、ぬるま湯をかけてしばらく置くと剥がしやすくなります。

**3 中性洗剤でパックする**

中性洗剤をシールに塗り、その上からラップをかけて10分ほど置きます。ゆっくりとシールを剥がし、最後に水拭きをして洗剤を拭き取ります。

**4 メラミンスポンジでこする**

シールを剥がした後に粘着剤だけが残ってしまった場合は、水で濡らしたメラミンスポンジで擦り落とします。

なお、塗装されたフローリングや木製家具、樹脂製品、くもり止め加工された鏡、車の外装など、メラミンスポンジを使うと細かい傷ができてしまう素材もあります。十分に注意してください。またメラミンスポンジを使用できる素材でも、強く擦りすぎると傷の原因になります。できるだけやさしく擦るようにしましょう。

# 55 — ソファのお手入れ

リラックスタイムのよき相棒であるソファ。毎日使っていると、汚れやにおいが気になってくるものです。汗や皮脂、飲みこぼし・食べこぼしなどの汚れが、カビの発生原因になってしまうことも。気持ちよく使うためには、日々のお手入れが欠かせません。

手入れの仕方は、布製や本革製、合皮など、ソファの素材によって異なります。素材ごとに汚れを防ぐプロテクトスプレーや専用クリーナーなどが販売されているので、そうしたアイテムも取り入れながらお手入れするのもおすすめです。

[布製]

カバーの取り外し・洗濯が可能な布製タイプは、定期的に洗いましょう。その際は必ず洗濯表示の確認を。ドライクリーニングやウェットクリーニングの指定がある場合、自宅で洗うと縮む恐れがあるため、クリーニング店の利用をおすすめします。

洗えないタイプのソファは、やわらかいブラシをこまめにかけ、繊維の間のほこりを掻き出し、掃除機で吸い取りましょう。

［本革製］

普段のお手入れは、やわらかい布で乾拭きするだけでOKです。ただし、油分を失うとヒビ割れしやすくなるので、年に3〜4回程度は専用のプロテクトクリームを塗り込みましょう（P86参照）。

［合皮（フェイクレザー）製］

水や汚れに強く、普段のお手入れは本革と同様に乾拭きするか、固く絞った布で水拭きすればOK。全体がうっすらと黒ずんできたら、洗剤で汚れを落としましょう。

# 56 — 扇風機の掃除

使っているといつの間にかほこりで汚れてくる扇風機。掃除せずにそのまま使い続けると部屋中にほこりをまきちらしかねません。それだけでなく、風量が落ちる原因にもなるため、定期的にお手入れをしましょう。

1 電源コードを抜き、扇風機の下に新聞紙など汚れてもいいものを敷きます。

2 扇風機のカバーと羽根を取り外します。ほこり取りシートや掃除機で、各パーツの表面についたほこりをざっと落とします。

3 カバーと羽根を浴室など水場へ運び、バスマジックリンなどお風呂用洗剤をかけます。擦らなくても汚れが落ちるスプレータイプの洗剤がおすすめ。汚れが落ちにくい場合は、スポンジでやさしく擦ってください。最後にぬるま湯で洗剤を洗い流します。

4 やわらかい布でカバーと羽根の水分を拭き取り、風通しのいい場所でしっかり乾燥させます。

5 固く水を絞った布で、掃除機本体や電源コードを拭きます。汚れが落ちにくい場合は、水で薄めた中性洗剤に浸した布で拭き、その後、水拭きしてください。

6 カバーと羽根が乾いたら、扇風機の本体に取りつけます。

# 57 ― エアコンの種類とお手入れ

室内の空気を取り込んで循環させるエアコン。空気とともに、ほこりなどの汚れもたっぷり吸い込んでいます。定期的なお手入れで、汚れがひどくならないうちに落としましょう。代表的なエアコンの種類と掃除方法をご紹介します。

なお、どのタイプも掃除前には必ず電源コードを抜いてください。コードが抜けない場合は、ブレーカーを落とします。またふだんのお手入れで落とせない汚れは、プロによる洗浄を検討してください。

[壁掛け型エアコン]

室内機を壁に設置する一般的なタイプです。フロントパネルを開けて掃除機でフィルターのほこりを吸い取りましょう。浴室で水洗いしたら、タオルでフィルターを挟み込むようにして水気をとり、干してしっかり乾燥させます。お掃除機能つきエアコンは自動でフィルター掃除をしてくれますが、代わりにダストボックスの掃除をする必要があります。説明書の手順に従ってダストボックスを取り外し、ほこりを取り除きます。

エアコン本体はハンディモップを使ってほこりを取り除きます。吹き出し口はカビが生えやすいので水拭きが効果的です。

[窓用エアコン]

窓にはめ込んで使用するエアコン。室外機と室内機が一体になっています。掃除方法は壁掛け型エアコンと同じです。

[埋め込み型エアコン]

天井や壁に埋め込まれているエアコンです。フィルターは取り外せるので、壁掛け型エアコンと同様に掃除してください。そのほかの掃除はプロに依頼しましょう。

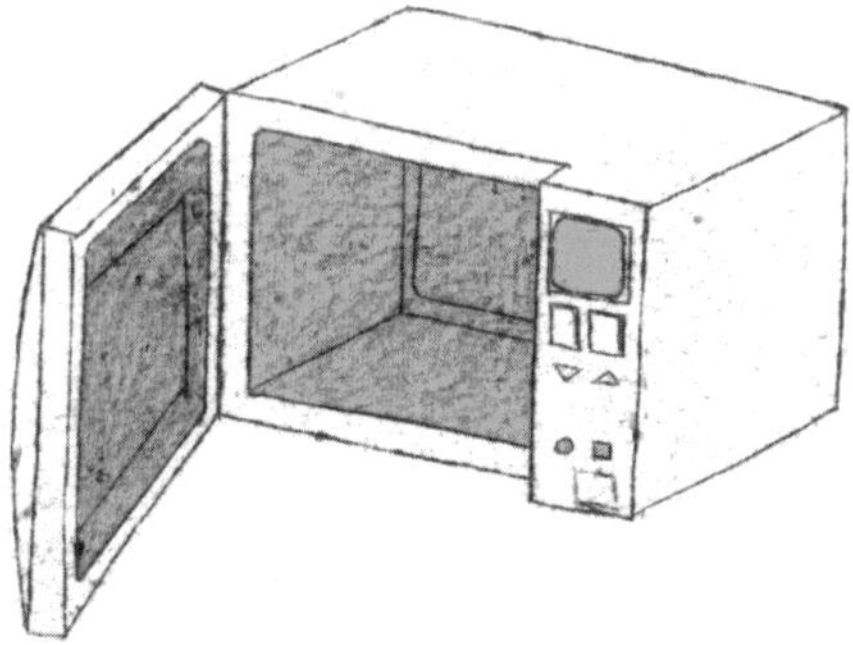

58

# 電子レンジのお手入れ

電子レンジの汚れを放置したままにすると、庫内が不衛生な環境になるので、次に温める食品への影響が懸念されます。それだけでなく故障や発火を引き起こす原因にもなりかねないので、汚れたらすぐに掃除しましょう。電子レンジの庫内を掃除するときは、必ず電源コードを抜いてから行ってください。

「食品の汚れ、焦げつき、においを落とす」

1 耐熱容器に２００㎖の水と重曹大さじ1を入れて混ぜます。

2 ①を電子レンジで5分ほど加熱し、加熱後は電源を切って20分ほどそのままに。扉は開けないでください。

3 残った重曹水をキッチンペーパーやふきんにつけて絞り、電子レンジ内の汚れを拭き取ります。

4 電子レンジ内を軽く水拭きし、仕上げに乾拭きします。

「油汚れを落とす」

食器用中性洗剤を染み込ませたふきんで拭き取り、仕上げに水拭きと乾拭きを行います。汚れが落ちにくい場合は、食器用中性洗剤を入れた水にふきんを浸し、電子レンジで1分ほど加熱してから拭くと落としやすくなります。

# 59 — 換気扇のお手入れ

換気扇が汚れて換気効率が落ちると、家具や壁紙もベタベタに。油を含んだ空気を吸い込むことでエアコン内部も汚れていくので、月に1度を目安に掃除しましょう。

1 換気扇の下や床、周囲の壁に新聞紙かビニールシートを敷き、ゴム手袋を着用します。

2 シンクにタオルを敷き、ゴミ袋を二重にしてセットします。

3 フィルター（可能であればシロッコファンも）を外し、シンクにセットしたゴミ袋に入れます。細かい部品も、水切りネットにまとめて入れてください。

4 部品全体に、アルカリ電解水をスプレーします。浸る程度のお湯を入れ、空気を抜きながらゴミ袋の口をしばります。20分ほどそのままおきます。

5 ブラシで汚れを擦り落とします。力を入れすぎると塗装が剥げるので注意してください。

6 全体を水洗いして、仕上げに乾拭きします。

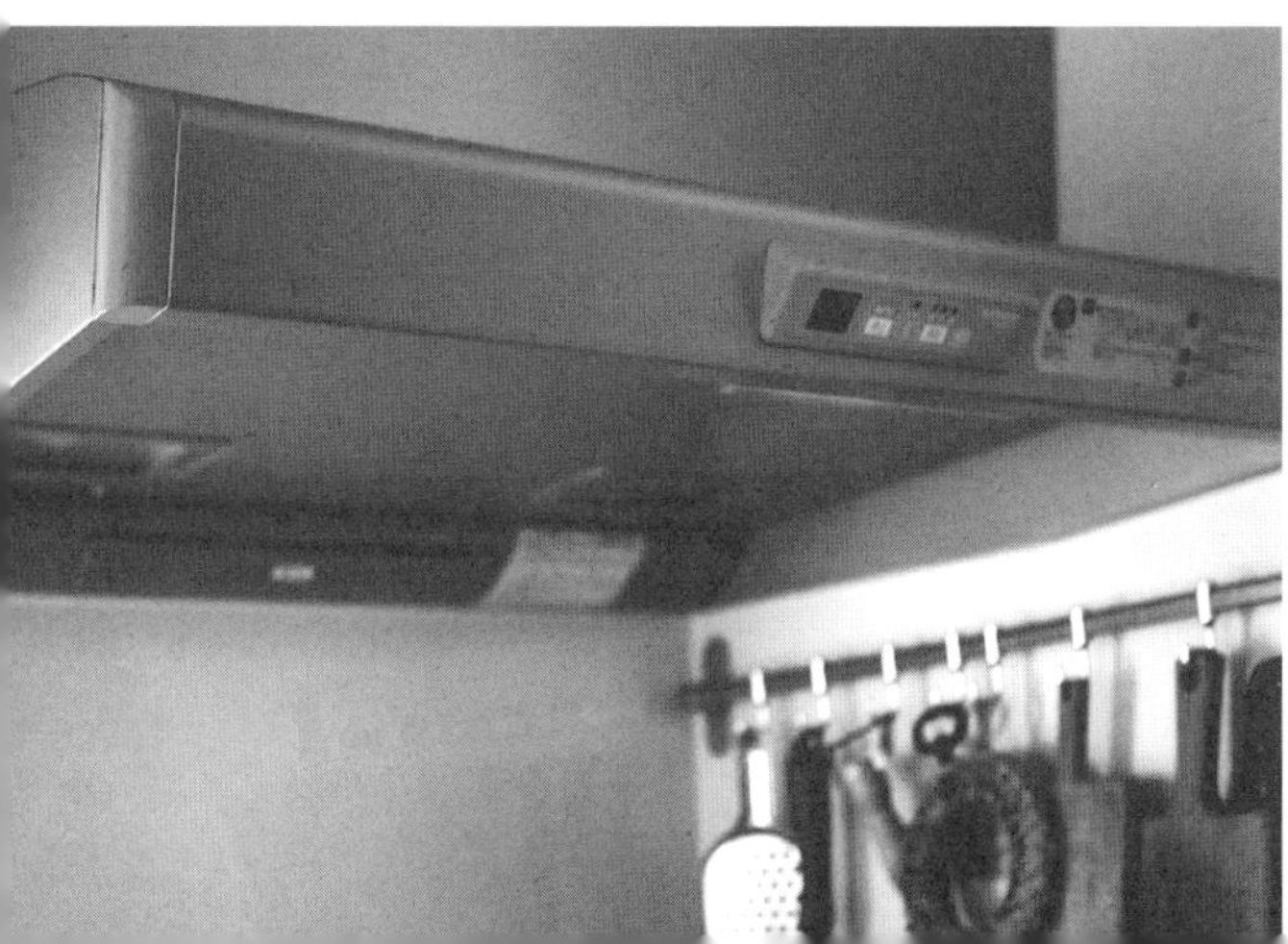

60

# 冷蔵庫のお手入れ

気づいたら野菜くずやこぼれた調味料、食材や料理の汁などで汚れている冷蔵庫。風通しが悪いため、カビが生えてしまうこともあります。庫内はこまめに掃除をして、衛生的にしておくことが大切です。

◎アルコールスプレーで拭く

冷蔵庫内は、アルコールスプレーを。食品にも使えるタイプを選べば、万が一口に入っても安心です。棚や側面など、さっとスプレーして汚れを拭き取りましょう。アルコールは凍結温度が低いので、冷凍庫を拭いても凍らず便利です。拭くときは、中だけでなくパッキンの部分も忘れずに。なお、アルコールの清掃ができないタイプの冷蔵庫もあるので、必ず事前に確認してください。

◎取り外せるパーツを洗う

着脱できる部分は食器洗い用洗剤で洗います。しっかり乾燥させてから冷蔵庫へ。

◎製氷機を洗う

忘れがちなのが製氷機の掃除。月に一度、食器洗い用スポンジを取り替えるようにして、一番最初に製氷機を洗う習慣をつけるのがおすすめ。取り外せない自動製氷機の内部の掃除には、専用の洗浄剤を使いましょう。

◎外側についたほこりを落とす

冷蔵庫の上部や背面にはほこりが溜まりやすいもの。固く絞ったふきんで水拭きして取り除いてください。汚れが落ちにくい場合は、住居用洗剤をスプレーしてから拭き、そのあとで水拭きして洗剤を残さないようにしましょう。冷蔵庫の種類によっては使える洗剤に制限があるので、必ず事前に確認してください。

## 61 ― 洗濯機のお手入れ

洗濯機のなかは汚れが溜まりやすく、カビも繁殖しやすい場所です。汚れたまま使うと衣類にカビや雑菌が付着してしまうことも。そうならないように、定期的に洗濯機の掃除を行いましょう。

「槽洗浄コース」が搭載されている洗濯機は、説明書にしたがって操作しましょう。洗剤は塩素系が指定されている場合が多いので、確認してください。洗濯槽専用の洗剤の利用もおすすめです。

「槽洗浄コース」がない場合は、40~50℃のお湯を高水位まで張り、粉末タイプの酸素系漂白剤を投入します。5分ほど洗濯機を回してから、1時間ほどつけおきしましょう。汚れが浮いてきたら、すくいとって排水を。何度かすすぎを行いましょう。

洗濯機を支える台・防水パンも、ほこりや髪の毛などの汚れが溜まりやすい場所。ハンディモップや掃除機などで細かなゴミは除去しましょう。また、排水口のつまりは水漏れトラブルの元。ぬめりや汚れを取り、パイプクリーナーで定期的につまりを予防しましょう。

62

# 万年筆のお手入れ

長く使えば使うほど、持ち主の手になじんでいく万年筆。書き手の個性が筆跡に表れやすいことや、プロダクトとしての美しさ、インク選びの楽しさなどで、近年若い世代にも人気が広がっています。

万年筆の一番のケアは、毎日使うこと。インクを入れたまま長く放置していると、中で固まってしまいます。少しでも書くようにして、インクを流しましょう。

インクの出が悪くなってしまったときは水洗いを。インクの色を変えたいときや1ヶ月以上使わずに保管するときも、水洗いが必要です。とくに問題がないときは、2~3ヶ月に1回程度行うようにしてください。

洗い方は、カートリッジを装着する「カートリッジ式」と、インクをペン先から吸入する「コンバーター式」で異なります。ただしどちらもペン先・ペン芯は首軸から抜かないように気をつけて。またキャップレスタイプの万年筆は、水に浸さないようにしてください。

［カートリッジ式］

❶ 本体軸からペン先・ペン芯の部分を外し、カートリッジインクを引き抜きます。

❷ 容器に水かぬるま湯を入れ、ペン先・ペン芯を静かに沈めます。そのまま一晩置きましょう。

❸ 流水で洗います。ペン芯のほうからペン先に向けて水を通すようにしましょう。

❹ やわらかい布かティッシュペーパーで水気を拭き取ります。濃いインクが付着しなければ完了です。

［コンバーター式］

❶ 本体軸からペン先・ペン芯の部分を外します。

❷ 容器に水かぬるま湯を入れ、コンバーターを装着したままペン先を浸します。そのままインクを吸入するときと同じように、コンバーターのノブを回して水を吸入してください。

❸ コンバーターのノブを反対に回して、吸入した水を排出します。容器の水を取りかえながら、インクが出なくなるまで吸入・排出を繰り返しましょう。

❹ ペン先・ペン芯からコンバーターを外します。容器の水を替えてペン先・首軸を静かに沈め、そのまま一晩置きます。

❺ 流水で洗います。ペン芯のほうからペン先に向けて水を通すようにしましょう。

❻ やわらかい布かペーパーで水気を拭き取ります。濃いインクが付着しなければ完了です。

［軸が透明な場合］

万年筆の軸が透明やスケルトンカラーの場合、内部の隙間に入り込んだ水が見える場合があります。性能には問題ありませんが、気になる場合はつけおきせず、ペン先・ペン芯の部分を流水で洗うだけにしてください。

# 63 ― ガラスペンのお手入れ

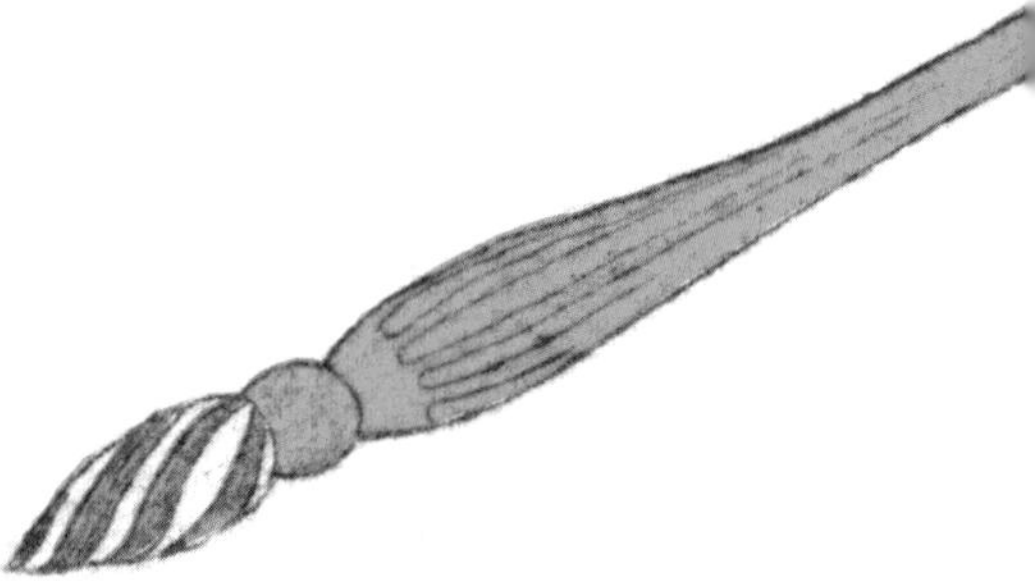

ペン先から軸まですべてガラスで作られているガラスペン。工芸品のように美しいものが多いですが、実用性も十分。つけペンの一種なので、万年筆用のインクボトルに直接ペン先を浸して使う方法が主流です。

ペン先を入れる際はボトルの縁や底にペン先が強く当たらないように気をつけて、中央からゆっくりと差し込んだら縁で少しペンを倒し、余分なインクを落としてから使いましょう。

ガラスペンは使用前後、そして使用中も勝手に転がらないようストッパーがついているペンホルダーに寝かせておくと安心です。ペン先が欠けると書き味が変わってしまうため、要注意。使用後にペン先を洗う際は、ガラスや金属製の容器よりもペットボトルなどプラスチック製の素材がおすすめです。万年筆インクは水性なので、水洗いすれば落ちますが、放置すると固まって落としにくくなるので、使用後はすぐにお手入れを。ペン先だけでなく、軸の部分も磨き上げるといいですね。

ラメ入りのインクなど、ペン先の溝に入り込んだものがなかなか落ちない場合は、やわらかい歯ブラシなどでやさしくこするときれいになります。また、頑固なインク汚れは、水でといた中性洗剤を歯ブラシや小さめのスポンジにつけて落としましょう。洗剤を使うと持ち手も滑りやすくなるので、注意してください。

# 64 — クレヨンのお手入れ

使っているうちに、巻紙部分などの汚れが目立ってくるクレヨン。実は、本体もケースもオイルでやさしく拭くだけで美しく生まれ変わらせることができます。

[用意するもの]

ベビーオイルかクレンジングオイル、やわらかい布、新しい巻紙（マスキングテープ、折り紙などで代用可能）、コットン、綿棒

[お手入れの方法]

1. やわらかい布にベビーオイルかクレンジングオイルを含ませ、クレヨンの汚れを拭き取ります。
2. 巻紙がボロボロになっている場合は、剥がしてマスキングテープや折り紙などを巻きます。メーカーによっては、ウェブサイトで巻紙のデータをダウンロードできる場合もあります。
3. コットンなどにオイルを含ませ、ケースの汚れを拭き取ります。細かい部分の汚れは、綿棒を使うのがおすすめ。汚れを落としたら、ティッシュでオイルを拭き取りましょう。

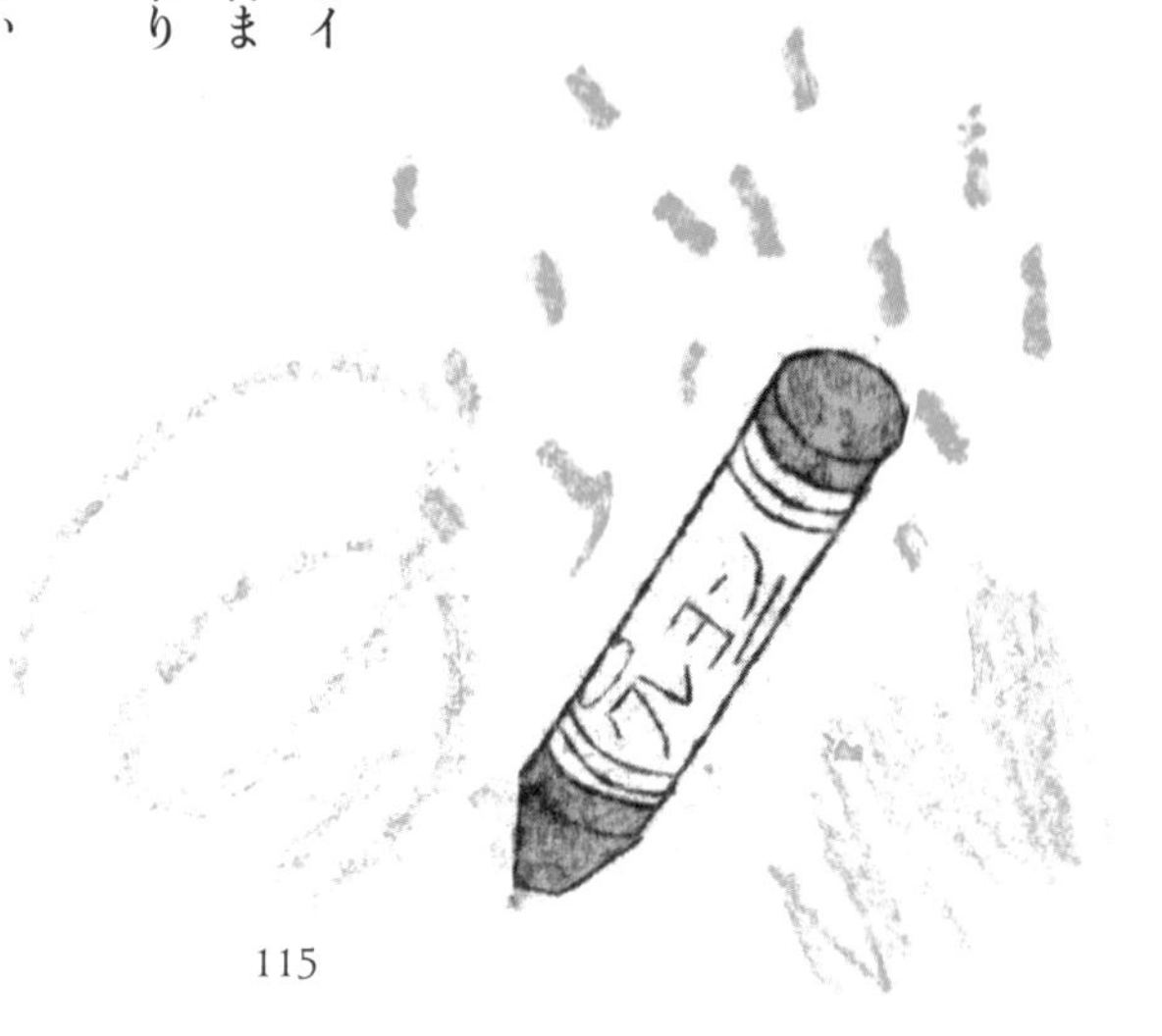

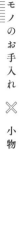

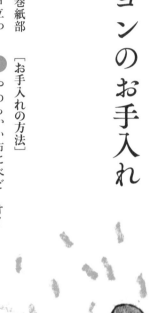

# 65 ─ メイク道具のお手入れ

毎日のように使うメイクブラシやパフ。手入れを怠ると、ブラシやパフに付着した皮脂に雑菌が繁殖して、肌荒れを引き起こしてしまうことも。美しいメイクを仕上げるためにも、メイクブラシやパフ、チップなどの道具類は、清潔に保ちましょう。簡単な方法は中性洗剤で洗うこと。パウダータイプは、ぬるま湯２００に対して中性洗剤1の割合、リキットファンデーション用は50対1の割合で溶かし、洗浄液を作ります。この洗浄液にひたして、ブラシはふり洗い、パフやチップはやさしく押し洗いをしましょう。洗剤の泡が目立たなくなるまでしっかりすすいだら、指で軽く押さえて水気を切り、タオルやキッチンペーパーでさらに水分を取り除きます。あとは風通しがよく直射日光の当たらない場所でしっかり乾燥させましょう。

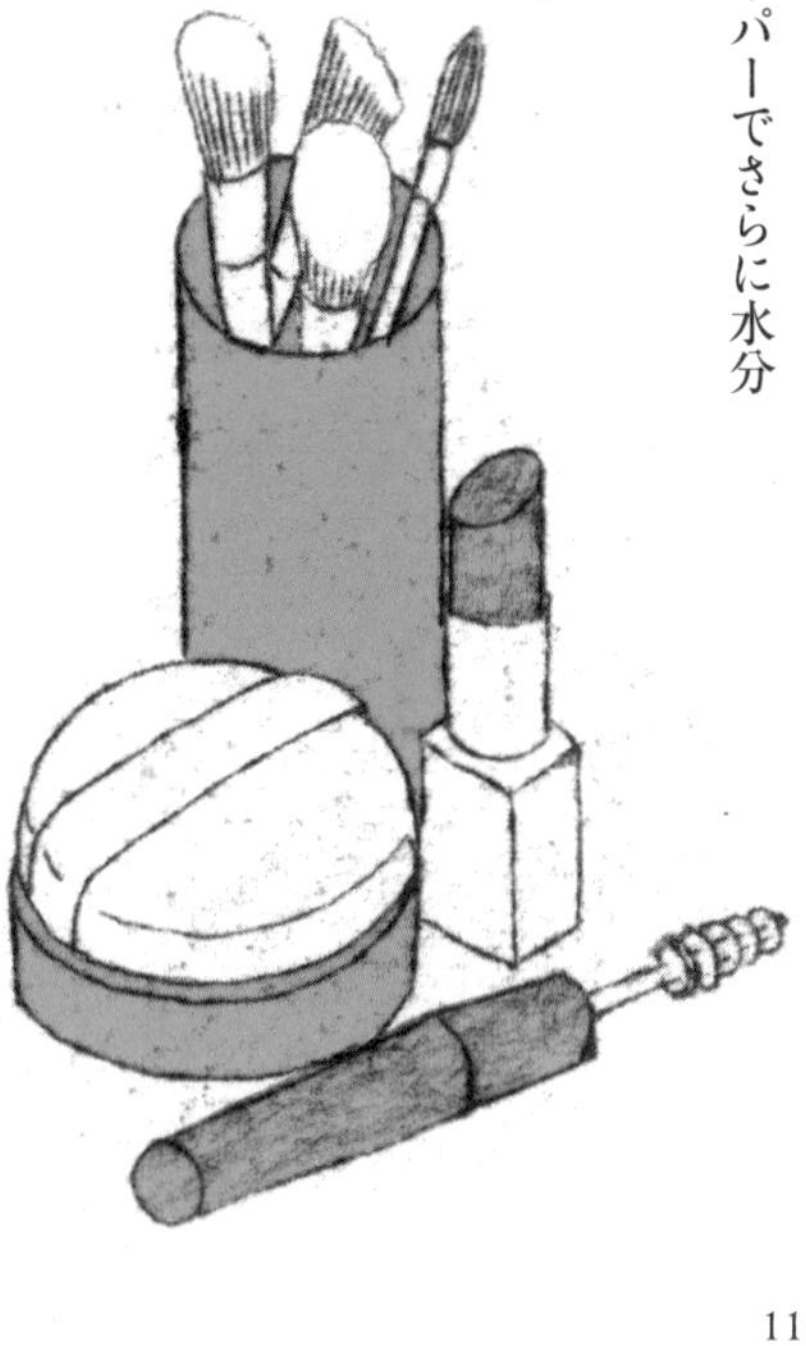

# 66 ― アクセサリー類のお手入れ

キラキラのアクセサリー類も、汗や化粧品、ほこりなどが付着すると輝きがくもってしまいます。外したらすぐに、やわらかい布で汚れを拭き取ることを習慣にしましょう。

シルバーアクセサリーの黒ずみは、研磨剤入りのクロスや専用液体クリーナーに浸してお手入れを。ゴールドやプラチナのアクセサリーは専用液体クリーナーのほか、中性洗剤をぬるま湯に溶かした液でも洗浄できます。パールネックレスは、糸が劣化して切れやすくなるので、使用頻度にかかわらず5～10年に一度は糸替えを。ネックレスの端を持ってぶら下げたとき、パールとパールの間が5㎜以上空いて糸が見えていたら、糸替えのタイミングです。

宝石類がついたアクセサリーは、石の硬度や性質によってお手入れの方法が変わります。家で洗えるアクセサリーも、数ヶ月に一回はお手入れするのがおすすめです。心配な場合は、専門店に任せましょう。

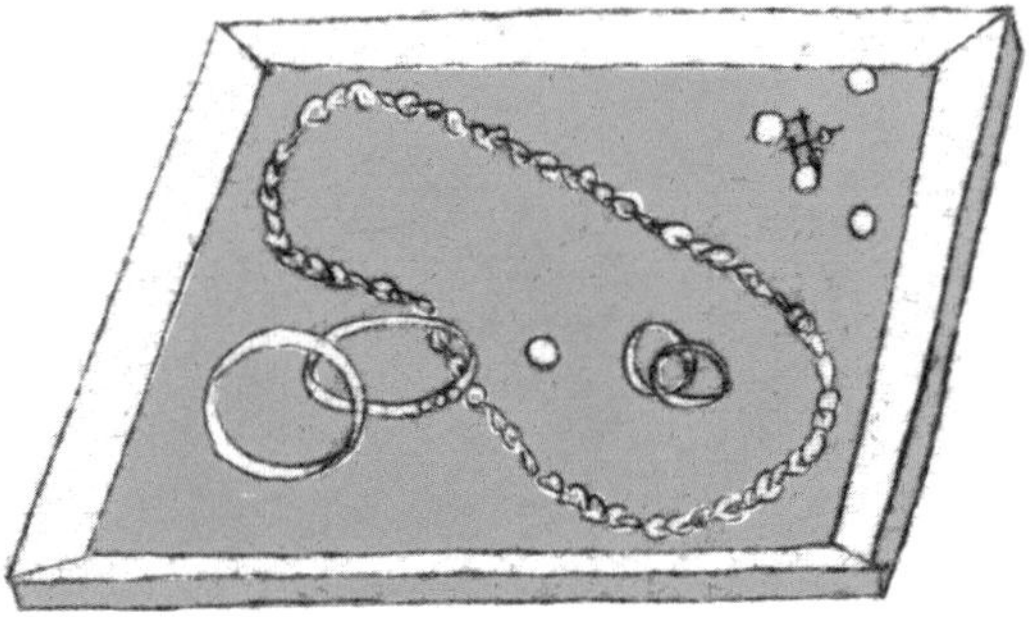

# 67 真鍮アイテムのお手入れ

銅と亜鉛の合金である真鍮。スプーンやフォークなどのカトラリー、ドアノブや家具などインテリアのパーツ、ちょっとした小物など、いろいろなところで使われており、暮らしの中に風合いを添える素材として古くから親しまれています。

真鍮は空気や皮脂に触れることで酸化する性質があり、経年変化します。使い込むうちに少しずつ色に深みが増し、重厚感が増すのが大きな魅力です。真鍮に限らず、経年変化をどこまで「味」ととらえ、どこまでを「汚れ」と感じるかは、好みや感性、価値観で異なるもの。新しくピカピカの状態を好む人もいれば、時の経過を感じさせるアンティークな風合いを好む人もいます。自分が求める状態に近づけるようなお手入れをしていきましょう。

経年変化した真鍮を新品のような鮮やかな色味に戻したいときは、専用クロスや金属用研磨剤をうときれいになります。一方、味わいは残して汚れだけ落としたいときは歯磨き粉をウェスにつけて磨きましょう。

# 68 — 黒皮鉄アイテムのお手入れ

鉄は家具のパーツとして、よく使われる金属です。鉄のなかでも、表面に黒い膜が張っているものが「黒皮鉄」。黒い膜は塗装ではなく、鉄を加工する過程で自然にできた酸化皮膜で、独特の風合いが魅力です。ただ、この皮膜には小さな穴がたくさん空いていて水分が入り込んでしまうため、錆びが発生しやすいのが難点。握ったときに手が錆びだらけになって、びっくりすることもあります。手軽な錆びの落とし方として、レモン汁やお酢を塗ってしばらく放置する方法が一般的ですが、黒皮鉄には不向きです。酸がサビと一緒に黒い皮まで溶かしてしまい、ピカピカの銀色になってしまいます。

黒皮鉄のケアにおすすめは、木製家具のメンテナンスにも使用する蜜蝋ワックスで磨くこと。乾いた布にワックスを取って塗り込んでいくと、サビが落ちて程よいツヤも生まれます。皮膜の穴もワックスがふさいでくれるので、錆び予防になるというメリットも。蜜蝋ワックスがない場合は、オリーブオイルでも代用できます。

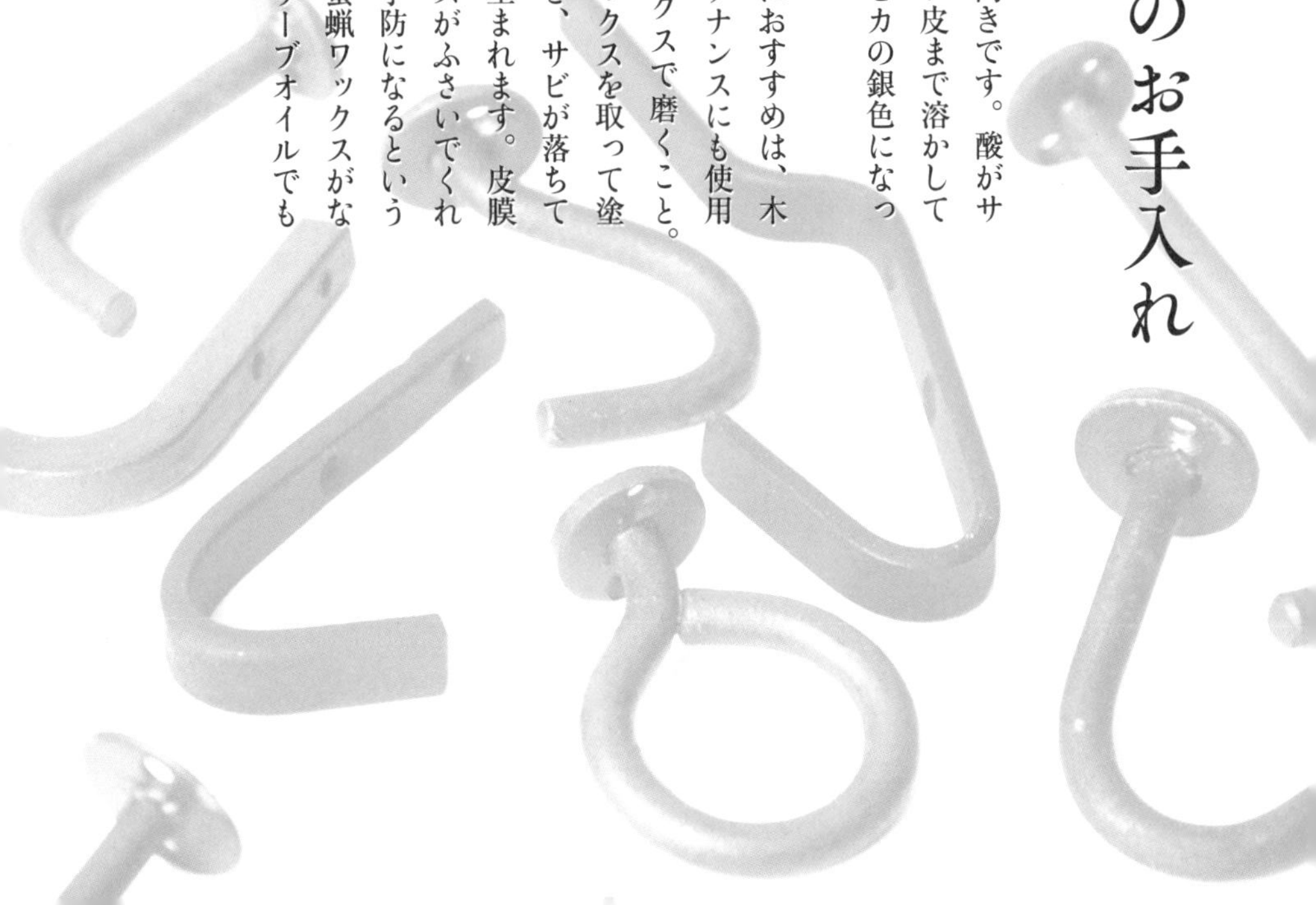

# 69 — フローリングや床材のお手入れ

天然木から切り出した無垢材のフローリングは、自然な風合いやぬくもりが魅力。普段は乾拭きするだけで、特別な手入れは必要ありません。掃除機やモップ、箒（ほうき）でゴミやほこりを取り除きましょう。フローリング掃除の道具でおすすめなのが棕櫚（しゅろ）の箒。ヤシの木の仲間である棕櫚の繊維を使って作られた昔ながらの箒です。この箒で無垢フローリングを掃くと、繊維に含まれた油分によって床材に徐々にツヤが生まれます。飴色に育った美しい無垢フローリングが育っていきます。

汚れ落としは表面の仕上げ方法によって異なります。

◎ウレタン塗装のフローリング
落ちにくい汚れは固く絞った雑巾で水拭きし、乾拭きして水分を取り除きましょう。それでも汚れが落ちないときは、やわらかい布に水で薄めた中性洗剤を含ませ、やさしく擦ります。その後、水拭き・乾拭きをして、洗剤成分と水分を残さないようにしてください。メラミンスポンジは塗装に傷をつけやすいので、避けて。

◎オイル塗装のフローリング
オイル塗装の無垢フローリングは水に弱く、飲み物などをこぼ

したまま放置すると染みになることがあります。濡れたらすぐに拭き取りましょう。染みができてしまったらサンドペーパーで削り、オイルを塗りこんでください。また年に1回程度はオイルや蜜蝋ワックスなどを塗り重ねてメンテナンスを（P96参照）。

# 70 — 絨毯のお手入れ

絨毯のお手入れの基本は、掃除機をかけること。汚れが繊維の奥深くに入り込んでしまう前に取り除きましょう。湿気対策もするといいですね。

**◎湿気を飛ばす**

天気のいい日には窓を開けて換気を。掃除機をかけた後は裏返すか、絨毯の下に椅子などを差し込んで裏側にも風を通すようにするといいでしょう。

**◎掃除機と粘着ローラー使う**

掃除機は毎日かけるのが理想です。最初は毛並みに沿ってかけ、

次に毛並みとは逆方向にかけます。掃除機で絨毯を押さえつけるのではなく、毛を起こすことを意識しながら、ゆっくりとかけるのがコツ。掃除機の後は、粘着ローラーをかけて残ったゴミを取り除きます。

◎薄めた中性洗剤で拭く

2倍に希釈した中性洗剤を雑巾に染み込ませ、固く絞ります。力を入れて絨毯の毛並みに沿って拭き、次に毛並みとは逆方向に拭きます。雑巾はこまめにすすいでください。次にぬるま湯だけを染み込ませた雑巾を固く絞り、洗剤をしっかり拭き取ります。最後に乾拭きをして、換気で乾燥させれば完了です。

## 71 — 畳のお手入れ

畳のケアは基本的には掃除機をかけていればOK。ほこりや食べかすなどのゴミがたまるとダニやカビが発生しやすくなるので、こまめに掃除することが何より大切です。

◎掃除機をかける

畳の目に沿って、やさしく掃除機をかけます。スピードは一畳につき1分程度が目安。目に詰まったほこりが吸い取れないときは、箒で小刻みに掃くとかき出せます。

◎拭き掃除をする

畳は湿気に弱いので、拭き掃除は乾拭きで。畳の目に沿って拭くと、美しいツヤが出てきます。汚れが落ちにくい場合はしっかり水を絞った雑巾で拭いてから、乾拭きをして仕上げてください。

◎カビが生えたら

カビを発見したら、すぐに換気して静かに掃除機を。そしてエタノールをスプレー→20分ほど置いて乾拭き、という工程を何度か繰り返してください。

# 72 — カーテンの洗い方

空気に含まれたほこりや汚れが付着し、見た目以上に汚れているカーテン。洗濯機OKのものも多く、手軽に洗えるので、年に1回を目安に洗濯をしてみましょう。

**1** 洗濯表示を確認

洗濯表示に洗濯機マークか手洗いマークがあれば、自宅で水洗いできます。ただし、生地が弱っている場合もあるので注意してください。また天然素材は特に縮みやすいため、気をつけて洗っても若干は縮みます。避けたいものはドライクリーニングに出しましょう。

**2** 洗濯前の準備

フックから外す前に、ほこりを掃除機で吸い取ります。日常のケアとしてもほこり取りは大切です。汚れがひどい場所には、中性洗剤を使ったつけおき洗いもおすすめです。

**3** 洗濯機に入れる

フックから外したカーテンをジャバラ状に折り畳み、大きめの洗濯ネットに入れます。洗剤は中性洗剤（おしゃれ着用洗剤）がおすすめ。脱水は30秒程度にしてください。

手洗い表示があるカーテンは、洗濯機の「おしゃれ着コース」「ドライコース」などで洗います。

**4** 乾かす

脱水後はすぐに取り出し、シワを伸ばしてから乾かしましょう。カーテンレールにかけて乾かしましょう。夏場だと乾きやすいです。

# 73 ― ブラインドの掃除

ブラインドの掃除は、ほこりを払って拭くだけ。とても簡単です。週1回を目安に行うと、気持ちよく過ごせますね。

❶ ブラインドの羽（スラット）を水平にした状態で、ハンディモップやはたきをかけます。ハンディにスライドさせながらほこりを取り除いてください。横

❷ 羽を下ろし、①と同様にほこりを払います。

❸ 汚れが目立つ場合は、雑巾に薄めた住宅用洗剤を染み込ませ、固く絞ってから拭き取ります。ケガをしないように、ゴム手袋をつけて作業しましょう。木製のブラインドは、水拭きはせず乾拭きだけにしてください。

# 74 — 窓、網戸の掃除

窓をきれいにすると部屋が明るくなって開放感が生まれます。めんどうに感じがちな窓掃除は、やっただけ効果を感じやすく、お部屋が見違えるので気分転換にもなりますよ。コツを押さえて取り組んで。掃除は網戸、窓の順番で行います。

［網戸掃除の仕方］

網戸の裏側にダンボールを当てながら、掃除機を上から下に向かってかけ、ほこりを吸います。ダンボールは40㎝角にカットすると扱いやすいです。拭く布はマイクロファイバークロスが便利。2枚用意し、1枚は水で濡らして固く絞ったらアルカリ電解水をつけておきます。もう1枚は乾いたままで。濡れているほうを外側、乾いたほうを内側にして網戸を挟み、両面を同時に拭きましょう。

［窓ガラス掃除の仕方］

1 霧吹きで窓全体を濡らします。濡らした雑巾でざっと拭いてもOK。

2 こびりついた汚れは、プラスチックカードなどで削り落とし、拭き取ります。

3 スクイージーを上から下に真っ直ぐ動かして、水滴と汚れを落としていきます。スクイジーはまず窓に対して垂直に密着させてから、少しだけ斜めに傾けて使うと水切れがよくなります。

4 マイクロファイバークロスで手早く乾拭きします。同じ場所を何度も拭かないように、コの字に拭くのがコツです。

## 75 — シンク、蛇口、洗面所のお手入れ

シンクや蛇口の汚れは台所用洗剤でもほぼ落とせますが、水を電気分解してアルカリ性を高めた「アルカリ電解水」を使うと、より手軽にお掃除できます。タンパク質や油脂をしっかり分解してくれますが、水なのですすぐ必要がありません。また水垢などアルカリ性の汚れはクエン酸できれいに落ちます。必要に応じて使い分けましょう。

◎蛇口
全体にアルカリ電解水をスプレーして、1～2分置きます。固く絞った布で蛇口を拭き、汚れを落とします。落ちにくい場合は歯ブラシなどで擦ってください。最後に乾拭きして仕上げます。

◎シンク
全体にアルカリ電解水をスプレーし、1～2分放置。やわらかいスポンジでシンクを擦ります。最後に乾拭きして仕上げます。

◎洗面ボウル
全体にアルカリ電解水をスプレーし、1～2分放置。やわらかいスポンジでボウルを擦ります。しつこい汚れや排水溝周りなど細部は、歯ブラシなどを使って。最後に乾拭きで仕上げを。

◎鏡
水垢で白くなるのは、水道水に含まれるミネラル成分が固まってしまうため。この汚れはアルカリ性なので、酸性のクエン酸を溶かした水をスプレーして擦るときれいになります。

# 76 ― 浴室換気の工夫

浴室のカビを防ぐには、換気と乾燥が基本です。換気扇はできれば、入浴中以外はずっと回しておきましょう。

◎熱いシャワーと冷たいシャワーで流す

カビのエサになる石鹸カスや皮脂を落とすために、熱いシャワーで壁、バスタブ、床を洗い流します。次に、冷たいシャワーでも同じように流し、浴室内の温度を下げて乾燥しやすい環境を作りましょう。水滴の拭き取りができるとベスト。

◎残り湯にはフタ

残り湯を放置すると湿気が溜まり、天井にカビが生える原因に。風呂フタは閉じましょう。

◎入浴後の換気

ドアを10㎝程開けて換気扇を回すと、効率的に換気することができます。ただし、浴室扉に通風口がついている場合は扉を閉めて換気しましょう。

# 77 — お風呂のカビ対策と予防

お風呂のカビ予防には、防カビ燻煙剤を使うのが一番手軽です。最近は、イスやボディタオルなどの小物を置いたままでも使える便利な商品が販売されているので、安心して使えるのもいいですね。

定期的に使用することでさらにカビが生えにくくなるといわれているので、2ヶ月に1回程度は行う習慣をつけるのもおすすめ。

ただ防カビ燻煙剤はあくまで予防。生えてしまったカビを落とす効果はありません。カビを落とすときのポイントは、最初に表面の汚れをスポンジでしっかり取り除くこと。それからカビ除去剤をかけてラップで覆い、10分くらい置いてから水で流します。

# 78 — ベランダの掃除

囲いのないベランダは雨風にさらされるので汚れが蓄積しやすい場所。窓を開けると砂ぼこりなども部屋に侵入しやすくなります。気持ちよく過ごすために、定期的に掃除をしましょう。

◎戸建ての場合

戸建ての場合は放水しながら掃除しやすいので、高圧洗浄機があると便利です。洗剤を使わず、水洗いのみですっきり汚れを落とせます。高圧洗浄機がない場合は、水をまいて、デッキブラシで汚れを擦り落としましょう。

◎集合住宅の場合

マンションなどのベランダで水を大量に使うと、下の階に水漏れしたり、隣のベランダに流れ込むことがあるため、極力水を流さずに掃除したいもの。土ぼこりが舞いやすいので、雨の翌日や小雨の日に行うのがおすすめです。

箒で大きめのゴミやほこりを取り除いたら、新聞紙を適当な大きさにちぎって丸め、水に濡らしてベランダ全体にばらまきます。これを箒で掃いて転がし、細かい汚れを新聞紙に吸着させます。

# 79 — 雨樋のお手入れ

雨樋の詰まりを放置すると、雨漏りやシロアリが発生する原因になります。下からは掃除しやすいので、季節の変わり目には行うようにしましょう。まずは、縦樋を軽くたたいて中に詰まっているゴミを落とし、トングを差し入れてかき出します。屋根の縁を巡る軒樋の掃除は、必ず2人以上で行いましょう。無理は禁物です。脚立に乗って軒樋や集水器にたまった枯葉やゴミをトングなどで取り除いたら、バケツやホースを使って集水器から水を流します。ワイヤーつきブラシや高圧洗浄機があれば、使ってもいいでしょう。2階以上の場合は必ず業者に依頼を。勝手に登らないようにしてください。

# 80 — 外壁を洗浄する

外壁掃除は水洗いだけでも、ほこりや土の汚れは落とすことができます。軽い汚れはそれで落ちますが、しつこい汚れには、外壁掃除用の洗剤や10倍に薄めた中性洗剤が有効です。洗剤を含ませたスポンジやブラシで擦ると落としやすくなります。

しかしなんといっても便利なのは高圧洗浄機。水のみで、落としにくいカビなどもきれいに洗い流すことができます。ただし、圧力が強すぎると外壁の塗膜まで傷んでしまう場合があるため注意してください。

なお高所の掃除は危険なので、専門業者に依頼するようにしましょう。

# 81 ― 下水のつまりを予防する

下水のつまりは、油分や石鹸カス、髪の毛などが排水溝に蓄積するのが主な原因。台所、浴室など、場所ごとに対策してつまりを予防しましょう。

◎台所

フライパンやお皿についた油汚れは、洗う前にペーパー類で拭き取ることが大切。大量の油をシンクに流すことは環境汚染につながるだけでなく、冷えた油が固まってパイプがつまる原因になるので、避けてください。排水溝には水切りネットなどをつけ、生ゴミや食材のカスが流れ込まないようにしましょう。

◎浴室

髪の毛や石鹸カスがつまりの原因になります。髪の毛は流れないように、こまめに取り除いてください。石鹸カスは、シャンプーをした後や体を洗った後に、排水溝をしっかり水で流すと通りがよくなります。

◎洗濯機

洗濯機の排水管には、洗剤カスや糸くずなどが溜まっていきます。定期的に排水溝のパーツを外し、パイプクリーナーを使って清掃しましょう。パーツは歯ブラシで洗います。

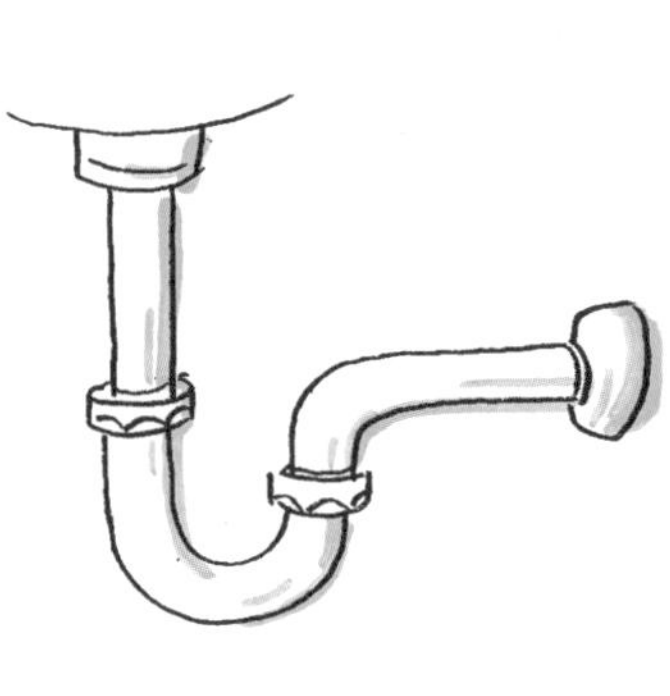

# 82 タイルの目地をきれいに保つ

タイルをきれいにしても、目地に汚れが残っているとすっきりしません。手軽にできる掃除は、重曹パック。重曹と水を3対1の割合で混ぜ、目地に塗り込んでラップをかぶせ、10～15分ほど置いておきます。最後にラップを取り、重曹を洗い流せば完了。汚れが落ちにくいときは、ブラシで擦ってください。

カビが生えてしまったときは、酸素系漂白剤で除去しましょう。400㎖の水に大さじ2杯の酸素系漂白剤を溶かし、重曹パックと同じ要領で目地の掃除に使用します。念のため、掃除前に目立たないところに酸素系漂白剤をつけてみて、タイルの色落ちがないかを確認してください。カビを除去しても汚れの色が残ったときは、修正ペンのように目地に白いインクを塗ることができる補修ペンを取り入れても。ホームセンターなどで売っているので、1本常備してもいいですね。

# 83 — 玄関のたたきをきれいにする

玄関は外からの汚れが入りやすい場所。放置すると人の出入りとともに家の奥まで運び入れてしまい、ダニなどが発生する原因にもなるので、こまめに掃除して清潔さを保ちましょう。

［たたきの材質を確認する］

玄関のたたきは、大理石や御影石などの天然石が使用されている場合と、コンクリートや塩化ビニール製などの人工素材が使用されている場合があります。注意が必要なのは天然石。大理石や御影石、ライムストーンなどはとてもデリケートで、洗剤がシミになったり、ブラシで擦ることで傷がつくことがあります。掃除するときは固く絞ったやわらかい布で水拭きして汚れを落とし、仕上げに乾拭きをしてください。

［玄関のたたきの掃除方法］

1 掃除機や箒でたたきのほこり・ゴミを取り除きます。

2 住居用洗剤（アルカリ電解水・重曹水でもOK）をスプレーし、ブラシでなじませます。やわらかくて毛量の多い洗車ブラシなどがおすすめです。

3 浮き上がった汚れを、固く絞ったタオルで拭き取り、仕上げに乾拭きを。

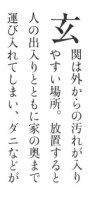

［ケーススタディ］

# モノを厳選するとモノを大切にできる

CASE STUDY 03

整理収納アドバイザー
**mocaさん**

「以前は片づけられない人だった」というmocaさん。いらないモノ、使っていないモノを書き出して手放していくという『お片付けけノート』を考案し、大量のモノと向き合いながら自身と対話を重ねていく習慣が身につき、「モノを大事にするようになり、お直しやお手入れを自然とするようになった」と話します。

「昔は、本当に片づけに困っていたんです。モノが多くて、片づけも『しなきゃいけない』というプレッシャーがひどかったですね。アンティークとか古いものは昔から好きでしたが、以前は『大事にしすぎて使えない』ということもありました。モノに振り回されていましたね（笑）」

モノを愛する気持ちが強いからこそ、大事に使いながら愛でていく。片づけの意識が変わり、整理収納アドバイザーとして活躍するようになってからは、「どうでもいいと思うモノは持たなくなった」といいます。

「革製品と木製品が好きで、靴の手入れもしていますが、好きだからやるんですよね。どうでもいいものはお手入れしようと思わない。大事なものだからこそお手入れをしながら使い続けたいんです。だから、『使うためにお手入れをする』という感覚で向き合っています」

お手入れや修繕を視野に入れて長く愛用できるかどうか、購入前にしっかり吟味する。そして満足いくまで使い切った、と思ったら手放す。そうやって、モノとじっくり向き合う暮らしをする中では、意識せずに直していることも多いそう。

「鍋の取手がガタついているな、と思ったらドライバーでキュッと締めて、他に緩んでいるところないかな、と探してついでに直してみたり。日常生活の延長線上であまり意識せず、『名もなきお手入れやお直し』をしていることが多いかもしれません。スニーカー洗うのも、網戸の張り替えも、壁の塗り替えも、お手入れと思ってやってなくて……好きだからやっちゃうんですよね」

忙しい日々の中でも、お手入れする時間を取る余裕がある今の状況は「理想的」というmocaさん。それでもいつかは「ひとりで好きなようにインテリアやDIYをやってみたい」という夢も描きながら。

古い「ボンボン時計」は、音を出せるねじまき式を保ったまま修繕ができ、今も活動中

# 第三章

# モノのお直し

## 修理・修繕編

モノはその使命をまっとうする中で、少しづつ汚れ、すり減っていきます。ボタンは取れ、縫い目はほつれ、壁紙ははがれて、床は傷が目立ちはじめる……。でも、しっかり対処すれば元に戻すこともできます。修理と修繕のヒントをまとめました。

# 84 ほつれた縫い目を修繕する

Tシャツの襟ぐりやスカートやパンツの裾など、衣類の縫い目がゆるんで糸が出てしまったら、手放す前にちょっと縫ってみませんか。衣類のお直しは、跡が目立たないように直す方法と、ダーニング（P212参照）のようにあえて目立つように繕い、さらに魅力的に仕上げる方法があります。ここでは、なるべく目立たせず、元の状態に戻す方法をお伝えします。

まず、糸が出ている状態なら、ほつれた糸を裏から引っ張り、根元で結んでおきます。それから針と糸で縫い合わせて補強しましょう。使う糸は布地となるべく近い色味のものを選びます。

Tシャツの襟ぐりに施されたパイピングがほつれたときは、裏側からブランケットステッチでほつれをかがり、表側から本返し縫いで仕上げます。ズボンやスカートのほつれは、奥まつり縫いで。縫い代の奥をまつる奥まつり縫いは、目立たず、糸の引っ掛かりが少ないので、裾のお直しに最適です。

# 85 — 取れたボタンをつける

コロンと取れてしまったボタンはなくす前に縫いつけましょう。糸がゆるんだボタンも、ゆるんだ糸を切って新たにつけ直すほうが長持ちします。ボタンをつけるときは、楽に留め外しができるようにボタンと布の間に糸をぐるぐる巻いて糸足を作るのがポイントです。シャツやブラウスなど薄手の生地なら布から３㎜、コートやジャケットなど厚手の生地なら服の厚みにプラス１㎜を目安にボタンを上に引き上げて留めます。ただし飾りボタンは布に密着させてＯＫ、足つきボタンもすでに高さがあるので糸足は要りません。ボタンつけの糸は、太ければ1本取り、細い場合は2本取りで縫っていきましょう。ボタンは、穴の数や形状がいろいろありますが、目安として穴に2~3回、糸を通して留めれば大丈夫。糸を引きすぎると布がよれたり、糸足分の糸がなくなったりしてしまうので、力加減に気をつけましょう。不慣れな方は、爪楊枝を使った方法がおすすめです。ボタンの穴の上に爪楊枝を置き、その上から糸をかけます。最後に爪楊枝を引き抜くとその分だけ糸に余裕ができて、糸足作りの高さが確保できて簡単です。

# 86 ― ゆるんだゴムを交換する

パジャマのズボンやスカートのウェスト部分に使われているゴム紐。ゆるんできたと思ってもついついそのままにしていませんか？　体にフィットするように交換しましょう。

まずは古いゴムを引き抜きます。ウェスト部分を引っ張って、ゴム通しのための穴を見つけたら、そこからゴムを切って引っ張り出しましょう。探しても穴が見当たらない場合は、ゴムを包んでいるウェストの布部分の縫い目を少しほどき、そこから引き抜きます。

新しいゴムはもともと入っていたゴムと同じくらいの太さを選びましょう。ゴムを穴に通すには、ゴム通しがあると便利です。ゴムをはさんだり結んだりして、ゴム通しごと穴に通していけば、簡単に穴にゴムが通ります。100円ショップでも売られているので試してみてください。クリップや大きめの安全ピンでも代用できます。ゴムは通すうちに反対側の端が穴の中に入ってしまうことがありますが、ゴムの端をクリップやピンで穴の外側に固定しておくと防げます。また、ゴムが穴の内部でねじれてしまうと肌触りがゴワゴワするので注意しましょう。

ぐるっと一周したら、試着してみてちょうどよい長さに調節しましょう。ゴムの端同士は手縫い針と糸で縫い合わせます。幅のある平ゴムなら、端同士を重ね合わせ、糸で縫い合わせます。細いゴムなら2本まとめて結ぶだけでOKです。布の縫い目をほどいた場合は、再び縫い合わせましょう。

小学生の赤白帽についているゴムも伸びやすいので、ビローンと伸び切る前に新しいゴムにつけかえましょう。

# 87 — 服の穴を自然にふさぐ

服にあいてしまった穴は、補修布を使うと自然にふさぐことができます。いろいろな色や素材のものがあるので、生地の素材になじむものを選びましょう。取りつけ方法は、アイロンの熱で接着するタイプのほか、手軽なシールタイプもあります。100円ショップで取り扱われる商品も増え、膝あてや肘あてなど部位に特化したパッチもあります。直径3㎜くらいまでの穴なら、補修布で目立たないように直すことができます。

ズボンの膝部分などパックリ開いた大きな穴は、切れ目をくっつけるように合わせて同じように裏側から補修布を当て、ミシンでジグザグに縫いつけていくとしっかりと補強できます。大きな穴はどうしても目立ってしまうので、類似色もいいですが、逆手にとってあえて違う色柄の布を使っておしゃれに仕上げるのもいいでしょう。

補修布は便利ですが、レースやニットのほころびやシースルー素材のおしゃれ着などは、透けて見えてしまうので適しません。家庭でやるのがむずかしいものは、お直しの専門店に出しましょう。

# 88 調子の悪いジッパーの修理

服やバッグに使われているジッパー（ファスナー）。噛み合わせが悪くなって締めにくくなったり、滑りが悪くなったりすることがありますね。閉めても自然に開いてしまう場合は、スライダー（スライドさせるパーツ部分）の噛み合わせが甘くなっているのが原因です。金属製ならペンチでスライダーの噛み合わせ部分を締めると直ります。

スライダーに引っかかりがあって動かしにくいときは、潤滑油を塗ると滑りがよくなります。ホームセンターなどで購入できますが、ロウやリップクリームでも代用できます。

布地などを噛んでしまったときは、無理に引っ張ると布地が破けたり、スライダーが外れてしまったりすることも。マイナスドライバーで噛み合わせる部分を広げると取りやすいですが、のちに噛み合わせが悪くなることもあるので慎重に行いましょう。

ジッパーやスライダー自体が破損してしまったときは、土台の生地部分ごと取り外してつけかえが必要です。メーカーや洋服のお直しのお店で頼めますが、縫ってつけかえとなると1万円程度することが多いので、費用対効果を考えて。ブランド製品はパーツも独自の物を使っていることがあるので、代替パーツがあるかも確認しましょう。

# 89 ― 長すぎるズボン・パンツの丈を短くする

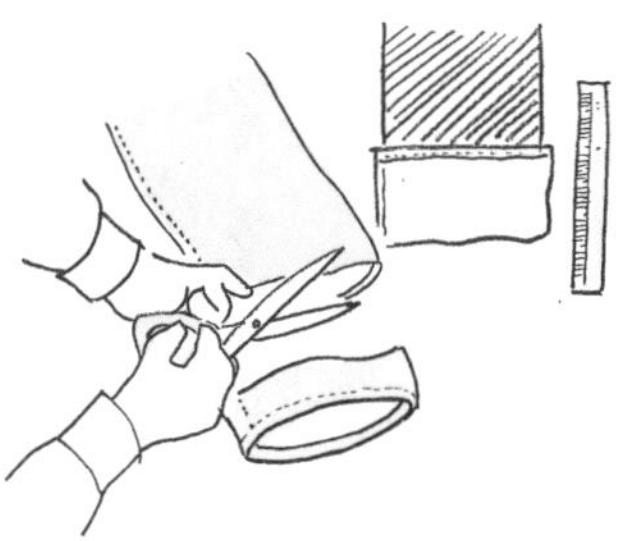

ズボン・パンツの丈つめは、裏地がなければ裁縫に不慣れでも簡単にできます。針と糸で詰める以外に、裾上げテープを使う方法も。どちらのやり方でも共通するポイントは、「ズボンと合わせたい靴」を履いて採寸すること。これでどこまで詰めるかを決めたら、裾と平行に折り曲げてまち針や安全ピンなどで折山に印をつけましょう。印を外さないように脱いだら、裾上げしていきます。

［ミシンで縫う場合］
ズボンを裏返して仕上がり線から3㎝プラスしたところにチャコペンシルなどで縫い代線を書きます。ハサミを使ってこの線でカットしましょう。仕上がり線から縫い代線までを三つ折りにしたら、アイロンでプレスし、まち針を打ちましょう。あとは、三つ折りした端から2㎜の位置をミシンで縫いましょう。

［裾上げテープの場合］
アイロンを使ってOKな素材なら、裾上げテープが手軽です。ズボンを裏返し、裾の1周プラス2㎝くらいの長さでテープをカットします。裾上げテープを軽く水に浸して絞ったら、内股側の中心から接着していきましょう。裾上げテープを貼った箇所はアイロンを当てて押します。真上から押すだけで、滑らせないよう注意してください。

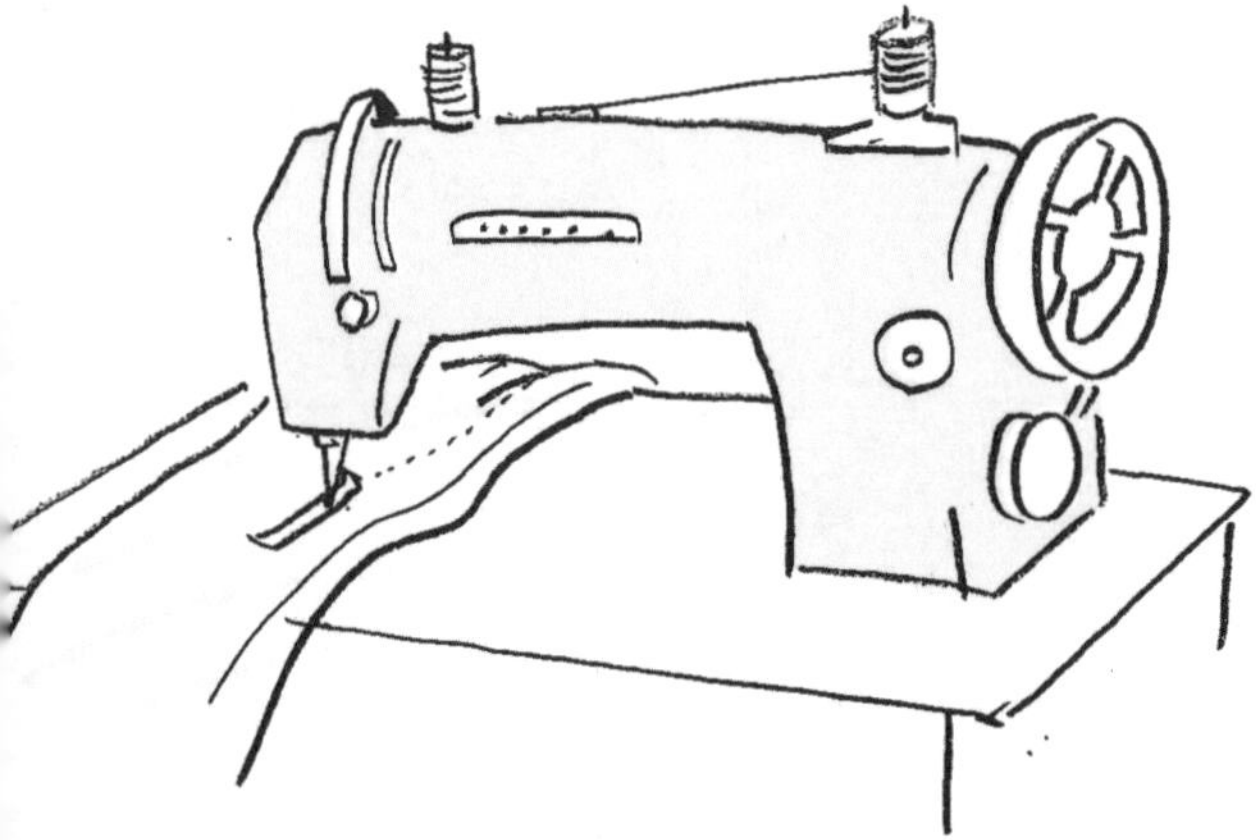

TOOLS COLUMN

# 裁縫道具の基本と糸の選び方

取れてしまったボタンをつけたり、既製品にはないサイズの布小物を子どもに持たせる必要があったり。日々の暮らしの中では、しばらく手にしていなかった裁縫箱やミシンをひっぱり出す機会が訪れることがあります。裁縫は昔家庭科で習ったはずだけれど、すっかり忘れてしまった……という人も多いかもしれません。ここでは、簡単に道具と糸選びについておさらいしておきましょう。

## 基本の道具

[手縫い]
・手縫い糸
・手縫い針

[ミシン縫い]
・ミシン針
・ミシン糸

[共通]
・まち針
・裁ちバサミ
・糸切りバサミ
・目打ち
・ピンクッション(針山)
・チャコペンシル
・ものさし

## [糸の選び方]

裁縫のための糸には、さまざまな種類があります。素材や太さなど、目的に合ったものを選ぶようにしましょう。

まず、手縫いとミシン縫いは、それぞれ糸の種類が変わります。手縫い糸とミシン糸は、撚る方向が逆なので、ミシンで手縫いの糸を使うと、目が飛んだり、切れやすくなったりします。逆にミシン糸を手縫いに使うと、糸がよじれたり、もつれたりしてし

## 手縫い糸

40〜50番が使いやすい太さ。ボタンつけには、20〜30番が強度もあって適しています。仮縫いやしつけで使う糸は専用のしつけ糸を使いましょう。

## ミシン糸

ミシン糸は綿、絹、ポリエステル、ナイロン、レーヨンなど素材が豊富です。普通地や厚地には、丈夫ですべりがよいポリエステル素材がおすすめです。普通地は60番、裏地など薄手の生地は90番、デニムなど厚地を縫うのは30番が向いています。

まいます。きちんと適したものを使いましょう。

ミシン糸には、ラベルに「#50」などと数字が書かれています。これは「番手」といって糸の太さを表しており、「数字が多いほど細い糸」になります。手縫い糸の「細口」といった表示も太さの表示です。

## 刺繍糸・刺し子糸

刺繍や刺し子は専用の糸を使います。刺繍糸は細い糸が6本撚り合わされているものが一般的。適当な長さに切ったあと、必要な本数を引き抜いて使います。刺し子糸も細い糸を複数撚り合わされて作られていますが、太いまま刺し子針に通して使います。

# 90 — 壁紙が部分的に剥がれてきたら

室内空間も日常の中でこまめにお手入れをして、居心地のよい状態を保ちたいものですね。

空間を構成する大きな要素が、壁と床。広い面積をきれいに保つことで整った印象になります。

日本の住宅では壁紙が貼られた家が主流です。壁紙は古くなって剥がれてくることもありますが、多いのは湿度の変化によるもの。湿気を含んで伸び、乾燥して縮むということを繰り返すうちに、壁から浮いて剥がれやすくなってきます。そのため、湿度が高くなりやすい浴室や台所などは特に、こまめに換気をして湿気を外に逃すことが大切です。壁紙の浮きや剥がれに気づいたら、それ以上広がってしまう前になるべく早く対処することが重要。広範囲でなければ、簡単に補修することができます。専用の接着剤や刷毛、圧着用のローラーなど、必要な道具がセットになった商品もあるので検討してみましょう。

なお、めくれた壁紙の下にカビが発生している場合は、奥までカビている可能性大。壁紙補修のプロに相談を。

［用意するもの］
・乾拭き用の布
・壁紙補修用の接着剤
・刷毛
・ローラー
・マスキングテープ

［補修の手順］
1　剥がれた部分のほこりや汚れを落とすため、壁と壁紙の裏側を乾拭きします。汚れが落ちにくい場合は固く絞った布で水拭きし、完全に乾燥させてください。
2　壁紙の裏側に刷毛を使って接着剤を均一に塗ります。
3　壁紙を壁に貼りつけ、ローラーで上から押さえます。このとき、接着剤がはみ出たら乾いた布で拭き取ってください。接着剤が完全に乾くまでの半日ほどかかります。

# 91 ― 壁紙の汚れや穴を補修する

暮らしているうちに、細かい擦り傷やスイッチまわりの手垢などがつき始める壁紙。画鋲やネジなどで開いた穴も、増えてくると目立ちます。

多くの住宅の壁紙は、塩化ビニール樹脂で作られたビニールクロス。水を通さないので、拭き掃除でしっかり汚れを落とすことができます。穴をふさぐのも、市販の補修剤を使えば簡単。時間のあるときに、さっとお手入れしましょう。

[壁紙をきれいにする]

◎基本の掃除方法

固く絞った雑巾で水拭きします。上から下に向かって拭くと液だれが跡になりやすいので、必ず下から上に向かって拭きあげるようにしてください。マイクロファイバークロスで水拭きすると、より汚れが落ちるのでおすすめ。

◎汚れが落としにくいとき

汚れが落としにくい場合は、住宅用洗剤をスプレーして下から上に拭きます。その後、固く絞った雑巾で水拭きして、汚れと洗剤を取り除きましょう。

◎クロス用消しゴムを使う

鉛筆やペン、黒ずみなどの汚れは、クロス用消しゴムを使うと軽く擦るだけで落とすことができます。商品によって対応している汚れが異なるので、購入前に確認にしましょう。

[壁紙に開いた穴の補修方法]

◎市販の補修キットを活用

画鋲やネジなどの穴は、市販の穴埋め材（コーキング材）でふさぐことができます。穴からあふれた分をすくいとるヘラや、剥がれたクロスの補修に使える専用のり、クロス用消しゴムなどがセットになった補修キットも販売されています。

**◎入隅の隙間を補修する**

壁と壁が向き合ってできる内向きの角を「入隅（いりずみ）」と呼びます。新築であっても、入隅には隙間ができやすいもの。これにもクロス用の穴埋め剤を使用します。

**◎破れ穴を補修する**

ビニールクロスが破れて穴が開いてしまったときは、クロスパッチが便利です。転写タイプとシールタイプがあります。

# 92 ― 壁紙を新しく貼り直すためのヒント

新しく壁紙をＤＩＹで貼りかえたいと思ったときにネックになるのが、「いま貼られている壁紙をどうするか？」です。一般的な日本の住宅はビニールクロスが貼られている場合が多いですが、このクロスを剥がすのか、剥がさないのかが一番大きな選択肢となります。剥がす場合、この工程が意外と大変。表面のビニール部分が剥がれても、裏紙が残ってしまうため、スクレイパーなどできれいにしていく工程が必要になります。ゴミが多く出るため床を養生しておきたいですし（Ｐ１５８参照）、剥がした壁紙の処分も必要です。凹凸ができてしまったら、パテややすりで平らにならします。

この作業はちょっと自信がない、という人は古い壁紙の上から新しい壁紙を貼る「重ね貼り」がおすすめです。賃貸住宅で原状回復が必要ならば、後から剥がせるタイプの壁紙を選びましょう（ただし必ずきれいに剥がせるとは限らないので、サンプルなどで相性を確認する必要があります）。部分的に色柄を変えたい、気軽な模様替えを頻繁に楽しみたいという目的なら、シールタイプのリメイクシートが一番手軽です（Ｐ２４２参照）。原状回復する必要がなく、しっかり全面を貼り直したいなら、生のりつきの壁紙や強力なのりを使ってしっかり重ね貼りしましょう。古い壁紙はきれいに拭き、剥がれているところは接着剤で補修しておきましょう。どうしたいのか方針が決まると、選ぶべき壁紙のタイプが決まってきます(P154参照)。適したタイプのものから好きなデザインを選びましょう。ベーシックな無地の壁紙、タイルなどリアルな質感を再現した壁紙、華やかな色柄の壁紙……イメージが膨らむ楽しい時間です。使いたいデザインが決まれば、壁紙の幅と貼りたい壁の広さから必要な壁紙の分量を算出できます。無地か、柄物かでも必要な量は変わってきますが、ここでおおよその予算が見えてくるでしょう。実際の購入前に、サンプルを取り寄せられると安心ですね。のりつきの壁紙ではないなら使用するのり、ローラー、刷毛、ハサミ、カッター、高さがある場所に貼るなら脚立などが必要になります。

完成させたいイメージと自分のスキルやDIY経験値を鑑みて適切な壁紙を選び、ぜひ楽しい壁紙貼りに挑戦してみてください。

# 壁紙（クロス）の種類

TOOLs COLUMN

室内空間で広い面積をしめる壁。どんな壁紙を選ぶかで雰囲気は大きく変わります。壁紙を選ぶポイントは、デザインだけではありません。素材や貼り方、現状回復が可能かどうかなど、さまざまな条件があります。貼りかえるときは、目的に合うものを選びましょう。

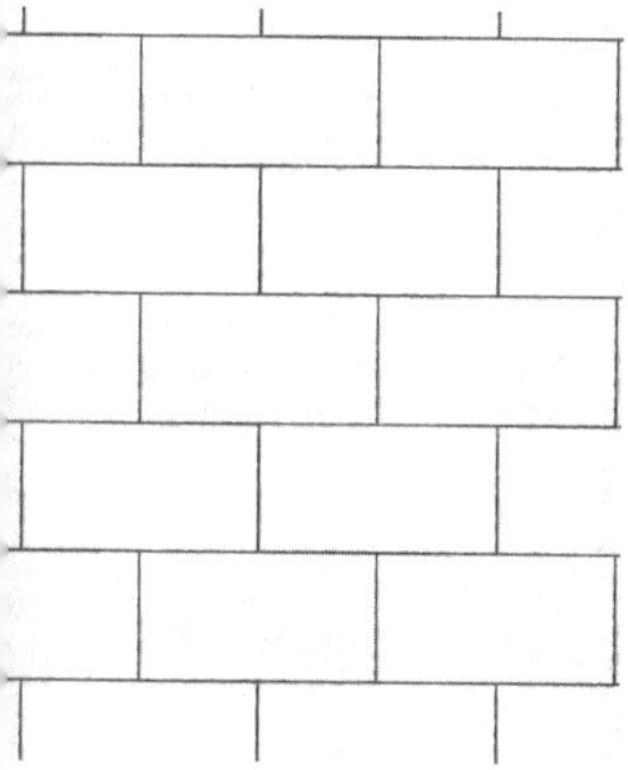

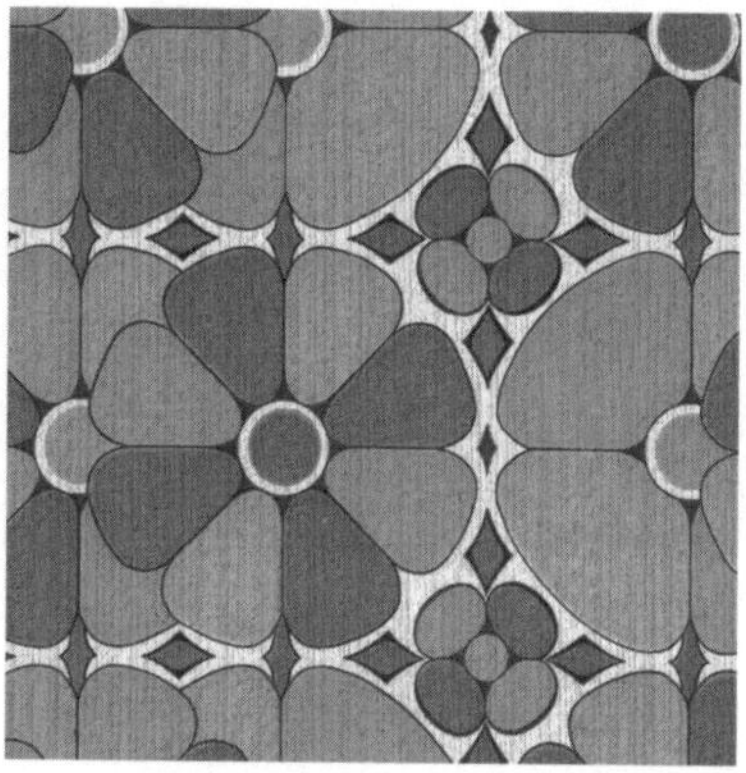

## □国産壁紙の特徴

国産壁紙のほとんどは、表面が塩化ビニール製（ビニールクロス）、裏面が紙でできています。リーズナブルで耐久性が高く、水濡れや油汚れに強いのが特徴で、輸入壁紙と比べ無地などベーシックな色柄のものが中心です。90㎝ほどの幅のものが一般的です。

## □輸入壁紙の特徴

海外で作られている壁紙は、表面が不織物（フリース）でできているものが多くあります。古くから普及してきたのは紙でできた壁紙です。国産に比べて個性的なデザインが多く、色柄でアクセントを加えたい、海外風のインテリアを目指したいという人におすすめです。幅は50～60㎝ほどと国産壁紙に比べて細く、扱いやすいのが特徴。のりがついたものは無く、接着剤を選んで貼ることになります。

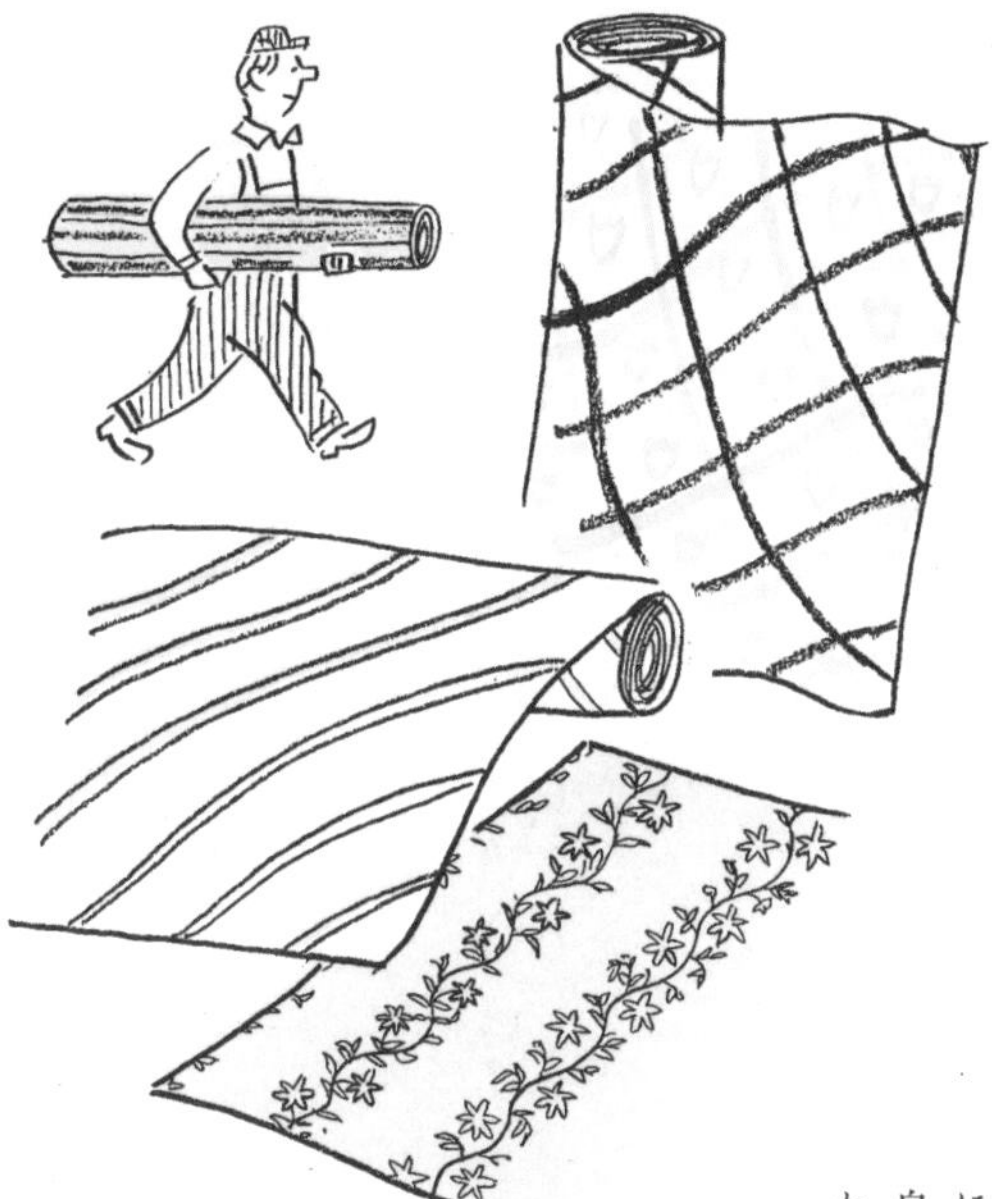

## 国産壁紙 生のりつきタイプ

裏面に生のりがついているタイプは、保護フィルムを剥がすだけですぐに貼ることができます。のりが乾くまでは、貼り直しが可能で、現状の壁紙に重ね貼りできるタイプもあります。ただし、のりでしっかりと貼りつけるので、きれいに剥がすのは難しく、原状回復には不向きです。購入したら2〜3週間でのりが固くなってしまうので届いたらすぐに作業する必要があります。

## のりなしタイプ

裏面にのりがついていない壁紙は、接着する素材を自分で選べるのが利点です。強力なのりを使ってしっかり貼ることもできますし、既存の壁紙の上から貼って剥がせるのりを使って貼ることもできます。原状回復したいなら、剥がせる両面テープを使う方法もあります。壁だけでなく、小物に貼ったり、撮影用の背景紙に使ったりもできます。また、自分の好きなタイミングで貼れるのも利点です。

## シールタイプ

手軽に貼れるシールタイプの壁紙が増えています。貼って剥がせる粘着力のものも多く、気軽に使うことができます。「リメイクシート」、「はがせるシール壁紙」と呼ばれるのもこのシールタイプの壁紙です。タイル柄をはじめさまざまな色柄質感のものがあります。正方形になっていてパッチワークのように貼れるものも。

# 93 — 塗装壁の汚れをきれいに

日本の家の壁はビニールクロス貼りの仕上げが一般的ですが、最近はペンキなどによる塗装壁も増えてきています。欧米のドラマでは、壁のペンキを塗り直しているシーンをよく目にします。主に欧米では、家のメンテナンスは自分たちで行うDIY文化があります。壁の塗装も自力で塗り直してアップデートして自分好みに仕上げます。日本にも砂壁や漆喰壁など塗りの壁はありますが、現代の賃貸住宅で塗装壁はなかなか見かけませんね。「いつかは自分の手で育てていける塗りの壁を……」と憧れている人もいるのではないでしょうか。

メンテナンス性に優れた塗装の壁ですが、塗料によっては汚れやすい一面も。メンテナンスの方法をチェックしておきましょう。汚れたときは、固く絞った雑巾で水拭きを。消しゴムで落ちる汚れも多くおすすめです。洗剤は塗料を溶かしてしまうことがあるので、使用はおすすめしません。メラミンスポンジで落とせる汚れもありますが、塗装の層も削れてしまうので要注意。落ちない汚れが増えてきたら、思い切って塗り直すとすっきりします。穴や凹みがあるときは、塗る前に補修しておきましょう。

**◎塗り直し用の塗料を選ぶ**

内装には水性塗料を使用するのが一般的。難しいのは、現状の壁と同じかできるだけ近い色の塗料を選ぶこと。また同色でもツヤありとツヤなしがあり、雰囲気が異なるので気をつけて。サンプルを販売しているメーカーもあるので、迷う場合は活用しましょう。

ただ、元の壁と同じ塗料を使っても、時間が経った部分と塗りたての部分とではどうしても色味に差が出てしまいます。気になるようなら、補修したい部分だけでなくある程度広い範囲を塗る、あえて違う色を塗ってツートンカラーにするといった方法がおすすめです。

**［凹みや隙間を補修する方法］**

**◎パテで凹みや割れを埋める**

壁補修用のパテで穴を埋め、1日置きます。乾いてパテの質量が減り、周りの壁との段差ができた場合はもう一度パテを塗り重ねて。しっかり乾燥させたら、やすりをかけて平たくならします。この工程を丁寧に行うほど、なめらかに仕上がります。

**◎ヒビを補修する**

壁材に使用しているボードのつなぎ目に、ヒビが入ってくることがあります。その場合はヒビの部分にメッシュ状のジョイントテープを貼ってから、隙間に補修用パテを塗り込みましょう。パテが乾いたら、凹みのときと同様にやすりをかけて平らにします。

**◎入隅の境目を補修する**

入隅にできた2～3㎜の隙間は、パテではなく市販の穴埋め材（コーキング材）でふさぎましょう。乾くとゴム状になります。

# 94 — 壁を塗るための養生をする

壁の塗りかえは、部屋の雰囲気をガラリと変えることができる楽しいDIYです。自分で塗るのは難しいと思うかもしれませんが、少しくらいムラになっても意外と気にならないもの。ムラやはみ出しよりも、ペンキや塗料がついては困る部分をマスキングテープやビニールで覆う「養生」を丁寧にすることが大切です。養生8割・塗り2割という気持ちで、時間をかけてしっかり準備しましょう。

養生をはじめる前に、家具は部屋の中心か片側に寄せておきます。こうすることでまとめて覆いができます。また、塗る場所はきれいに拭いて、ほこりや汚れを取り除いておきましょう。コンセントやスイッチのカバーは上から養生することもできますが、外せるなら外しておいたほうが安心です。

［用意するもの］
マスキングテープや養生テープ（幅が太めのもの）、養生シート（ビニールシート）やマスカー（養生シートつきの養生テープ）、ハサミ

1 家具や家電をまとめて養生シートで覆います。

2 カバーを外したコンセント部分は、上から養生テープを貼ります。

3 窓やドアの枠など細かいところは、マスキングテープで丁寧に覆います。テープが浮いているところがないようしっかり手で押さえましょう。こうして細部をきれいに保護することで完成度が高まります。マスキングテープの上からマスカーや養生シートを貼って隠したい部分を覆います。

4 巾木は、壁との間を髪の毛1本分だけ残してマスキングテープを貼り、上からマスカーを貼って床のほうに広げます。巾木と壁との間を残さず完全にカバーすると、塗り終えたとき下の壁色が残って目立つので注意しましょう。

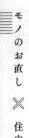

95

# 壁をペンキで塗りかえる

丁寧に養生したら、いよいよペンキで塗っていきます。まずは、汚れてもいい服に着替えてください。養生とは違い、塗る作業は一気にやります。塗りはじめは「失敗したかな?」と不安になるかもしれませんが、二度塗りすればきれいになるのでご安心を。塗料はにおいが少なく初心者でも扱いやすい、水性ペンキがおすすめです。

なお、壁塗りは気軽にチャレンジできますが、天井を塗るのは至難の技。天井は、プロに任せることをおすすめします。

**［用意するもの］**

水性ペンキ、塗料用バケツ（バケット）、ハケ、ローラー

**［塗る前の準備］**

◎気になる凹凸をカバー

画鋲や釘の穴は、穴埋めパテなどを使ってふさいでおきます。

◎ハケの毛を整える

新品のハケは毛が抜けやすいので、最初に落としておきます。柄をクルクルと回してから、浮いてきた毛をやさしく指でしごき取ります。さらに、荒めの紙やすりなどをなでておくと安心です。

◎ペンキを撹拌する

水性ペンキは使用前によく攪拌しておきます。フタがしっかり閉まっていることを確認してから、30秒ほど上下によく振りましょう。次に缶を逆さにして、フタを押さえながらさらに30秒ほど振ります。

［ペンキの塗り方］

**1** 塗料用バケツにペンキを注ぎ入れます。

**2** マスキングテープを貼った部屋の角や枠の部分から、ハケで塗っていきます。それほど神経質にならず、ざっと塗れたら大丈夫。抜け毛がついたときは、指で取らずにハケを縦にしてなでるとくっついてきます。

**3** 壁の端のほうから、ローラーで上から下へ塗っていきます。ローラーの柄は、壁に対して45度くらいで持ちましょう。

**4** 壁全体を塗れたら、1時間ほど乾燥させて重ね塗りをします。その間、ハケやローラーは乾燥しないよう塗料用バケツに入れ、そのままビニール袋に入れて口をしばっておきましょう。

**5** 1回目と同じように、ハケとローラーで壁を塗り進めます。

**6** ある程度乾いてきたら、塗った面に触らないよう注意しながら養生を外します。最後によく換気をしましょう。

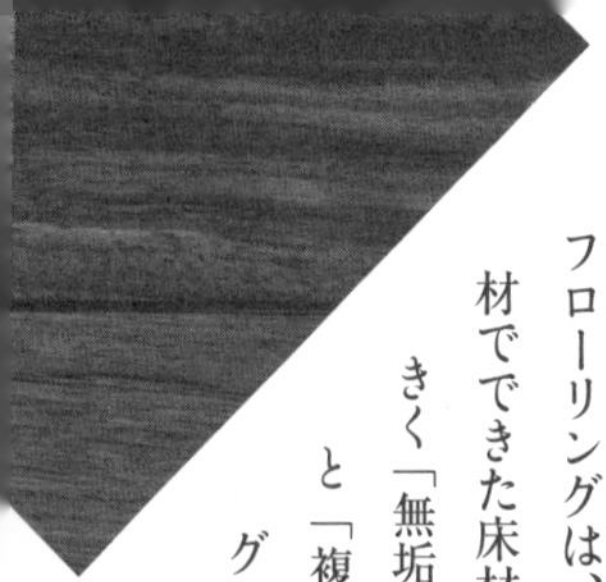

# 96
# 床材の種類を知っておく

床が汚れたり擦れたりして何か対策したいと思ったときに、そもそもこの床は何でできるの？　という疑問がわくかもしれません。日本の住宅で代表的な床材は3種類。フローリング、クッションフロア、フロアタイルです。

フローリングは、木や木質系素材でできた床材の総称で、大きく「無垢フローリング」と「複合フローリング」に分かれます。無垢フローリングは、天然木をそのまま板材にしたものを張った床で、木の質感や調湿・保温効果を享受できる本格派。憧れの存在といえますが、高価で、手入れの手間がかかります。また、水などをこぼすとすぐにシミになるので、こまめなケアが欠かせません。

もうひとつの複合フローリングは、薄くスライスした木材（突板）を合板の表面に貼りつけたものを使った床です。賃貸住宅でよく使われています。表面は樹脂加工されていることがほとんどで、つやつや光っているなら複合フローリングの可能性大。暮らしていくうちに表面のワックスが剥がれてきて汚れが目立つようになります。ワックスの剥がれを放置したままでいると、椅子などで擦れて表面の突板が剥がれてくることもあるので、定期的にワックスの塗り直しが必要です（P164参照）。

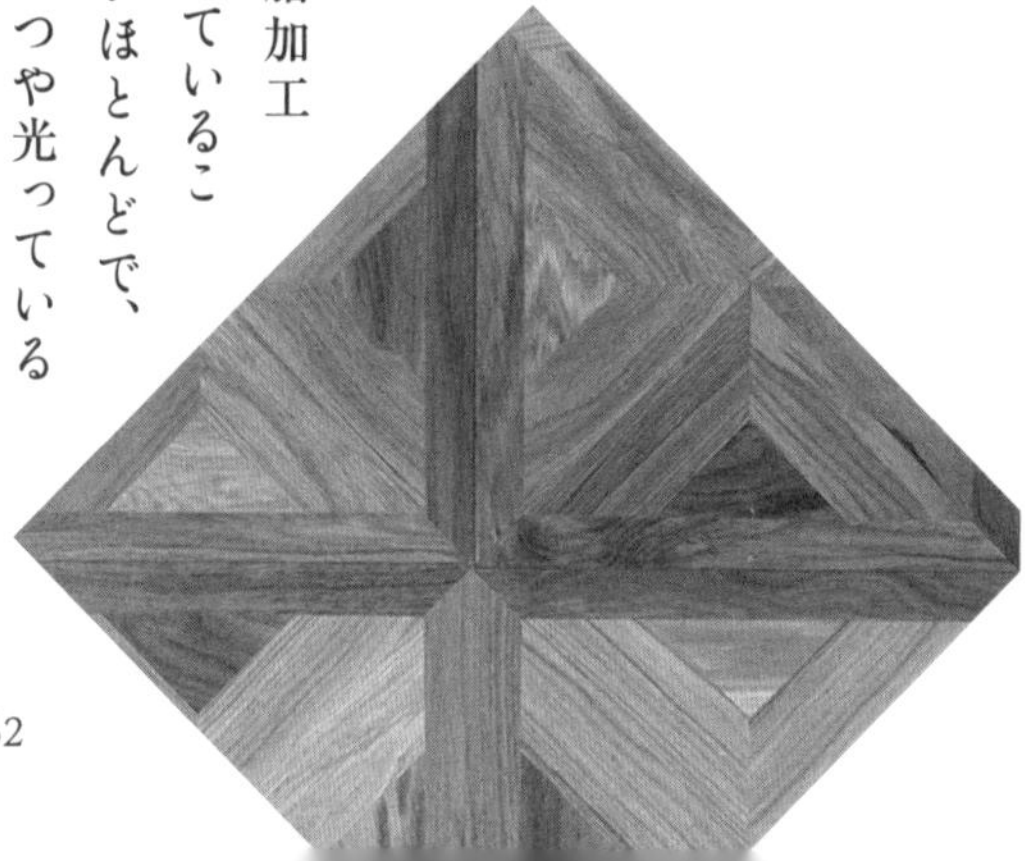

「木目があるしこれはフローリングだよね」と思っていても、その床、実際は木ではなく合成樹脂かもしれません。可能性が高いのはクッションフロアです。木材を模したプリントのものも多くあり、耐水性があるので賃貸マンションの水回りなどでよく使われています。その名の通りシート状になっていて、比較的安価に貼ることができます。質感がふかふかしているのが特徴で、よく見れば木ではないことがわかります。シート自体がめくれてきたり、表面が凹んだりと劣化が早い素材でもあります。

硬くて本物と見分けがつかないリアルな床材の場合は、フロアタイルかもしれません。塩化ビニル製の薄いタイルで、さまざまな木目・色・質感のものが揃っています。デザインが豊富で、大理石やコンクリートそっくりのものも。耐久性が高く、土足ＯＫの店舗でも多く使われています。厚くないので現状の床に重ね張りでき、接着剤を使わないものなら賃貸住宅でも退去時きれいに元に戻せます。

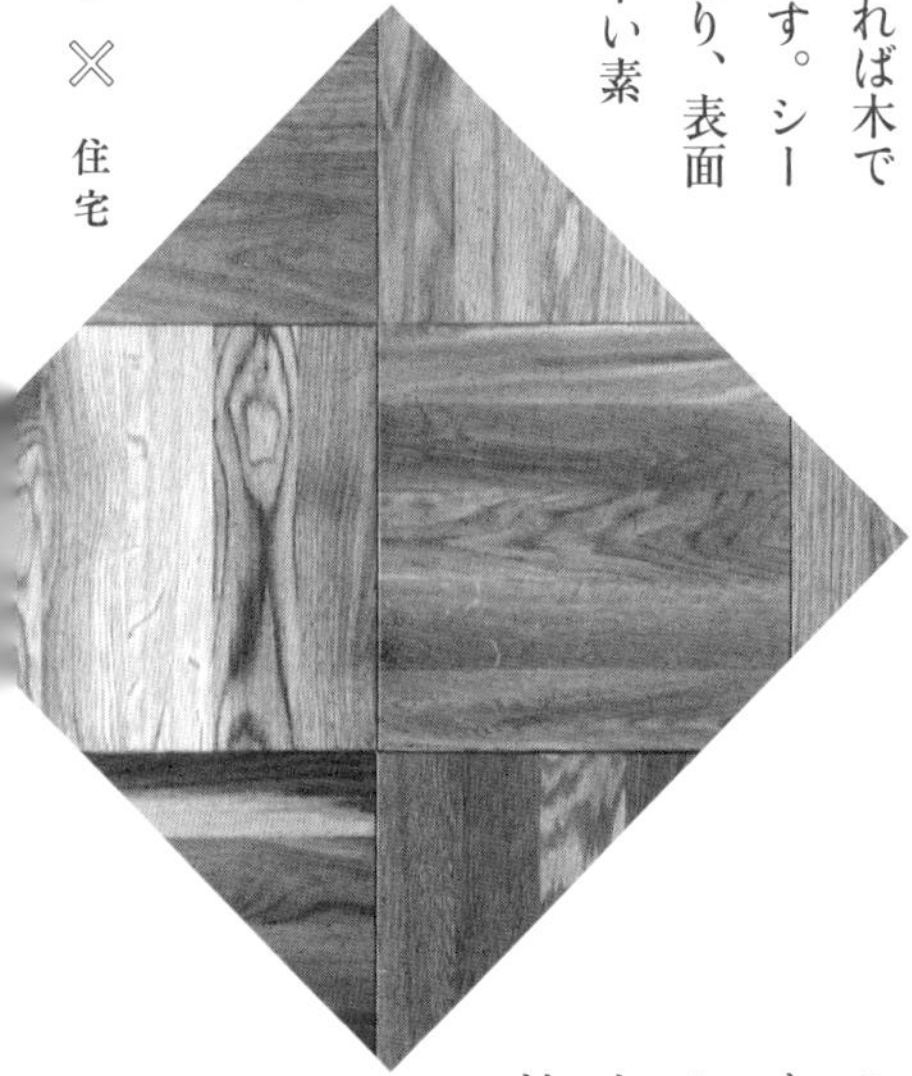

クッションフロアより高級感がありますが、価格もクッションフロアよりは高くなります。部分的に汚れてしまうことがあっても、予備のタイルがあれば部分的に張りかえられるのも利点です。

ご自宅の床材の正体はわかりましたか？ 修繕するにも、張りかえするにも、素材の見極めが大切。家の中を「これは何の素材なのかな？」という視点で見てみると修繕計画も楽しくなってきますよ。

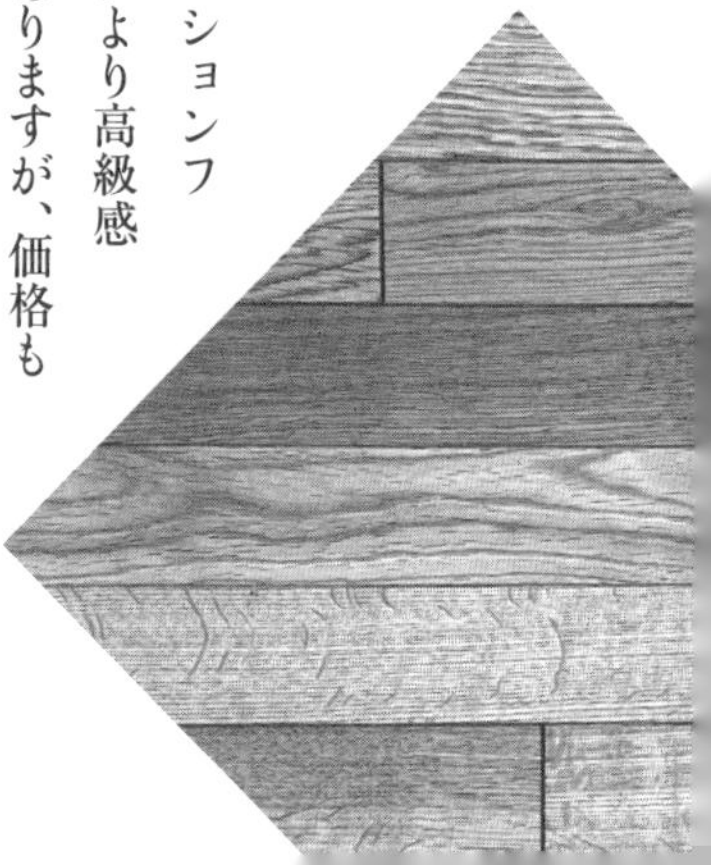

# 97 — 床のワックスを塗り直す

床材の正体がわかったら（P162参照）、さっそくケアをしていきましょう。

表面にワックスが塗られた複合フローリングの場合、暮らしていくうちにワックスがこすれて薄くなっていきます。定期的にワックスを上から重ね塗りすることで保護力をキープすることができます。使用できるワックスは、フローリングの材質や塗装によって異なりますが、ウレタン樹脂塗装が施されたものの場合は、水性・樹脂ワックスを使用しましょう。ツヤあり・ツヤなしをはじめ、耐久性を高めるものや床を滑りにくくするものなど、さまざまな商品があるので、目的に合わせて選んでください。塗り直しには、天気がよく暖かい日が最適です。気温や湿度が低い日は、表面が白くなってしまうことがあるので避けましょう。

［ワックスがけの手順］

1 掃除機をかける

掃除機をかけて、床に落ちたほこりや髪の毛を丁寧に取り除き

ます。

**2** 床を清掃する

床用洗剤を使って、床の汚れや油分をしっかり落とします。洗剤の成分が残らないよう、仕上げに水拭きします。

**3** 床を乾燥させる

30分ほど置いて、しっかり床を乾燥させます。水分が残ったままワックスを塗ると、ムラができたり表面が白くなったりすることがあるので注意してください。

**4** ワックスを塗る

バケツなどの容器にワックスを入れます。布に含ませて軽く絞ってから、木目に沿うようにして薄く塗り広げてください。雑巾を使ってもOKですが、ワックス用のモップやワイパーにつけるシートタイプを使うとムラになりにくいのでおすすめです。また、塗った部分を踏まないように、部屋の奥から出入り口の方へ、後退するようにしながら塗っていきましょう。

以上が塗り直しの手順ですが、何度も塗り重ねていくうちに汚れが入り込んで黒ずんでしまうこともあります。また塗り直しが間に合わず、部分的に剥げてきてしまうことも。そうなると、一度ワックスを剥離してから再度塗り直しが必要になります。市販の剥離剤を使えば自分で剥がすことができますが、大掛かりなので業者に相談するのも一案です。

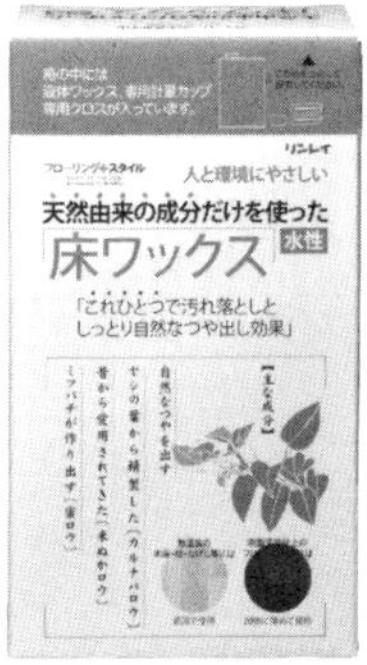

98

# 無垢フローリングにオイルを塗り直す

天然木を使った無垢フローリングの場合、木材の風合いや木目の質感、肌触りのよさなどをいかすために表面を樹脂で覆うような加工はせず、オイルで仕上げるケースが一般的。こうしたフローリングの手入れや修繕には、やはり油性オイルや家具用の蜜蝋ワックスを使用します。無垢材の木目や風合いを際立たせながら、傷や汚れから守る効果を得ることができるからです。

ツヤがなくなり、触ったときにカサカサしていたらメンテナンスのタイミング。床全体を塗り直さなくても、表面が荒れやすい窓際やダイニングテーブルの下など、部分的に塗るだけでもOKです。特に気にならなくても、年に1度はオイルを塗り重ねるといいでしょう。オイル塗料にも多彩な商品がありますが、フローリングにもともと塗られているものと同じものを使用すると安心です。

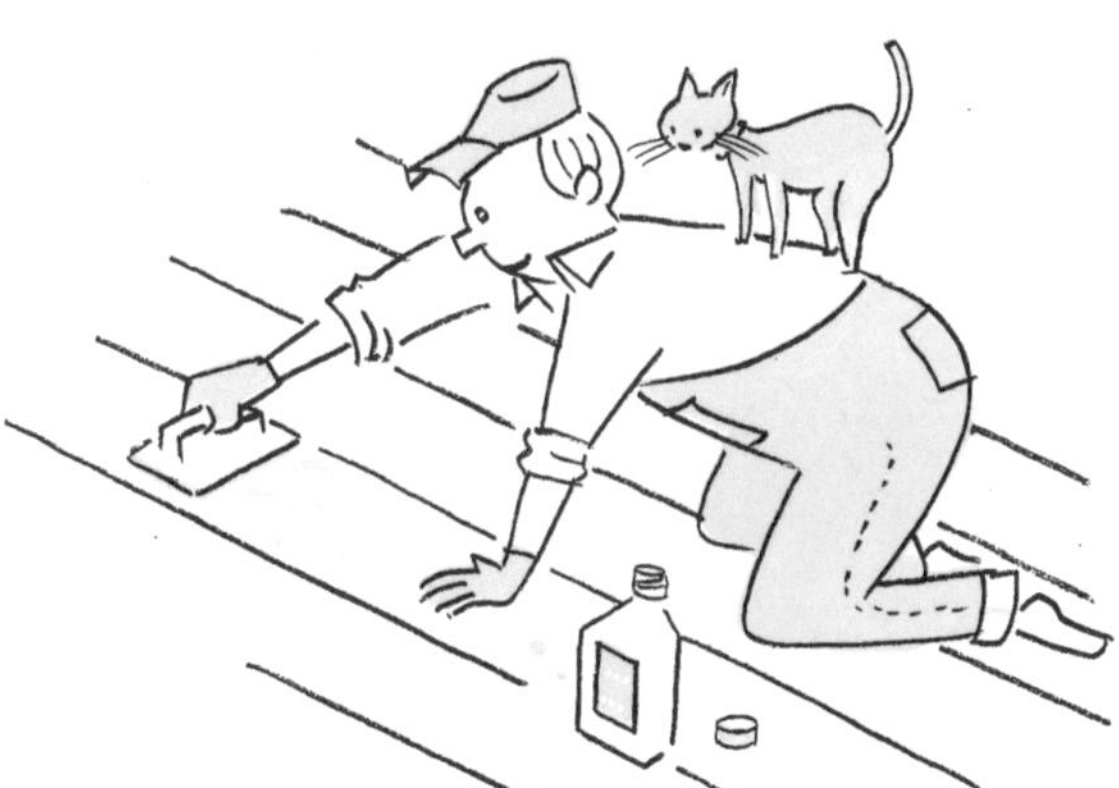

# 99 — フローリングは重ね張り(上張り)を検討する

フローリングが傷んでしまったとき、自力で古いものを剥がして新しく張りかえる作業は、不可能ではありませんがとても大変です。たとえ剥がせても、古い床材をどう廃棄するかという問題もあります。DIYの場合、張り替えよりも「重ね張り」がおすすめ。古いフローリングの上に新しい床材を張るだけなので、初心者でも挑戦しやすい手法です。接着剤が不要なフローリング材も売られており、それを使えば賃貸住まいでも大丈夫というのは重ね張りの大きなメリットです。畳敷きの部屋でも畳の上から施工できます。

ただし、重ね張りにも失敗やデメリットはあるので要注意。よくあるのが、新しいフローリングの分、床が高くなってドアが開かなくなるという失敗です。ドアが引っかからないまでも、段差ができるとつまずきやすくなる可能性が生じます。特に無垢フローリングの場合はしっかり厚みがある材が多いので注意しましょう。

一方、フロアタイルは薄いので重ね張りにもってこい。本物の木にこだわりがなければ、はめ込むだけでよいタイプもあり、畳の上からでも設置できます。

高さの問題以外にも、重ね張りは古いフローリングにカビが生えたり、下地材が劣化して音鳴りが起こったりする可能性もあります。部屋の状態をしっかり把握したうえで、重ね張りするかどうかを検討しましょう。

# 100 — フローリング・フロアタイル・クッションフロア DIY張りかえの流れとポイント

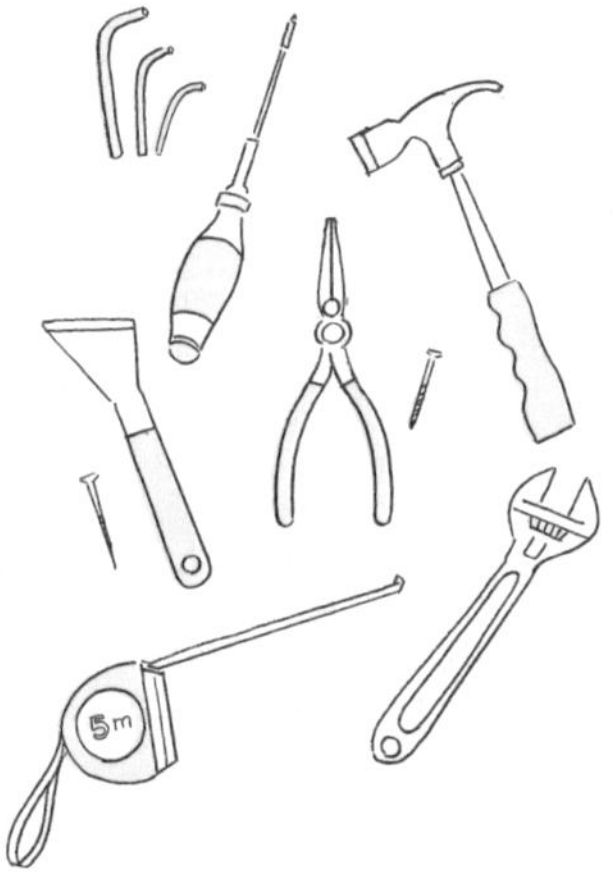


傷だらけになった床材を変えたい。DIYに挑戦してみたいけど、どこまで自分でできるかわからない。そんな方も多いのではないでしょうか。ここでは、床の張りかえはそもそもどのくらい難しいのか、どんなところがハードルとなるのかを床材ごとに見ていきましょう。

◎フローリング

前述したように、古いフローリングを剥がす場合、その手間とともに廃棄が大変です（P167参照）。また剥がした下側の状態によっては、断熱材や下地合板の取りかえなどの追加作業が発生する場合もあります。ケースバイケースで対応が必要です。

貼り方は「定尺張り」、「乱張り」、「ヘリンボーン張り」などさまざまですが、基本は「サネ」と呼ばれる凹凸をはめ込みながらフローリング材を繰り返し敷き詰めていく方法を取ります。はじめてのDIYには、接着剤不要なタイプがおすすめ。難易度が高いのは、半端な寸法部分にフローリング材がはまるようカットすること。寸法を測って電動のこぎりでカットします。

の丸ノコがあるとスピードアップします。

◎クッションフロア

クッションフロアはやわらかなシート状のもので、貼りやすいですが、ボンドを使って貼るのが一般的なため、古いものを剥がしたとき下地にボンド跡などが残ります。新しく貼る前に、汚れや残りをヘラなどで削って平らにする工程が必要です。また穴や傷など凹みがあったら下地材で埋めてならします。手間のかからない重ね貼りもできますが、一時的な模様替え用途に使われることが多く、両面テープ等で接着すると原状回復できます。玄関のたたきなど、まずは狭い面積のところで試してみては。

もうひとつ難しいのは、柱など壁の凸凹に沿ってクッションフロアを切る工程。カッターに加えて巾定規というアイテムがあると、凹凸に沿ってカットするのにとても便利です。

◎フロアタイル

手軽にできる床のＤＩＹという点でいうと、フロアタイルに軍配が上がります。現在の床の上に重ね張りしてもよいですし、モルタル下地の上に直張りすることもできます。接着剤が不要なタイプなら、元の床をきれいに掃除して上に並べて置くだけ。フローリングの場合は難関となる半端な寸法部分も、定規を使ってカッターで切れ目を入れることできれいに切り離せます。また、取り外すときも接着剤無しなら手間いらずで原状回復できます。

# 101 ― 外壁の補修をする

住居の外壁には美観を保つだけでなく、雨や紫外線から保護するという役割もあります。色褪せや剥がれ、ヒビ割れなどを見つけたら、家を守るためにも塗りかえを検討しましょう。

階数や家の大きさにもよりますが、外壁の塗り替えを専門業者に依頼すると１００万円以上かかるのが一般的です。高いところは当然手が届かないため、足場の組み立てが必要で、だいたい予算は15～20万円ほど。外壁の塗りかえは自治体による助成金がおりるケースもあるので、検討している人は調べてみましょう。地元の業者だと補助金に詳しいところもあるでしょう。

それでもやはり高いので、コストカットのためにＤＩＹで行いたいと考えるかもしれません。平屋であれば不可能ではありませんが、１ヶ月以上は時間がかかり、塗料や道具をそろえるための費用もかかります。また、劣化が早く数年で剥がれてきてしまうことも。ＤＩＹに挑戦する場合はそうしたデメリットを理解し、手順を十分に調べたうえで行いましょう。

ヒビや傷は、放置すると雨水などが浸透して家が劣化する原因に。屋外用のコーキング剤で隙間を埋めましょう。コーキング剤を充填した後、ヘラで平らにならします。

## 102 — 網戸を張りかえる

換気をしているとき、虫やゴミが部屋に入るのを防いでくれる網戸。よく見たら網がたるんでいたり、端にほころびがあったりしませんか？使っているうちに前よりほこりが溜まりやすくなってきたら張りかえのタイミングです。プロに頼むのもよいですが、道具さえ揃えれば自力でも意外と簡単。道具も手頃な価格で販売されているので、チャレンジしやすいDIYです。

網は一般的なグレーやブラックのほか、室内を見えにくくしてくれるタイプやペットの引っ掻きに強い素材、網目の細かさの違いなどさまざまな商品があります。ライフスタイルに合ったものを探してみてください。

網戸は、サッシにある溝に沿って網をゴムで押さえつけることで網を張っています。この押さえるためのゴムと、ローラー、仮留めのためのクリップ、そして新しい網があればOKです。

**1 古い網を外す**

網戸を外したら、網押さえゴムのつなぎ目を探して引っ張り出します。

**2 新しいゴムと網をカットする**

古いゴムよりも10cm程度長くして新しいゴムをカットします。新しい網も溝の位置より少し大きめにカットします。

**3 新しい網をセットする**

クリップや洗濯バサミを使って、新しい網を枠に固定します。網目と溝が平行になるようにしましょう。

**4 ローラーでゴムを押し込む**

ローラーを使って、新しい網押さえゴムを押し込んでいきましょう。

**5 余分な網とゴムをカットする**

たるみなく網が張れているか確認します。問題なければ余ったゴムと、余分な網を切り取ってください。

103

# 切れた電球をかえる

電球を交換するとき、もっとも失敗しやすいのが新しい電球の購入です。取り外した古い電球の型番をカメラやスマートフォンなどで撮影しておくと安心です。

実際に電球をかえるときは必ず電源を切り、ブレーカーも落として作業してください。また高い場所の電球をかえるときは、脚立やステップのように足場がしっかりした台に乗ると安心です。回転椅子など、不安定なものを使うことはやめましょう。

◎電球の種類

電球の種類は白熱電球、蛍光球、LED電球の3つに大別されます。おすすめは消費電力が低く長持ちするLED電球。購入時は高く感じるかもしれませんが、電気代を考えると圧倒的にLED電球がお得です。

◎サイズ

「E」の後に続く数字は、口金の直径を表しています。一般的なサイズはE26かE17。わからない場合は口金を測ってみましょう（26㎜ならE26）。

◎消費電力と明るさ

白熱電球はワット数（W）で表される消費電力が明るさの指標にもなっていました。LED電球は、商品ごとに明るさの単位であるルーメン（lm）が表示されています。

# 104 — 配線を整理する

デスク周りを中心にごちゃつきがちな、電子機器の配線。整理しないまま放置していると、電源コードやコンセントの隙間にほこりがたまり、火災の危険性が高まります。また剥き出しのコードやケーブルに足をひっかけて、ケガをしたり断線したりする危険も。安全で快適な暮らしを守るために、配線はすっきり整えておきましょう。

配線の数が多かったり、長すぎて邪魔な場合は、軽くまとめておくとすっきりします。コードクリップやマジックバンドでやさしくまとめましょう。ただし、無理に折り曲げたり、結束バンドで強く締めつけたりするのは絶対にやめてください。火災や故障の原因になりかねません。コードやケーブルを隣室まで通す場合は、壁や家具に這わせて固定すると邪魔になりません。ケーブルフックを使うと、まとめたケーブルをかけておくことができます。また、配線を壁に沿わせてカバーする配線モールも、掃除がしやすくなるのでおすすめ。意外と簡単に取りつけられます。

収納型の配線のほか、電源タップやルーターもまとめたい場合には、ケーブルボックスを活用する手もあります。問題は熱がこもりやすくなること。できるだけ通気性がよい商品を選び、無理に押し込んだりせずゆとりをもって使うようにしましょう。タコ足配線は絶対に入れないでください。また、机の裏などに取りつけられるケーブルバスケットを使うと、配線を隠すと同時に浮かせることができます。

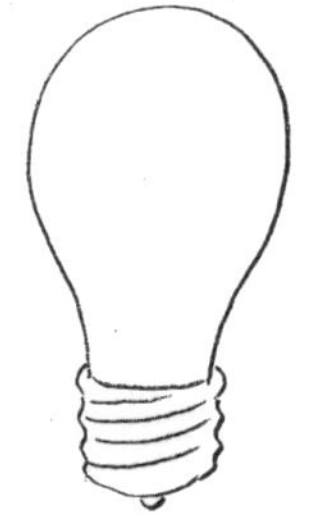

［ケーススタディ］

# 服を選ぶように もっと気楽に壁紙を選んでほしい

CASE STUDY 04

日本の住宅の壁といえば白いビニールクロスが一般的ですが、もっと自分らしく楽しい空間を作りたいと思いませんか？ 国内外の壁紙を多数取り揃える壁紙専門店「壁紙屋本舗」の店長・林さんに、壁紙選びの楽しみについてお聞きしました。

壁紙屋本舗 店長

林 耕一郎さん

「白い壁紙のままでずっと暮らすのは、白いシャツを一生着ているようなもの。もっと色々な洋服を選ぶような感覚で、自由に壁紙を選んでみてほしいですね」そう話すのは、壁紙専門店の店長である林さん。シンプルな壁紙がポピュラーな日本では、インパクトの強い壁紙は飽きやすいと思われがちですが、印象に残る柄は「空間のアイデンティティ」になるといいます。

「子どもは子ども部屋に貼られていた壁紙を大人になっても忘れない、という話があります。それだけ壁紙は目にするものですし、柄があると印象に残りやすくなります。ですから、子どものための空間を作るなら、本人に壁紙を選ばせてあげるといいですよ。賃貸だと壁紙は変えられないと思うかもしれませんが、いまの壁紙の上から新しい壁紙を貼れば、原状復帰できるもの

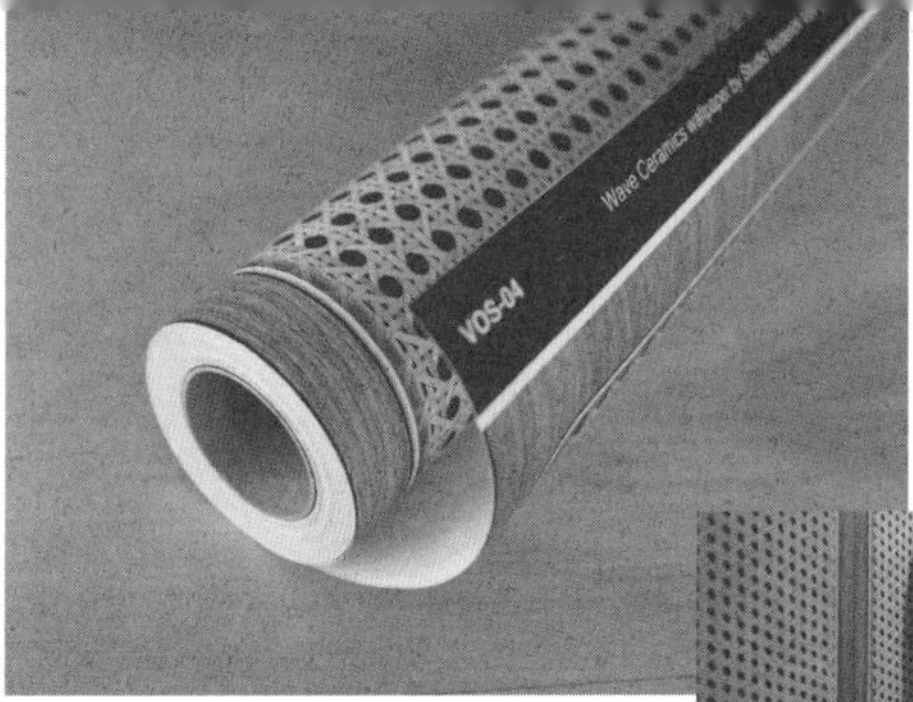

林さんのご自宅トイレ。壁紙業界を牽引するというオランダのブランド「NLXL」より籐編み（ラタン）をリアルに再現した壁紙をセレクト。印刷技術の向上で触らないとわからないほどリアルな壁紙も増えている。

もあります」

既存の壁紙の上に重ねて壁紙を貼るならば、おすすめは輸入壁紙の多くをしめる不織布（フリース）の壁紙、と林さん。水分量によって伸び縮みするパルプ（紙）を裏紙に使った国産の壁紙は、しっかり貼るのに強力なのりが必要。そして剥がすときに裏紙が壁に残るため、原状復帰には不向きです。一方、丈夫で伸縮しにくいポリエステル繊維が含まれるフリースの壁紙は、弱めののりで接着可能。剥がしても裏紙が残りにくく、原状回復しやすい壁紙です。さらに塩ビでできたビニールクロスよりも環境への負荷が低いとあって、ドイツでは壁紙の大半はフリース製。最近は日本製のフリース壁紙も少しずつ出てきています。

「ヨーロッパはインテリアの文化が成熟しています。特にイギリスのように建築様式が石造りで地震も少ない国は建物をスクラップ&ビルドすることが少ないので、特に内装にお金と時間を費やすことができるのでしょう。インテリアファブリックも壁紙はもとより、カーテンや椅子生地にいたるまで、とても豊富な品揃え。マダムたちは街の中心にあるお店で熱心に生地を選んでいます。日本では新築信仰が強く、家を買うのにローンを組み、購入したらそれで終わり。膨大なイニシャルコストで継続的に内装をよりよくなるように手を入れていく予算は無い、ということも多いですよね。ただ、日本でも徐々に考え方は変わってきていると思います。内装に手間ひまをかけ、自分の好きな空間を作り上げて暮らしたいという人も増えています。食事や衣類に比べて後回しになりがちな住環境ですが、ぜひ、1枚の壁紙から自分らしい暮らしを見つけてほしいと思います」

### ［林さんに聞いた壁紙DIY成功のポイント］

**サンプルを試すべし！**

リメイクシートなどシールタイプの壁紙でも、モノによって粘着力の強弱があります。原状復帰のために弱めのものを選んだらすぐに剥がれてきてしまった。逆に剥がすときにきれいに剥がれなかったということもありえます。壁の下地の状態は千差万別なので、必ずサンプルを取り寄せて、事前に検証することをおすすめします。

**フリース壁紙がオススメ！**

DIY初心者には、貼りやすくはがしやすいフリース壁紙がオススメです。ヨーロッパを中心とした諸外国では主流になっている素材で、日本製も少しずつ流通しはじめています。前述したように重ね貼りにも適していて、国産のビニールクロスよりも幅が狭いものが多く取り回しが容易です。また〝ミミ〟と呼ばれる部分がないのでつなぎ目の処理も簡単です。

**実はのりを使った方が直せる！**

手軽で人気なシールタイプの壁紙。確かにのりや塗る道具が不要で手軽なのですが、少しのズレを調整するためにすべてを剥がす必要があるなど、実はきれいに貼るのが大変な面もあります。生のりつきや、自分でのりを塗るタイプの壁紙は面倒に思いがちですが、乾くまでなら少しのズレを直すのも容易で、融通がききます。

# 二

# 〝作りかえる〟楽しみ

モノに手を加えることで、新しい価値を生み出しましょう。金継ぎや染め直しなど、元のものよりぐんと愛着がわくお直しも少なくありません。細々とした小さな手仕事のほか、プロに頼むリメイクや、家のDIYのヒントもご紹介します。棚を作りつけたり、塗料を塗ったり。自分の生活空間を自分の手で仕上げてみましょう。

105 うつわを金継ぎで修復する▶196

# 〝金継ぎする〟

111 衣類を染め直す ▶P204

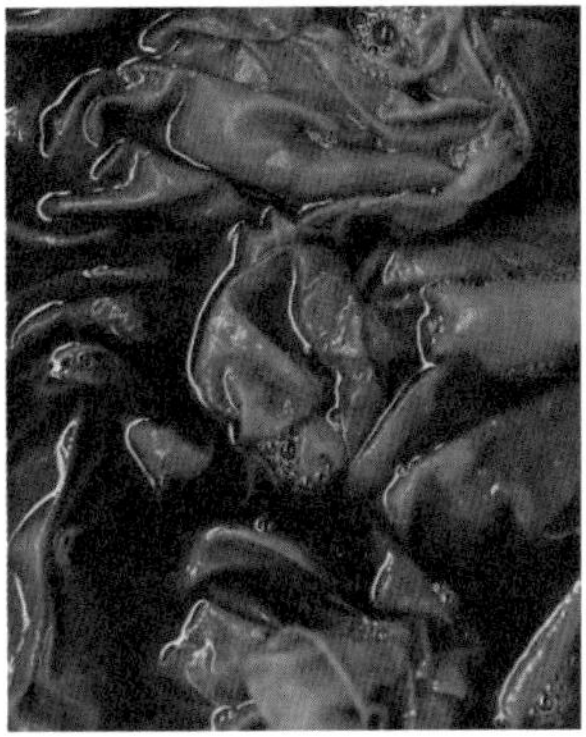

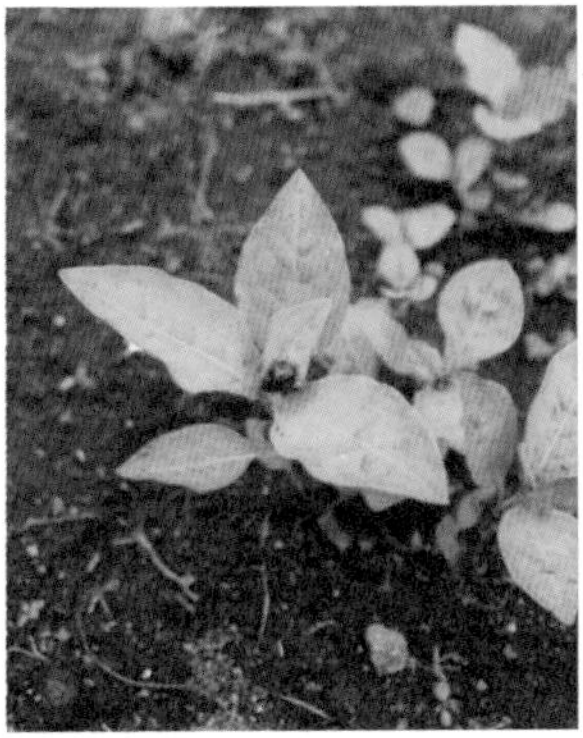

121 古いタオルで雑巾を縫う▶P222

127 みかんの皮を乾燥させて
保存する▶P229

〃作りかえる〃

112 刺し子を
する▶P206

110 お気に入りの布や紙を暮らしの中で使う▶P203

122 古着やシーツで布ぞうりを作る▶P223

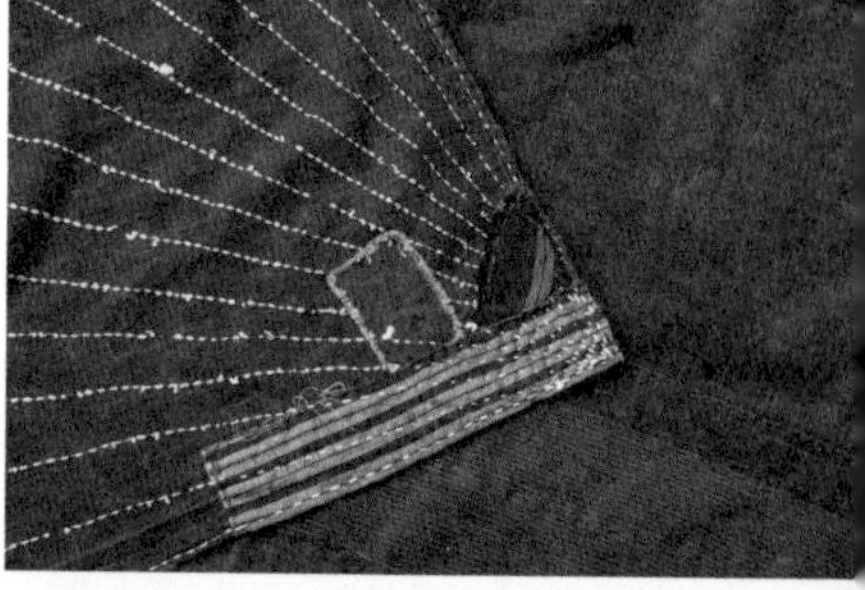

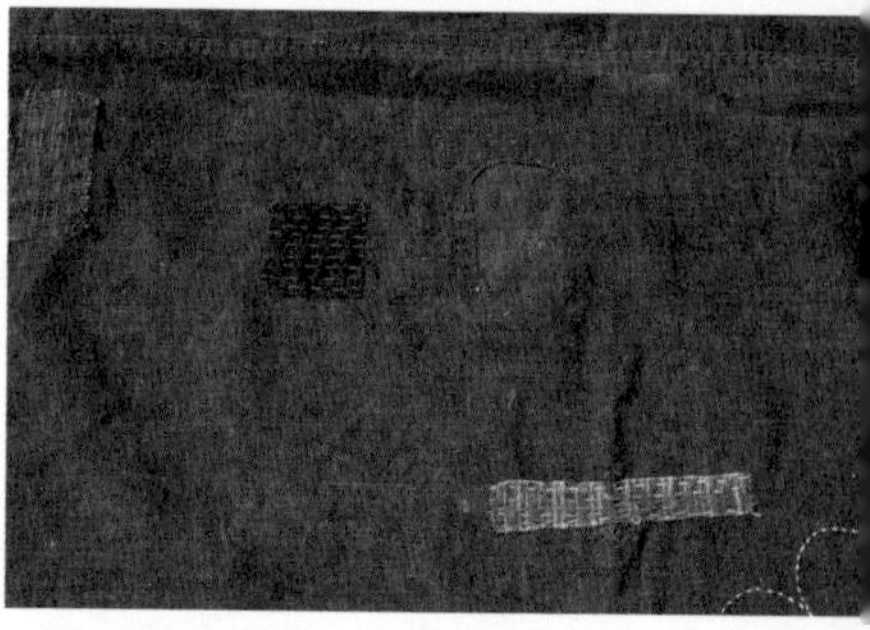

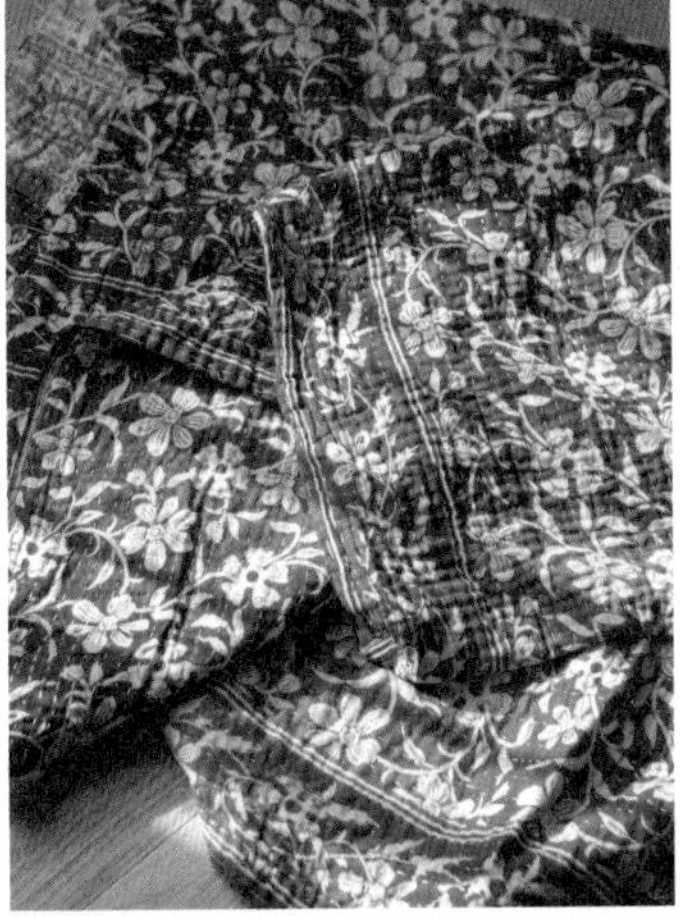

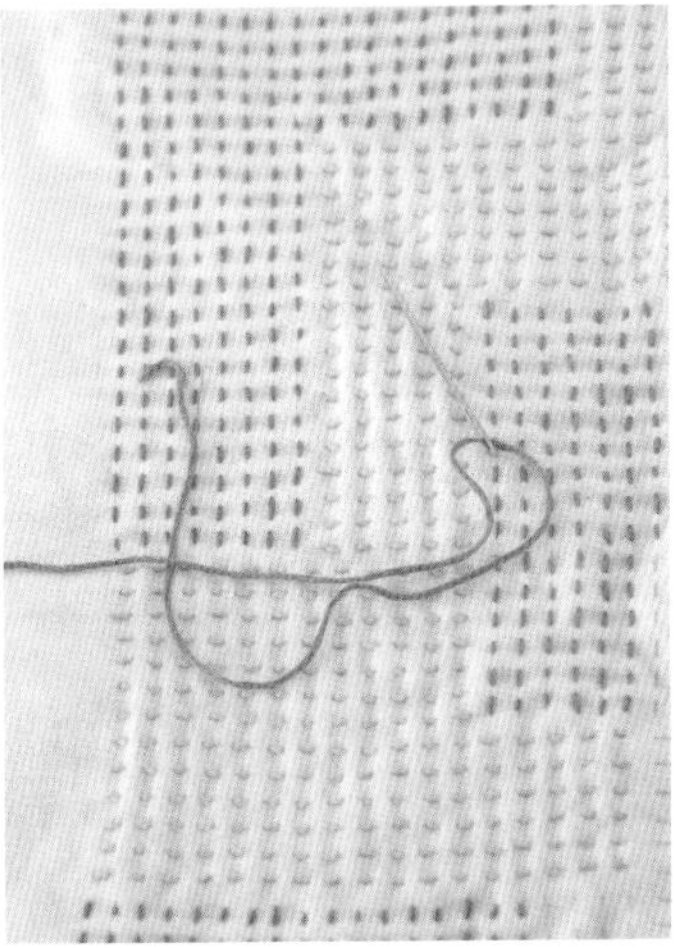

# 〃壁を塗る〃

135 壁にテクスチャーを
加える▶P247

# 〝床を張る〟

100 フローリング・フロアタイル・
クッションフロア DIY 張りかえの
流れとポイント▶P168

〝塗装する〟

139 タイルを貼る ▶ P254

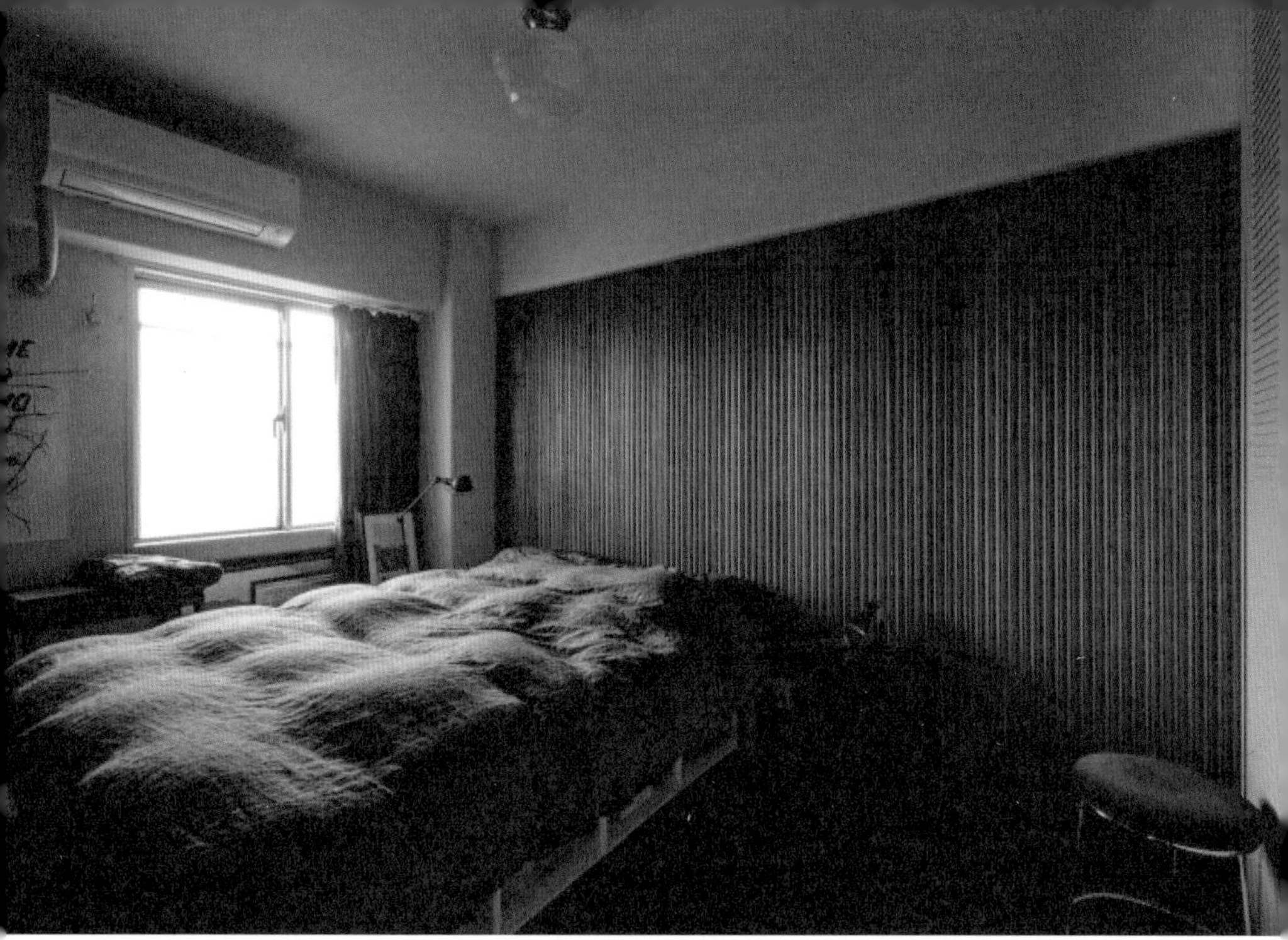

134 アクセントウォールを作る ▶ P246

〝造作する〟

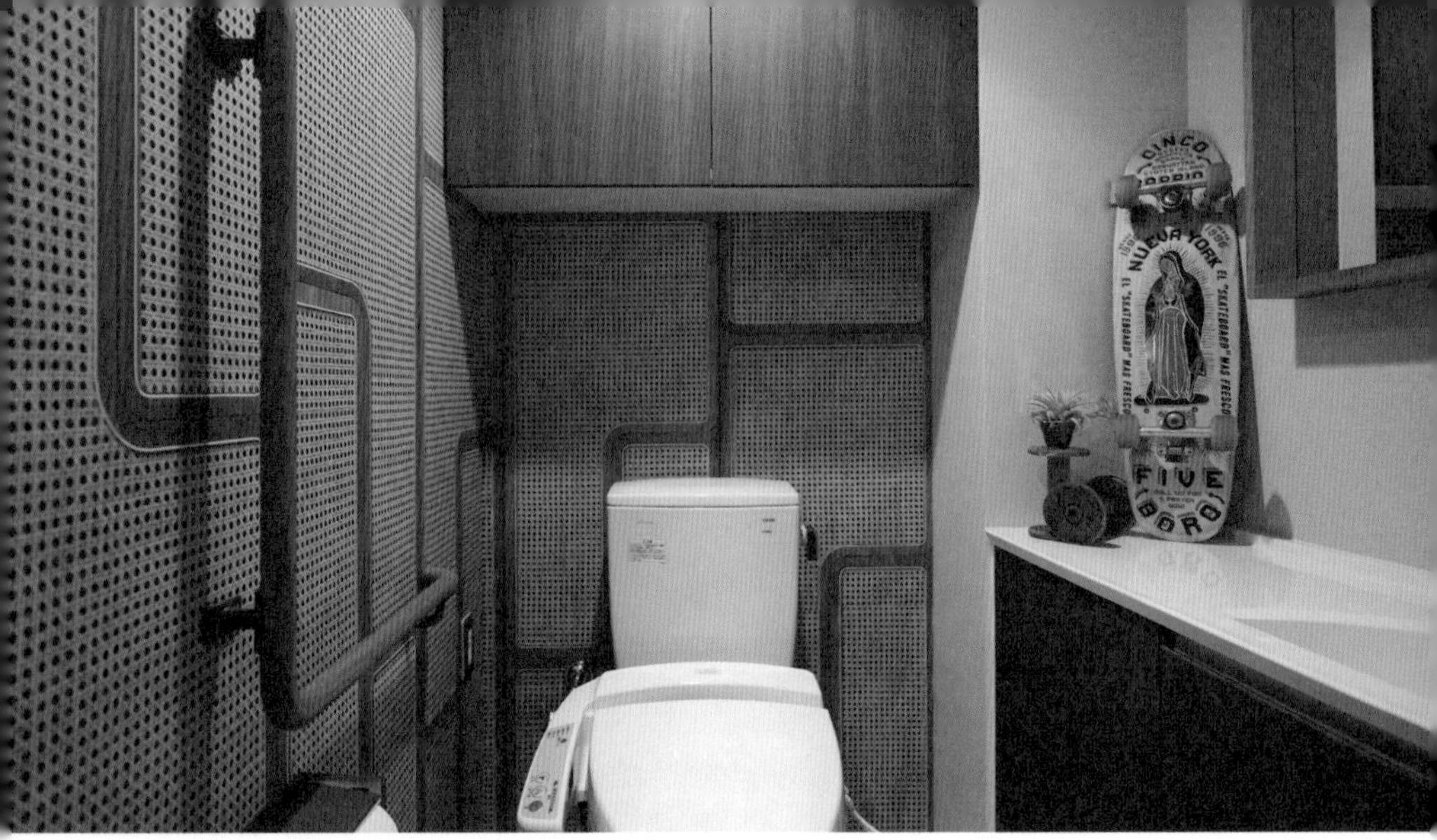


92 壁紙を新しく貼りなおすためのヒント▶P152

# 〝壁紙を貼る〟

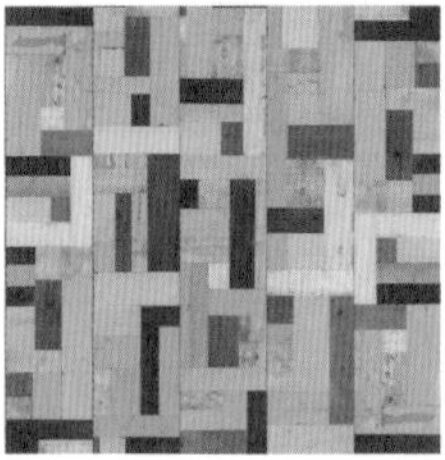

［ケーススタディ］

# 自分好みにのびのびリノベ ライフスタイルに合わせて 改造できる楽しみを

## 日比野亮二さん

omusubi不動産
（有限会社トノコーポレーション）
セールスディレクター

DIY賃貸管理戸数約220戸を誇るomusubi不動産。築年数が古い物件は借り手がつきにくいという常識に「DIY可能、原状回復なし」という新しい価値をつけ、空き家対策に貢献。omusubi不動産の日比野さんに教わるDIY可能物件を借りる心構えとは。

CASE STUDY 05

「DIY可能物件を借りるときに、必ず確認していただきたいのは、『どこまで手を入れてOKか？』という点です。基本的に外壁や柱など家の構造的にいじると危ないところは、避けるのが一般的。弊社でお預かりしている物件は、畳をフローリングにする、押入れを改造する、2間を繋げて1間にする、など家の躯体が傷まないリノベーションは、原則よしとしていますが、事前に届出を出していただくようにお願いしています」

また、DIY可能物件は通常の賃貸物件と違い、前入居者の痕跡が色濃く残るのも特徴。分電盤の故障や屋根に穴などライフラインや構造の不具合などは修繕するけれど、壁紙の破れや床の汚れなどはそのまま次の入居者に引き継がれます。相場より家賃を安く抑えることができ、借主は気になるところだけ自分で手を入れていけばいいので、貸主も借主も金銭的メリットは大きいそう。

「4年前に下北沢店ができたことで、都内のDIYができる賃貸物件を扱うことが増えました。DIYができる物件のニーズは高まっている一方でまだまだDIYができる物件は少ないので、入居された方はのびのび好きな部屋づくりができると喜んでもらえているようです」

日比野さんに、初心者がDIYに挑戦するとき最初にやりやすい場所を尋ねると、「壁が面白いと思います」と即答。

「たとえば、寝室をダークなネイビーやグレーにするだけでも居心地が変わります。剥がせる壁紙もいいですが、砂壁や塗装などリアルに手触りを楽しめる素材を使うと味わい深くなるのでおすすめです」

# 第四章

# モノの作りかえ

## 道具・布・食品編

穴が空いてしまった衣類、割れてしまったうつわ、シミができてしまったシャツ、使い古したタオル。廃棄を検討するものに手を加えて、新しい価値を与えてみましょう。道具や布製品のほかに、食品の始末についてもご紹介します。

# 105 — うつわを金継ぎで修復する

お気に入りのうつわが割れたり、欠けたりしたら、金継ぎで修繕してみましょう。金継ぎは、漆と金粉（または他の金属の粉）を使う日本独自の修復技法です。ひとつひとつ手直しした跡が残るうつわには、新たな魅力が宿ります。作家が手掛けた金継ぎ作品も多くあり海外でも'Kintsugi'として有名です。金継ぎはいまや修復技術をこえ、ひとつの表現方法としても定着しつつあります。

金継ぎは本来、美術品や茶道具など高価なものの修繕に用いられてきましたが、昨今では普段使いのうつわを気軽に直せる教室や体験ワークショップも各所で開催されています。本来は本漆（漆の木の樹液）を接着のために使いますが、本漆の代わりに合成樹脂（エポキシ樹脂など）を用いるケースや、両方をうまく併用するケースも増えています。合成樹脂を使った修復キットは入手しやすく、接着剤の乾燥も早いので、簡易的に修復を体験することができます。ただし食品衛生法の安全基準を満たしていない恐れもあるので、食

器に使えるかどうかはしっかりと確認しましょう。口にするものは、やはり天然素材である本漆が安心です。

金継ぎは、本漆の接着性をいかして陶磁器の破片を接合します。欠けがあるときは本漆と細かな土（砥の粉）を混ぜたペースト（錆漆）を使って隙間を埋めていきます。乾燥したら凹凸を整え、接着部に再度漆を塗り、上から金粉などを蒔いて装飾します。銀や錫、真鍮の粉を使ったり、朱色の弁柄漆で仕上げたりとアレンジはさまざまです。また、ヒビが入っているときは修繕の難易度が上がるため、あえて割ってから継ぐ場合もあります。

自分で手を動かして修繕することで愛着が深まる金継ぎですが、プロにお願いする手もあります。好みの作家さんにお気に入りを委ねてもいいですね。なお、うつわでも金継ぎできるもの、できないものがあるので、事前に確認しておきましょう。また、金継ぎした器を電子レンジで加熱するのは絶対にＮＧです。漆のダメージだけでなく、金属が反応して危険です。金継ぎした器は、火や水にさらさないように注意してください。

［金継ぎできないもの］

**◎土鍋**

金継ぎしたら、直火にかけられなくなります。漆の耐熱温度を超えてしまうので、蓋もＮＧです。土鍋に限らず直火にかけて使ううつわの金継ぎは避けたほうがいいでしょう。

**◎ガラス製品**

本漆の特性上、ガラスの上でははがれやすくなるので、強度が保てない恐れがあります。特にワイングラスのステムなど、細く、断面が小さすぎる場所の金継ぎはプロでも難しいといわれます。ガラス用漆という合成樹脂を一部混ぜたものを使用するケースも。

**◎植木鉢や花瓶**

植木鉢や花瓶など水に長時間浸ってしまう底部に金継ぎをするのはおすすめしません。漆で接着した部分に負荷がかかり、再度破損する可能性が高いです。水に浸らない上部や持ち手なら、金継ぎしても問題ありません。

# 106 ざる・かごを修繕する

ざるやかごなど自然素材を編んで作る編組品も、漆器同様、作り手にお直しをお願いできるものがあります。購入前に、販売店でアフターケアについて確認しておくといいですね。作り手がわからない商品でも、修繕を引き受けている専門店や業者もあるので、探してみるといいでしょう。

たとえば山葡萄のかごバッグ。使い込むほどに深いツヤと風合いが生まれることで知られ、大切に使えば三代使えるともいわれています。代々その美しさを受け継いでいくためにも、持ち手の巻きがゆるんだり、角が擦れてほつれたりした場合は、しっかり修繕しておきましょう。生まれ変わって戻ってくる道具に、喜びを感じることができます。

ほんの少しだけ縁がほつれたのを直したいなど、自力でなんとかなりそうな小規模なお直しなら、細い紐でぐるぐる巻くなどしてとめておきましょう。ほつれたところをそのままにすると、不便なだけでなく、さらにほつれが進んでしまったり、そこから汚れやカビ菌が入り込んだりと、どんどん劣化する原因に。応急処置ののち、プロの修繕に出せるものは、依頼しましょう。

# 107 — ランドセルなどの革製品をリメイクする

しっかりとした縫製で頑丈な作りのランドセル。それなりに高価なものですが、子どもが小学校を卒業した後は、お役目御免とばかりに片隅に置かれているか、寄付されるか、処分されてしまうか……ご家庭によって引退後のランドセルの処遇はさまざまですよね。そんなランドセル、リメイクして手元に残すというアイデアはいかがでしょうか。

ランドセルの大半は革で作られており、本革でも人工皮革でもリメイクは可能です。各ランドセルメーカーでは基本的に自社商品のリメイクのみ受けつけるところが多いので、まずは、公式ホームページでどんなふうにリメイクしてもらえるのか確認しましょう。

メーカーを問わないリメイク専門店や革職人に依頼する場合は、リメイクするもの（財布、手帳カバー等）の選択肢が豊富なことが多いようです。「誰のためにどう作りかえたいのか？」という視点で探してみてもいいでしょう。中学校が電車通学なら定期入れ、子どもが大人になったときに贈るなら財布やキーケース、親の思い入れが強いなら大人用と子ども用でおそろいのアイテムもいいですね。使い込むことで味わいが増す革製品。子どもがつけたランドセルの傷も革小物として残し、思い出とともに暮らしてみてはいかがでしょうか。

# 108 — 剥げた漆器を塗り直しに出す

塗りのお椀に代表される漆塗りのうつわ。木地の上から自然素材である漆の樹液を塗り重ねることで、表面に被膜が作られています。つややかな塗りは高級感があり、特別な日のものと思われがちですが、実は機能性にもすぐれていて、普段使いにぴったり。使い込むことで質感が変化し、味わい深くなっていきます。

耐久性にすぐれた漆器ですが、落としたりぶつけたりすると部分的に塗りの被膜が欠けてしまうことがあります。また、長く使ううちに、だんだんと塗りが薄くなってくることもあります。プラスチックにウレタン塗装を施したお椀は、塗装が剥げたら捨てるしかありませんが、漆器は捨てずに修繕することができます。漆を塗り直すのはなかなか自分でとはいきませんが、作り手がわかるならば直せるかを問い合わせてみると、請け負ってもらえることがあります。作り手がわからない場合は、販売店に聞いてみるといいでしょう。漆器は比較的高価なものですが、アフターケアも見込んだ価格設定がされていると考えると、長い目で見れば高くはないと考えることもできますね。

漆器に限らず、モノを大切に長く使いたいと考えるなら、はじめから修繕を見越して作られたモノを選ぶとよいでしょう。作り手がわかること。直せる素材で作られていること、新品よりも、使い込んでからのほうが味わい深くなる素材であること。そんな視点でモノを選ぶと、お直しがもっと身近になります。

109

# 木の道具を削り直す・使い道を変える

木という素材のよさはいろいろありますが、そのひとつが「加工のしやすさ」です。古来、人は木材に手を加えてさまざまな道具を作り上げてきました。枝を切って作られた斧や金槌など工具の柄、木を刳りぬいて作られた皿やボウル、削って作ったカトラリー。精巧に組み立てられた木箱や家具。木は道具として形を変え、暮しの役に立ってくれています。

そんな加工性の高さを持つ木は、補修しやすい素材のひとつ。たとえば木のフォーク。落として欠けても、やすりで形を整えればピックとして使えます。木工作家の中には、自分の作品のお直しを受けつけている方もいて、削り直してもらえる場合も。そうやって少しずつ形を変えながら長く使えるのが木の道具の魅力です。

加工のしやすさは用途の変えやすさにも繋がります。RetRe（リツリ）というブランドがあります。虫食いやスポルテッド（菌による黒い模様）があって山に放置されていた木材を、さまざまな道具に生まれ変わらせています。虫食いのあとが味わい深い壁掛け時計やフレームは、プロダクト製品にはない一点ものの魅力にあふれています。

身近なところにある木材に少し手を加えて、新しいものに生まれ変わらせてみてください。古材をトレイがわりにしたり、絵のようにディスプレイしてみたり。自然の生み出した造形が、暮らしのアクセントになってくれるでしょう。

110

# お気に入りの布や紙を暮らしの中で使う

気に入った包装紙をついつい取っておいてしまう人は少なくありません。そのままコレクションしておくのもいいですが、家の中で目に触れるように再生利用してみてはいかがでしょうか。

たとえばカバー類に。カバーはものを包み守る役割があるのと同時に、常に目に触れるものでもあります。好きなデザインで作るブックカバーは、手にするたびに心が弾みます。また、ノートやメモ帳の表紙に使ってみてもいいですね。

布を使ったカバーでおすすめなのが、ランプシェード。シェード（電気のかさの部分）が透明または白いものを買い、外側に好みの布を貼るとオリジナルのアイテムに仕上がります。

また、シンプルな空き箱に布や紙を貼ってリメイクするのもいいですね。大切な手紙をしまう文箱に、小物を入れる箱。あなただけの宝箱が完成します。

111

# 衣類を染め直す

お気に入りの服なのに、シミや黄ばみが気になったり、日に焼けて色ムラや色褪せがでてしまったり。そんなとき服を捨てずに再生できる方法のひとつが、染め直しです。藍染め（インディゴ染め）に黒染め、草木染めなど、伝統的な染色技法は、昔から着物の染め直しや染め替えにも取り入れられてきました。現代の洋服でも取り入れてみてはいかがでしょうか。

草木染めの材料や、「ダイロンマルチ」などの家庭用染料を用意すれば自分で染めることもできますが、なかなかそこまで……という人は、染色専門店や染色サービスを利用する方法が手軽です。あまり知られていませんがクリーニング店にも染め直しを行っているところがあります。

また、探してみると染めの服を作っているブランドや職人が個人の衣類の染め直しを請け負っていることもあります。

対応している繊維素材は取扱店

や業者によってさまざまですが、綿や麻、シルク、ウールなどの天然繊維の他に、レーヨン、キュプラ、ナイロンも取り扱いしているところも。ただしどんな繊維も縮むリスクはあります。自分で染める場合は、特に注意が必要です。

染め物は、薄い色から濃い色に染め直すことができます。元が白地であれば、淡い色でもきれいに染まります。はっきりとした柄のある服の場合は、藍染め（インディゴ染め）など濃い色で染めても、うっすら元の模様が見えることがあります。その浮き出た柄を楽しむのも染め直しの醍醐味。シミや色ムラを消す以外にも、派手すぎる色柄を落ち着かせたいというときにも染め直しはおすすめです。あまり着なくなってしまった服も、新風を吹き込むことで心ときめく一着に生まれ変わることもありますよ。

# 112 ― 刺し子をする

ひとさしひとさし手で布を縫い、糸で美しい模様を生み出す刺し子。「布を最後まで大事に使い切る」という暮らしの必要性から生まれた針仕事です。布を何枚も重ねて縫うことで耐久性や保温性を高めることができるため、綿が貴重だった東北地方などの寒冷地で多く作られてきました。現代では布はいくらでも手に入りますが、刺し子という針仕事がモノへの愛着を深めてくれることに変わりはありません。

「十字つなぎ」、「七宝つなぎ」、「麻の葉文様」など、古くから伝

わる吉祥文様には、人々のさまざまな願いが込められています。手を動かして模様を縫う行為は、祈りの行為でもあるのです。実際に無心に手を動かしていると、心が落ち着いていくのを感じるかもしれません。

文様をふきんなどに縫う場合は、図案をチャコペンシルなどで下書きしてから、その上を刺繍針と刺繍糸で縫っていきます。幾何学模様を書くにはコンパスや定規が必要になり、少しハードルが高くなります。そんなときは、あらかじめさらしなどに図案が薄く印刷された刺し子のキットを買い求めると手軽に始められます。

「花ふきん」と呼ばれるふきんのほかにも、小さなコースターに刺繍感覚で刺し子をしてみたり、古着を集めて、江戸時代の野良着さながらランダムに継ぎ当てをしてみたりしても素敵です。そのほか、小さな幾何学模様を組み合わせて精緻な柄を生み出す「津軽こぎん刺し」も手仕事として人気。小さな布に刺して、くるみボタンのブローチにすれば、存在感のある小物に。自分に合った刺し子のスタイルを探してみるのも楽しいものです。

［刺し子の基本］

◎必要な道具

刺し子針、刺し子糸（専用糸のほか刺繍糸など、木綿糸が適しています）、チャコペンシル、ハサミ、定規やコンパス

◎基本刺し（直線）

1 刺し子糸を刺し子針に通したら、表地から真っ直ぐ裏に針を刺します。

2 ひと目縫って、裏から表に針を抜き、半目ほど先の表から裏に針を刺しましょう。

3 縫いながら、途中で糸を引いてしごきます。強く引きすぎると布が引っ張られてよれるので、適度な力加減で。曲線の場合は、直線よりもこまめに糸を引いてしごきながら縫い進めましょう。

113

# 古布ではたきを作る

古布を再利用して、昭和レトロな雰囲気のはたきにしてみませんか？　使い古した手拭いを細長くカットしてまとめるだけで自分好みの1本が作れます。好きな柄の手ぬぐいを使えば掃除が楽しくなること請け合いです。また、洋服の裏地やウール、化学繊維など静電気が起きやすい生地をまとめると、ほこりがくっつきやすいハンディモップの代わりに。布だけでなく、太めの毛糸や帯状のリボンをまとめてもいいですね。

［はたきの作り方］

◎用意するもの

はたきにする布やハギレ、ハサミ、ギザギザバサミ（あれば）、輪ゴム、麻ひも、棒（細い竹の棒が最適）

1 布を短冊状に切り分けます。長さ50㎝くらい、幅は5㎝前後が使いやすいです。7、8本用意しましょう。柄違いや色の組み合わせでも楽しい仕上がりに。糸くずが落ちるのが気になるなら、ギザギザのハサミでカットするか、切れ端を縫いましょう。手ぬぐいなら縦方向にカットするだけでよく手軽です。

2 布を放射線状に重ね合わせ、中心に棒の先端を置いて包むようにしたら、輪ゴムでとめ、外側を麻ひもなどで束ねます。

POINT
柄にする棒の先端に、電動ドリルやキリで穴を開けてひもを通せば、より安定して束ねられます。また、反対側に穴を開けてひもを通せばフックなどに引っ掛けて保管できます。

# 114
# 衣類の穴をおしゃれにふさぐ方法

衣類のほつれや穴は、大きさや程度によって繕い方が変わります。小さなものであれば、つまんでかがるだけで目立たなくなりますが、あえて目立つ色の糸や生地でふさぐことで、デザイン性を引き立たせるのも素敵です。衣類の穴をおしゃれにふさぐアイデアをご紹介しましょう。

◎ダーニングでふさぐ
細い毛糸や太めの糸などを使って、縦横に編む要領でふさいでいく手法。刺繍糸もダーニングに利用しやすいですが、バラさずに6本取りのまま使うのがおすすめ。適度な太さがある糸であれば、少し縫うだけで穴が埋まりますが、Tシャツなど薄手の生地に太い糸を縫いつけると結構目立つので、バランスを見て糸の太さを決めましょう。（詳しくはP212参照）

◎刺繍糸でデザインしながらふさぐ
穴の形を利用して、穴をふさぎつつ刺繍をしていくのもおしゃれ。まずは、チャコペンシルなどを使って、穴のまわりに刺繍したいデザインの下絵を描きます。かたちに合わせてステッチを施しながら刺繍します。代表的なステッチに「ストレートステッチ」、「アウトラインステッチ」、「サテンステッチ」などがあります。

◎カラフルな糸でかがる
長袖丈の袖口など細かいスレや小さな穴があきやすいところは、あえてカラフルな糸でかがっていくのもかわいいですね。「ブランケットステッチ」とも呼ばれる縁かがり縫いは、装飾性が高くおすすめです。

◎羊毛フェルト（フェルティングニードル）でふさぐ
ニットやウールの靴下などの穴をふさぐのには、フェルティングニードルで埋めるのも簡単です。フェルティングニードルは、

専用の針と、針を受ける台、そして毛糸を使いますが、道具や材料は１００円ショップなどでも手に入るため、手軽にできるのもいいところ。少し大きめの穴も埋められます。土台を穴の下に置いてセットしたら、毛糸を穴よりも少し長めに切って指でほぐしましょう。穴の上からほぐした毛糸を穴に入れるように細かく刺しながら、埋めていきます。余分な毛をハサミでカットしたら、当て布をしてアイロンをかければＯＫです。

◎別の生地でふさぐ

大きな穴は、別の生地を裏側から当ててまわりを縫ってもいいですね。好きな色柄の生地や補修布を使うのもおすすめです（詳しくはＰ２１３参照）。

# 115 穴あき靴下をダーニングする

指のところなど、圧力がかかるところにあきやすい靴下の穴。放っておくと、どんどん広がっていきますね。「消耗品だから」と捨てるのはちょっと待って。靴下にぴったりの補修方法があります。破れた靴下を捨てない選択をしたら、穴をつまんで同色の糸で縫い合わせておしまい、というのでもいいですが、ダーニングしてみましょう。

ダーニングは、太めの糸を編み物のように縦糸と横糸を交差させながら破れた箇所に被せていく手法。あえてカラフルな糸を使うことで、アップリケのようなワンポイントにもなるので、実用的かつ美的に補修できるのがいいところ。靴下だけでなく、下着やTシャツなども対応できます。

［破れた靴下をダーニングする］

◎用意するもの

細めの毛糸（ウール糸）や刺繍糸、ダーニングマッシュルーム（ダーニング専用の器具。無い場合は容器のフタやお玉などドーム状になっているもの。こけしの頭を使うという人も！）、刺しゅう針、ハサミ

1 穴の裏側にダーニングマッシュルームをあてがいます。針に糸を通し、穴よりもひとまわり大きいサイズで穴を囲うように並縫いをします。

2 並縫いした輪の外側から、1針ずつすくって縦に糸を渡していきます。

3 今度は縦糸を1本ずつ交互にすくいながら、横糸を通します。隙間が出ないよう、網目を織るような感覚で詰めます。

4 縫い始めと縫い終わりの糸は、裏側で返し縫いをし、余分な糸を切ります。

POINT 縦糸と横糸の色を変えると、さらにデザインUP！ 配色を考えるのも楽しいですね。

# 116 膝や肘などの穴に布をあてて繕う

長袖の肘部分やズボンの膝は、よくこすれて傷みやすいところです。ひっかき傷のように裂けているなら、まずは裏側から寄せて縫います。

生地が薄くなり、穴があいているようなら、その部分だけではなく、まわりも一緒に補強するように繕いましょう。ハギレや補強布を使う方法を説明します。

［生地で穴をふさぐ］

1 ハギレや補強布を用意し、穴の大きさに縫い代を取ったサイズでカットします。

2 穴の裏側から布を当てます。たゆまないよう、ピンと布地をはった状態で、まち針を打っていきましょう。

3 縫い代に沿って手縫い、あるいはミシンで縫います。縫い目を目立たせたくなければ、布地に近い縫い糸を使い、逆に目立たせたい場合は、ステッチ風に好きな色使いにしても。ニットなど毛足の長い素材なら、フェルティングニードルで穴を埋めてもいいでしょう（P210参照）。ただし、フェルティングニードルは、補修した部分がフェルトになるので、補修した目や感触も含めて、合う方法で補修するのがおすすめです。

# 117
# 手持ちの服やバッグをプチリメイク

手持ちの服やバッグにステッチや刺繍を加えたり、ポケットやファスナーを取りつけて印象を変えてみたり、ホックやボタンをつけ加えて使いやすくアレンジしたり。既製品の服やバッグにほんの少し手を加えてみると、そのモノへの愛が深まります。

たとえばTシャツにイニシャルの刺繍を入れる。簡単なステッチで模様を加える。シャツのボタンをヴィンテージ品に変える。口の広いバッグに留め具をつける。そんな小さな手仕事が、身につけるときの小さな喜びを生み出してくれます。

新たにつけるパーツは処分する服や小物類についているものを再利用するのもいいですね。

[リメイクの一例]

◎ボタン ＋ ゴムで収納しやす

いエコバッグにリメイク
30㎝ほどの長さのカラーゴム紐を半分に折り、ゴム紐の切り口をバッグの内側・上部中央に縫いつけて輪を作ります。ゴム紐をかけて留めるためのボタンをバッグの正面に縫いつけます。荷物の飛び出し防止に役立つほか、バッグを使わないときは小さく折りたたんでゴムを巻いて留めれば持ち運びにも便利です。
◎ポケットやボタンをつける
ポケットがついていない既製品や普段着のシャツに遊び心を加えたいときに、ハギレや余りボタンを使ってプチリメイクすると雰囲気が変わります。ポケットがない場合は、好きな形で型紙を取ってポケットを作り、縫いつけて。既存のポケットがあれば、取り外して好きな布に当てて切り抜き、新しくできたポケットを元の場所に縫いつければOK。ボタンを違う色柄につけ変えるだけでもオリジナリティが出て、愛着がわきますよ。

◎スニーカーの紐を変えてみる
スニーカーの紐を好きな紐やリボンに変えてみても。元の紐の長さを事前に測っておくのがポイント。靴により紐の長さは異なります。一番よいのは、全部引き抜いて長さを測ること。少し手間はかかりますが確実です。

# 118

# ハギレを組み合わせて小さなパッチワークを作る

**裁**縫をして残った布の切れ端や、捨てられずに取ってある古い布。大切にとっておいてもよいですが、縫い合わせるといろいろなものに活用できます。

パッチワークには、布と布をつないで新しい模様を生み出す楽しみがあります。大小さまざまな形の布を組み合わせることで、魅力あふれる洋服や布小物作品を生み出している作家も多いですね。はじめて挑戦するなら、4枚の布を合わせる「フォーパッチ（四角つなぎ）」がおすすめ。そのまま額に入れて作品にしたり、フォーパッチをつなぎ合わせて好きなサイズまで広げたりと自在に楽しめます。

［用意するもの］
布、縫い糸、厚紙、チャコペンシルまたは鉛筆、まち針、縫い針、アイロン

1 厚紙を正方形にカットして型紙を作ります。

2 使いたい布の裏に型紙を置き、チャコペンシルなどでぐるりと線をつけます。

3 線の外側に縫い代分を取って、余分な布をカットします。好きな布で4枚用意しましょう。

4 2枚の布を中表で合わせたら、線の上にまち針を打ちます。

**5** 線より1目分ほど外側から針を入れ、返し縫いをしてから線に沿って縫い進めます。

**6** 指で縫いあとを左右にしごいて伸ばしてから、返し縫いをして玉結びを。もう1組も同じように縫います。

**7** 2組の縫い代が互い違いになるように倒してアイロンをかけたら、中表に隣り合わせにし、まち針を打ちます。

**8** ⑤⑥の要領で縫います。真ん中の交差しているところは、返し縫いをして縫い進めます。

**9** 4枚がつながったら、縫い代を片側に倒してアイロンをかけて完成です。

# 119 ハギレを縫い合わせて布ひもを作る

かわいい余り布で、汎用性の高い「ハギレの布ひも」を作ってみませんか。幅3.5cm、縦10~20cm程度に切った布を、長く縫い合わせて帯状にしたら、折りたたんで細いひもを作りましょう。同じ布同士はもちろん、違う色柄にするとカラフルで個性的に。生地の素材が違うものを織り交ぜてクリエイティブに仕上げても面白いですね。

完成した布ひもは、ハンドメイド作品の素材として使ったり、ラッピング用のリボンに使ったり。編み込んでマクラメにしても。かわいい布ひもに創作意欲も掻き立てられます。

［布ひもの作り方］

1 2枚の細長い布を中表に合わせるようにして直角に置き、斜め（バイアス）にミシンをかけます。

3　バイアステープを作る要領で、左右の端を中心に向かって内側に折り畳み、アイロンで押さえ、さらに半分に折りたたんだらミシンで端を上から縫い合わせます。

4　これで布ひもの完成です。手芸作品のパーツにしたり、リボン代わりに使っても。

2　斜めに縫った縫い代を5㎜になるようハサミで切って表に返すと帯状になります。縫い代はアイロンで割っておきます。これを繰り返して好きな長さにつなげていきます。

120

## 古い布でウェスを作る

食べこぼしや油汚れをサッと拭き取ったり、室内のちょっとした掃除に使ったり。さまざまなものに活用できるウェス。気軽に使える雑巾として、ボロボロになったら「ご苦労様」と捨てる、「モノの始末」の代表的なものですね。

古着や使い古しのクロスなど、布物を手頃な大きさに切ればウェスの完成。手のひら程度のサイズに切り離しておくと、細かい部分まで拭きやすく、捨てるのも惜しくないという利点があります。ただし、古着といっても吸水性がない素材などは、ウェスには向きません。また、複雑な縫製や形状のものも、バラバラにすることでかえって糸くずなどが散らばったり、ゴミが増えたりするので不向きです。

使いやすいのは、やはりタオル。高級なタオルだと分厚くてウェスとしては使いにくいケースもありますが、基本は、使い古しのタオルで構いません。

ちなみにこのウェスを使い終わったタイミングで、普段使いのタオルを新調するのもおすすめです。毎日使うものなので、気がつくと古びたタオルをいつまでも使ってしまいがちですが、一定のサイクルで新調できるようにもなります。

作ったタオルウェスは容器に入れ、部屋のあちこちに置いておくとペーパー代わりに使えておすすめ。紙袋に入れて足元にストックしたり、透明なガラス瓶に入れておいたりしてもおしゃれです。

タオルをウェスにするときは、ハサミですべて断裁すると糸くずが出て大変です。ハサミでヘリに切り込みを入れたら、あとは手で裂くと糸くずが出ません。

[糸くずが出ない！
タオルウェスの作り方]

1 まずはタオルの長い辺に沿って細長く裂いていきます。

厚くなったへリ部分にハサミで切り込みを入れます。間隔はなるべく狭く、等間隔に。上下のへリで切り込みの位置が合うようにします。

**2** 両手でタオルを持ち、切り込みから反対側の切り込みを目指して縦に裂きます。反対側のへリが切り離せないときは、ハサミで切り離しましょう。

**3** 縦長のウェスができたら、手のひらサイズを目安に、今度は左右にハサミで切り込みを入れて、横方向に手で裂いていけば完成です。

# 121
# 古いタオルで雑巾を縫う

お金を出せば購入できる雑巾ですが、あえて古いタオルを手縫いして作ってみると針仕事に親しむきっかけになります。お子さんがいるなら一緒に縫ってもいいですね。雑巾なら気負わず作れるので、裁縫デビューにもってこいです。

材料は使い古しのタオルと手縫い糸、それに縫い針のみ。タオルは新品ではなく、厚みが減ってへたったくらいのほうが作りやすく、使いやすい雑巾になります。手縫い糸はカラフルな色を選んでみても楽しい仕上がりに。手縫いはちょっと苦手、という人は、ミシンで手早く縫いましょう。

作りやすいタオルのサイズは、手ぬぐいと同じくらいのフェイスタオル。端と端を内側に折り込むように、3～4折にしたら、まわりを四角く縫い、中央部分を縫い止めます。昔ながらに対角線上に「×」印をつけるように縫い止めてもいいですね。ほかにも迷路のようにジグザグに縫ったり、途中で糸の色を変えたり。雑巾だからこそ、自由に挑戦してみましょう。

大判のバスタオルは、切って雑巾にしてもいいのですが、ほつれが出るので、足拭きマットとして再利用するのもおすすめです。雑巾にリメイクするのと同様に、バスタオルを3～4折にして縫うだけ。手縫いでもいいですが、ミシンがあると手早くできます。

# 122

# 古着やシーツで布ぞうりを作る

着古したTシャツやシーツなどを利用して作れる布ぞうり。同じ幅に切りそろえた布地を手で編んでいくだけで、好きな大きさに仕上がります。あたりがやわらかい布生地は、足に気持ちよく、通気性も抜群。ルームシューズの代わりに活用できてとても便利です。いろいろな布を使ってカラフルに仕上げてもかわいいですね。荷造り用のナイロンロープを縦糸にして、ひも状に切った布を横に通しながら編み進めます。布ぞうりの詳しい材料や作り方の詳細は、YouTubeなどにもたくさんあります。ご自身の足のサイズに合うものを選んで、作ってみてくださいね。

# 123

# コーヒーかすを再利用する

香り高いコーヒーは、味わい深いだけではなく、抽出後のかすも使えるのがいいところ。一番ポピュラーなのは、脱臭剤としての利用法。においを吸着しやすいコーヒーは、脱臭剤として活用できます。ドリップした後のコーヒーかすは、しっかり乾燥させておきましょう。自然乾燥もいいですが、カビが生えないよう、手早く熱を加える方法で、サッと乾かしてしまいましょう。

ひとつは、フライパンで煎る方法。焦がさないように混ぜながら、手早く水分を飛ばして皿に移し、粗熱をとります。もうひとつは、電子レンジを使って乾かす方法。深めの平皿にコーヒーかすを入れて、様子を見ながら温めます。ラップすると蒸れてしまうので、ラップは外して加熱しましょう。

脱臭剤として使うときは、十分冷えたらお茶パックなどに入れて冷蔵庫や下駄箱、トイレなどにおいが気になるところに置きます。布やガーゼで包んでもいいですね。まだまだある利用法は以下でご紹介します。

［いろいろあるコーヒーかすの活用法］

◎肥料・堆肥にする

コーヒーかすは土壌を整えるのにも向いています。コンポストなどコーヒーかすを加えるとアンモニア臭を吸着して良質な堆肥になり、家庭菜園などでまくことができます。コンポストがない場合は、段ボールで肥料を作りましょう。段ボールに新聞紙など古紙を敷き詰めて、腐葉土を容器の7割ほど入れたら、しっかり乾燥させたコーヒーかすを入れて混ぜます。毎日混ぜて空気を含ませ、ほんのり温かくなるくらいになったら発酵完了、肥料として使いましょう。

なお、コーヒーかすを発酵させずにまくと、肥料にはなりません。むしろ、植物の生育を阻害してしまうので注意しましょう。ただ、雑草を生やしたくないところにあえてコーヒーかすをまく、という方法もあります。

◎ワックス代わりにする

コーヒーかすに含まれる油分がワックス代わりになり、革靴や金属をピカピカにします。しっかり乾かしたコーヒーかすを布などに包んで磨くだけ、簡単です。コーヒー抽出に使う布フィルターも同様に使えます。

◎虫除けにする

コーヒーには害虫が嫌がる香りやタンニンなどの成分が含まれるので、虫除け代わりに家のまわりにコーヒーかすをまくのもおすすめです。

◎汚れ落としにする

口の細い瓶やグラスなどに、コーヒーかすを入れてふり洗いすると、きれいに汚れが落ちます。スポンジに少量つけ、フライパンや鍋の油汚れを落とすのにも効果的。浴室やシンクの水垢落としにも利用できます。

◎針山にする

裁縫道具の針山（ピンクッション）の中に、綿ではなくコーヒーかすを詰めると、適度な油分が針を保護してくれるので、錆びを防いだり、すべりがよくなる効果も期待できます。コーヒーかすは、しっかり乾かしてから詰めましょう。

# 124 — 野菜の皮を再利用する

野菜の皮は栄養たっぷり、むいて終わりじゃもったいない。皮も丸ごとおいしくいただく方法と、皮だけでも活用できる方法を紹介します。

◎お茶にする

とうもろこしの皮とひげ、玉ねぎの皮、ごぼうの皮は、体も喜ぶデトックスティーになります。とうもろこしの皮は身に近い薄皮を、ひげも皮の下にあるきれいなところを取り出して天日干しします。玉ねぎ、ごぼうの皮はよく洗って同様に天日干しを。玉ねぎの皮は水気が取れる程度でOK、鍋に水を入れて沸かしたら玉ねぎの皮を加えて煮出して飲みましょう。とうもろこし、ごぼうは、カラカラになるまで数日間干した後、フライパンで煎ります。砕いたり、細かくして保存瓶などに入れて保管します。飲むときは、適量を急須に入れて湯を注ぎ、よく蒸らしてからいただきましょう。

◎副菜にする

にんじんや大根など、皮が身と変わらない色や食感の食材は、同じ調理法で副菜にするのもいいですね。味だけでなく歯応えのよさも決め手となるきんぴらや漬物は、皮で作っても変わらずおいしい一品です。大根の皮は、刺身のツマやサラダに加えるのもおすすめ。

◎干し野菜にする

皮つきのまま薄切りにして、干し野菜にすると保存がきくだけでなく、旨みが凝縮して味わい深くなります。野菜の皮と身の間に詰まっている栄養をもらさず食べることができるので、皮はむかずにつけたまま干しましょう。

# 125 — 根菜の葉や茎を使い切る

根をいただく根菜も、葉や茎がついている場合は活用しましょう。大根やかぶは比較的クセがないので、ほうれん草や小松菜代わりにおひたしや味噌汁の具、炒め物などに使いやすい食材です。ごはんとまぜて菜飯にしたり、胡麻や鰹節とごま油で炒めてふりかけにしたりするのもおすすめ。海苔やしらす干し、桜海老などを加えるとコクと食感が増します。

ハーブのようなアクセント感覚で使いやすいのは、にんじんの葉。少量でもほんのり香りほろ苦さが立つにんじんの葉は、ベータカロテンと抗酸化作用のあるビタミンEの他、鉄分やカルシウム、カリウムなども豊富。サッとゆがいて塩もみをするなど下処理をすると、料理に合わせやすくなります。スープやサラダに加えたり、かき揚げにしたりするなど、春菊や青じそのようにして取り入れてみましょう。にんじんのヘタ部分を水につけておくと、数日で茎が伸びて葉が生えるので、キッチンハーブのように育てながら使うのもいいですね。

また、葉や茎がついた状態のサトイモが手に入ったら、葉・茎・根を切り分けて、別々に下ごしらえをして調理をすると、余すところなく使い切ることができます。ヤツガシラやアカメイモなど、サトイモ科の芋類には茎が「ずいき」や「いもがら」として流通しているものもあります。葉や茎には、カリウムやカルシウムのほか、酵素を活性化する栄養素のマンガンや食物繊維が豊富ですが、アクが強く苦味もあるので、調理前に何度かゆでてアク抜きをしましょう。煮物などくたくたにやわらかくなるまで煮込むと食べやすくなります。

# 126 柑橘類の皮をマーマレードやオレンジピールに

香り高い柑橘類。皮も活用してみましょう。

ポピュラーなのは、マーマレード。柑橘類の皮が入ったジャムのことをマーマレードと呼びます。皮を煮詰めたときの特有のほろ苦い風味と歯応えが魅力です。皮を使う場合は、無農薬とはっきりわかるものがあればベストです。無農薬でないものは野菜が洗える洗剤を使ってきれいに洗ってから使いましょう。ワックスがついているものは、塩でこすり落とします。

白いワタの部分は苦いのでスプーンで取り除き、細く切って水にさらします。さらに茹でこぼしをして苦味を減らしてから果実やグラニュー糖を入れて煮込みます。クツクツと煮込む時間は心落ち着くとき。オレンジはもちろん、伊予柑や夏みかん、甘夏、レモンなどいろいろな柑橘類で楽しめます。

また、皮だけを活用するなら、オレンジピールがおすすめです。マーマレード同様、細切りにして茹でこぼしをしたら、砂糖やレモン汁と煮込み、最後はグラニュー糖をまぶして乾かします。みずみずしく新鮮な柑橘の皮で作りましょう。

# 127 — みかんの皮を乾燥させて保存する

砂糖や塩で漬ける、酒に漬けるといった方法とともに、古くからある保存方法が天日干しです。野菜やフルーツにきのこなど、なんでも乾燥させて水分量を減らすことで、美味しさが凝縮し、長期保存が可能になります。

みかんの皮はカラカラに干すといろいろなことに使えます。漢方では完熟みかんの皮を乾燥させたものは陳皮（ちんぴ）と呼ばれ、生薬として活用されています。

自宅で実践する場合は、みかんの皮はよく洗い、キッチンペーパーで水気をしっかり拭き取ってからはじめましょう。ざるの上に並べたら、1週間くらい天日干しを。皮は細かくちぎっておくと乾きやすいです。カラカラに乾いたら取り入れて、保存瓶などで保管を。乾燥剤を一緒に入れて、湿気から守りましょう。

乾燥後はフードプロセッサーで粉末にして、七味唐辛子と混ぜると柑橘の香りが楽しめます。また調味料や料理の隠し味に使えるほか、砕かないで入浴剤代わりに湯船に入れるのもおすすめです。

［ケーススタディ］

# 長く使い続けることがイメージできるモノを選ぶ

CASE STUDY 06

くらしの知恵と道具jokogumo店主

## 小池梨江さん

くるみの木で作られたあたたかなプレート。貴重な国産漆で仕上げられたシンプルな汁椀。藍や柿渋染めの端布を縫いあわせた鍋つかみ。手仕事のゆらぎを感じさせる吹き硝子のコップ。そんな道具たちが並ぶ3坪の空間が、神楽坂のjokogumoです。店主の小池梨江さんが選んだモノたちが、整えられた空間に美しく並びます。

「長く気持ちよく使えるものを選ぶには、まずその経年変化をイメージしてみるといいかもしれません。たとえば木のプレートなら、使っていくうちに色が濃くなって雰囲気が出そうだな……といったように。その過程を楽しむことができ、いつか使いきれなくなったとしても、誰かそれを受け継いで使いたいと思ってくれる人がいるかどうか、大切にしてもらえるかどうかも考えてみるといいですね。不要になったからといってゴミとして捨てるのと、次の人に喜んでもらえるのとは、同じ手放すにしても違いますよね」

世の中には新品のときが一番きれいで使ううちに汚れていき、壊れてしまったら手放すほかないものも多くありますが、天然素材のもの、手仕事のものには経年変化が楽しめるものが多くあります。

「手仕事のモノはすてきだけれど高いな……と思うかもしれません。でも長く使えることはもちろん、そのあとに誰かに譲ることが出来ると考えると実は高くないかもしれないですよね。たとえば山葡萄のかごバックはとても丈夫で、三代使えるといわれています。使い続けることでツヤが出て、新しいものにはない魅力が育ってきます。

また誰が作ったのかがわかるモノは、何かあったときには修繕を頼めることも多いので、直しながら長く使うことができるのです」

jokogumoでは、かご修繕や衣類の染め直しの窓口となったり、古着の回収・リユースを行ったり、金継ぎやダーニングのワークショップを行ったりと、モノを長く使うためのさまざまな取り組みを行っています。

「木工品ひとつでも、いまは大きな木も減りよい材料が取れなくなってきていると聞きます。貴重な素材、素晴らしい技のものは世代を越えてしっかりと活かし続けていくことができたらと思います。きっと昔はそうだったと思います。それに毎回使うたびに『いいな』と思えるものを使うと、それだけで日々の暮らしに潤いが出ますよ」

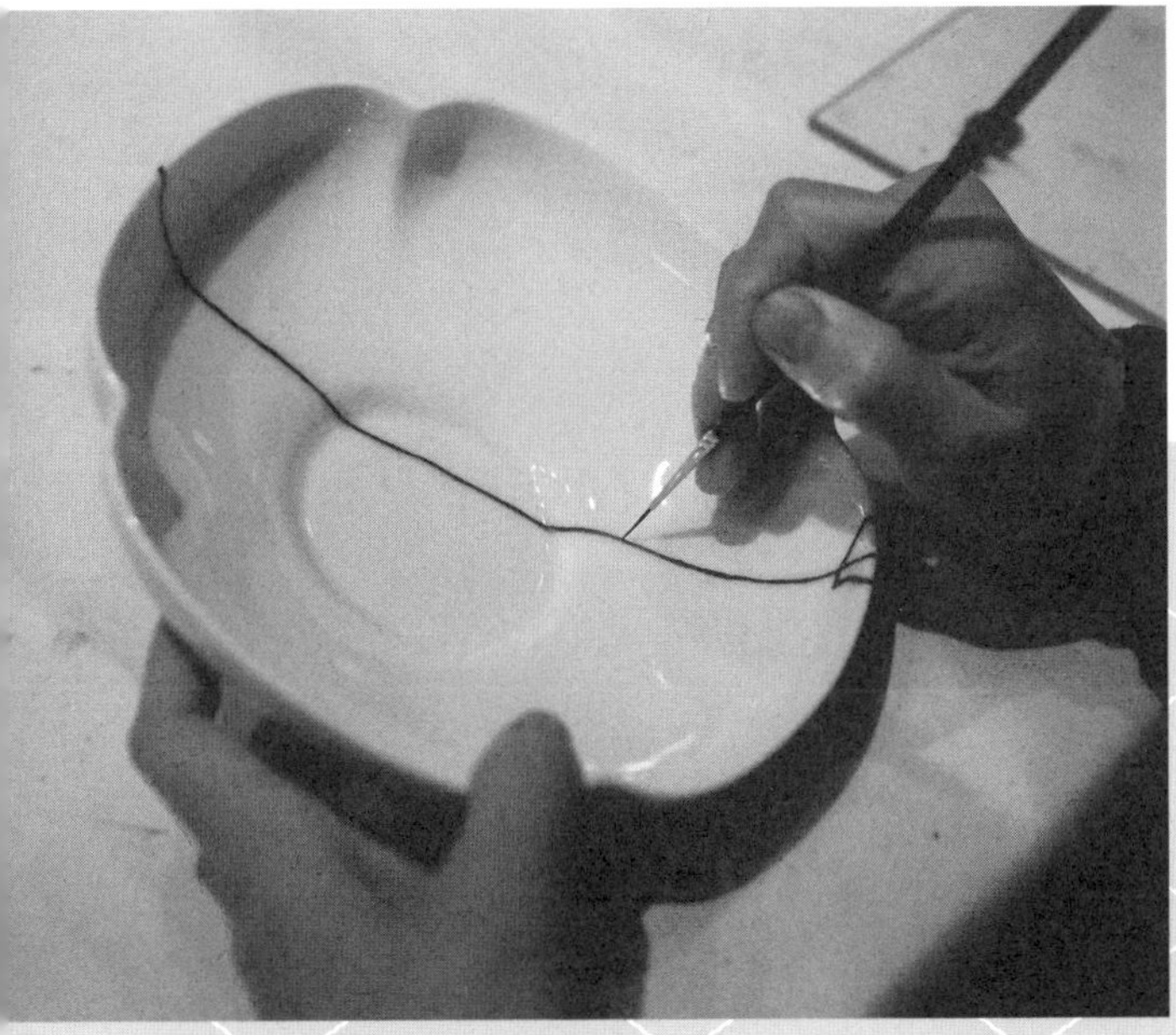

「漆塗りを手掛ける田代淳さんは、壊れたものをお預かりして継いでなおしてお戻しする活動をされていました。それが好評で、自分でやりたいという方が増えたのでワークショップを開催しています」

［ケーススタディ］

# 自分の手で食べものを作り 草木で布を染める 季節を味わう畑のある暮らし

ライター／フォトグラファー

平沢千秋さん

植物についての本などを執筆するライターであり、写真を手がけるフォトグラファーでもある平沢千秋さん。友人が長く借りている農地でこの数年来、農作業を楽しんでいます。保存食作りはもちろん、草木染めや裁縫も楽しむ姿は、手を動かす楽しみにあふれています。

「春はジャガイモの植えつけとたけのこ採りからスタート。初夏には新茶を摘み、青梅や桑の実を収穫します。夏の間は空芯菜、胡麻、ヘチマ、ソバ、オクラ、さつまいも、レモングラスなどの野菜やハーブを育てます。晩秋に大豆を収穫し、畑のそばに植えられている銀杏を収穫するのも楽しみ。冬場にかけては大根にカブ、菊芋、菜葉類。小麦の苗を踏む『麦踏み』も冬の大切な作業です」

そう話す平沢さんは、埼玉県寄居に友人と借りている畑で、東京から通って野菜作りを楽しんでいます。元は休耕地だったという広い畑には、季節ごとにさまざまな植物が実ります。そしてその収穫物は、平沢さんの手仕事に活かされていきます。

「茶葉はよくもんで発酵させることで自家製の紅茶に。桑の実はジャムにします。初夏の梅仕事も欠かせません。大豆や小麦

CASE STUDY

07

からはしょうゆを作り、年を越したら味噌作りです。どれも費用対効果を考えると別にやらなくてもいいいし、気候によっては失敗してしまう年もあります。それでもやるのは、自分たちで作ったものを味わいたいという気持ちから。それに農作業は無心になれてストレス解消にもつながっています」

収穫物は口にするだけではありません。平沢さんは草木染めも自ら育てた蓼藍を使います。「花が咲く前の葉をちぎって染め物に使います。よく知られている藍染めは葉を発酵させた蒅（すくも）を使う方法で、濃紺に染められます。一方、個人でも手軽にできる藍染めが『生葉染め』です。ちぎった葉をミキサーにかけ、水を加えたものに布を浸けます。布に含まれるたんぱく質に反応して発色するので、ウールやシルクだとすぐ染まります。あとは色止めをするだけ。薄くきれいな水色に染め上がります。藍はプランターでも気軽に育てられます。1株2株育てて手持ちの布を少し染めてみるだけでも、とても楽しいですよ。『これってこうやって作られているんだ』とわかることが増えると、暮らしに実感が持てて楽しくなります」

染めた布をストールにしたり、着物の裏地を裂いてバックを編んだり。蚤の市などで入手した古布で財布やカバンを作ることもあるという平沢さん。みなさんも自分の暮らしを自分の手で作り出すことを楽しんでみてはいかがでしょうか。

平沢さんが育てた蓼藍と、藍染のストール。

# 第五章

## モノの作りかえ

## DIY編

**自分の住まいを自分の手で作りかえながら暮らしてみませんか？ プロによるリノベーションも素敵ですが、できるだけDIY（Do It Yourself）できそうなものを集めてご紹介しました。原状回復できる方法もあるので、空間作りの参考にしてみてください。**

# 128

# 古家具の修復

飴色になった木のテーブル、ペンキの塗り重ねが味わい深いスツール。レトロなデザインのソファ。年代物の家具には、新品にはない風合いがあります。時間の経過や人の手を経てきたことで生まれたディテールが、空間に重厚感やアクセントを与えてくれます。

ヨーロッパではアンティークの古い家具が大切にされていて、修繕を繰り返しながら使い続けられるモノがたくさんあります。祖父母が使っていた家具を次の世代が引き継いでいくということも一般的です。日本でも昭和初期の箪笥や水屋、卓袱台などの古家具は人気ですね。きれいに修復して販売している専門店もあり、掘り出し物探しを楽しんでいる方もいることでしょう。また本来の使い方とは異なる用途を考えて工夫するのもひとつのアイデアです。

年代物のアイテムは高価で敷居が高く感じるものもあるかもしれませんが、長く残っているということは、それだけしっかり作られたものであるともいえます。また、お手入れ方法に迷うこともありますが、木製家具は基本的に乾拭きすれば日常的なケアはOK。暮らしの中で使うことがお手入れの第一歩です。

なお、アンティーク家具店で取り扱っているものは、販売の前にプロの手でしっかり修復されているケースが多いですが、ネットオークションや蚤の市などでは、整備前の状態のものを入手することもあるでしょう。自分で修繕を楽しむもよし、プロに修復を依頼するもよし。ここでは「家具の修復でできること」をご紹介します。

◎削り直し

木製家具はやわらかく加工しやすい「木」。表面が汚れていたら削ることができ、割れたところは削って整えることもできます。

◎ガタつきや傾きの調整

椅子やテーブルがガタついたり、引き戸がうまく開かなかったり。調整を加えてバランスを整えましょう。

◎再塗装

表面の塗装をいったん剥離して、新たに塗装して生まれ変わらせます。ラッカー塗装やウレタン塗装の場合、DIYは難しいのでプロに頼むのがいいでしょう。

◎張りかえ、つけかえ

ソファやスツール、椅子の布地やレザーの張りかえは代表的な家具の修復です。ソファをお直しに出すと、運搬費もありそれなりにコストがかかりますが、思い入れのある大切なものなら、見積もりだけでも取ってみてはいかがでしょう。また、引き出しの取っ手などパーツのつけかえも楽しいですね。

# 129 ― 椅子やスツール、ソファの再生

椅子やスツール、ソファの座面は負荷がかかって汚れやすいところ。クッションがへたって座り心地が悪くなったり、日焼けで変色してしまったり。気になる場合はお直しを検討しましょう。

ソファの、張りかえは比較的大掛かりになるため、専門業者にお願いするのが得策です。家具修理やリメイクの専門店は、さまざまなノウハウがあるので、形や素材に適した手法で、傷んだ家具を再生してくれます。また、座面が布ではなく革製品の場合もプロに相談しながらメンテナンスをするとよいでしょう。きれいな状態を保ちながら長く使い込んでいくことで、より愛着がわきます。

椅子やスツールの座面のクッション部分がへタっている場合は、交換します。ウレタンシートやチップウレタンなどのクッション材は、DIY商材としても販売されています。手作り椅子のキットとして一式セットになっているものもあるので、自分で交換したい場合は利用してみても。

また、背もたれや肘掛けがないスツールの張りかえは、DIYが初めてという人でも実は挑戦しやすい作業です。道具さえあれば、簡単にできます。

［スツールの座面の布張り替え］

◎あると便利な道具

ドライバーやニッパー、ペン（印がつけられるもの）、タッカー

（ガンタッカーがおすすめ）、ステープル（替針）、ハサミ、カッター、布

❶ドライバーやニッパーを使って、座面裏のステープルを外していきます。ネジでとまっているところは、ドライバーで外しましょう。

❷ウレタンマット（クッション部分になるところ）も交換する場合は、座面板のサイズより3～5㎜ほど余白を取って切り抜きます。布地も同様に型取りして切り抜いていきましょう。

❸布地でウレタンマットと座面板を覆い、ガンタッカーでとめたら、脚を取りつけて完成です。

## 130 — 無垢テーブル天板の削り直し

天然木を使った無垢テーブルは、削り直すと新品のようにきれいに蘇ります。オイル仕上げのテーブルであれば、小さな板に巻いた紙やすりを使って削ることができます。天板の表面がウレタンやラッカーなどの塗膜で覆われている場合は、被膜を削り落とす必要があり、ハードルは高くなります。電動のサンダーとやすりを使えば被膜ごと削ることもできますが、工具の扱いに不慣れならプロに相談するのがよいでしょう。ラッカー塗装やウレタン塗装に対応する専門店もあります。オイル仕上げのテーブルも、自信がなければプロを頼って。

電動サンダーは、購入するとそれなりにお金はかかりますが、頻繁に使わないなら、ホームセンターなどのレンタルサービスを使う手もあります。紙やすりは、木材の種類（硬度）や状態によって適した番手（粗さ）のものを選ぶ必要があります。紙やすりが破れてしまう場合は、ベースが丈夫な布やすりがおすすめです。

手動や電動でテーブルにやすりをかけ、平らになるよう削っていきます。仕上げの段階では、削る方向は木目に沿わせてください。全面を削れたら木くずを払い、水を含ませ固く絞った布巾できれいに拭き上げます。最後にオイルや蜜蝋で仕上げましょう。木目が美しく浮き上がれば、テーブルへの愛着も増してくるはずです。

一枚板など厚みのある木の天板なら、カンナで削るという手もあります。削ったあとは、やすりがけをして磨き上げ、表面加工を施します。正確な水平を削り出すのはテクニックが必要。自分でやる場合もプロに相談してから行うと安心です。

# 131 好みの天板をダイニングテーブルに

理想にピッタリ合ったダイニングテーブルに出会えればいいですが、どうも違うと感じたら、「気に入った風合いの天板をテーブルにする」という手もあります。手持ちのテーブルが天板と脚を分離できるタイプならば、天板をつけかえることが可能です。また、テーブルの脚だけも売られているので、組み合わせてこだわりのダイニングテーブルを作ることもできます。オークやウォルナット、チークなど、好みの樹種の天板を探したり、味わい深い古材を使った集成材を探したり。広い面積をしめ、毎日眺めるダイニングテーブルだからこそ、自分らしさにこだわりたいですね。

いまのダイニングテーブルは脚が外れない……という場合は、好きな天板を重ねてしまう方法があります。天板の重量が増すので脚の強度が耐えられるかよく確認を。重さ、厚みに問題なければ、天板の上に天板を重ねるだけですが必ず固定して使いましょう。

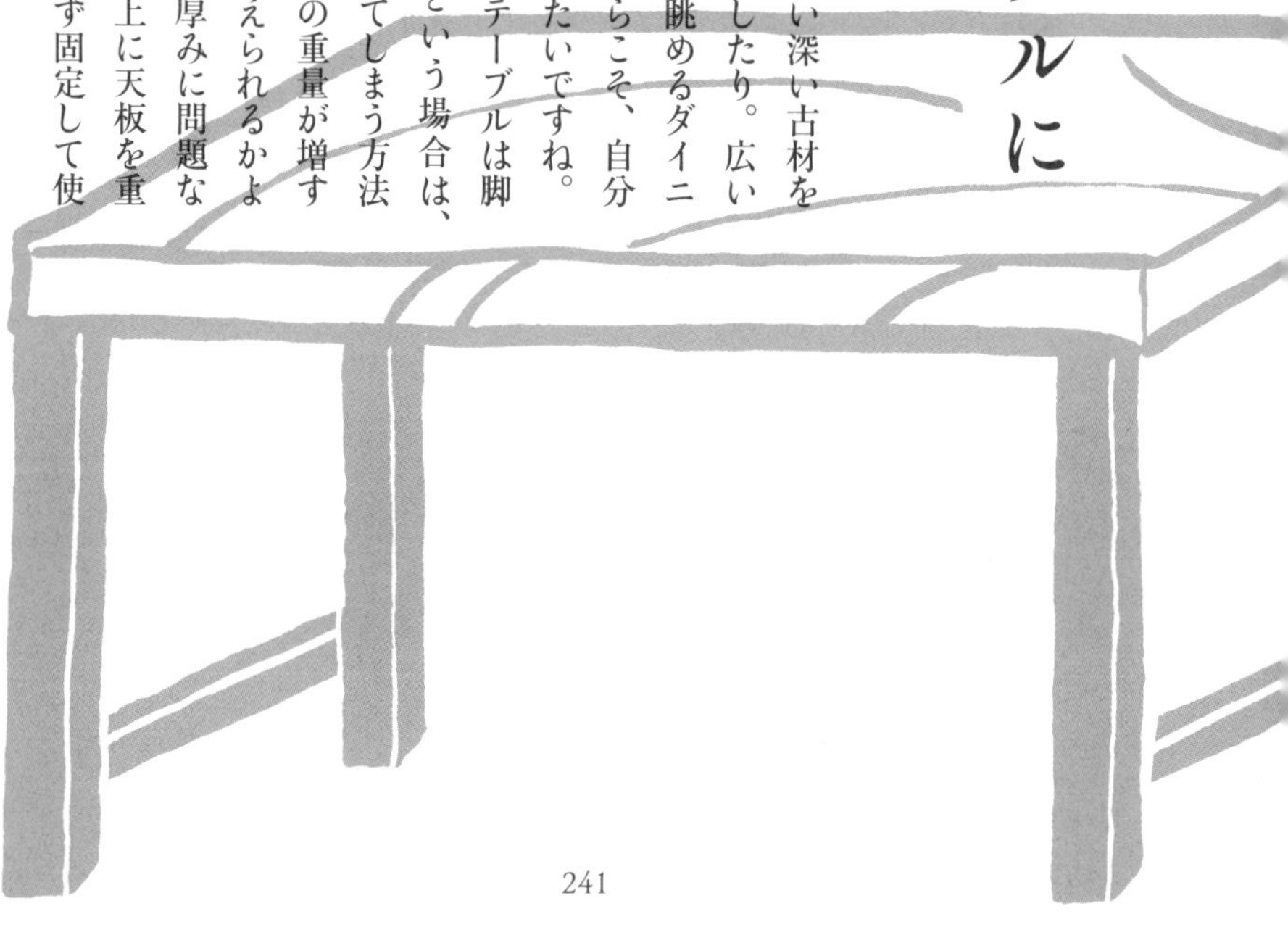

## 132

# いろいろなモノにリメイクシートを貼る

カラフルな色柄から石や木など天然素材をプリントしたものまで、さまざまな種類があるリメイクシート。床用、壁用、家具などのインテリア用など場所やモノに合わせた仕様だけでなく、防水加工やクッションを施した商品など、どんどん進化しています。

なかでも使いやすいのは、貼り直しができるタイプのシート。密着性がありながら、きれいに剥がすことができるので、気軽に貼りかえできるのがうれしいですね。100円ショップやホームセンターにも手頃な値段とサイズのリメイクシートがあるので、まずは、小さなものから試してみては。

活用法として、たとえばプラスチック製のゴミ箱にウッド調のリメイクシートを貼ると、ナチュラルな雰囲気に早変わり。見た目は木の模様ですが耐水シートなら丸洗いができる利点があります。また、簡単に貼りかえられるので、いろいろなシートを試せるのもいいところ。他にも、透明の衣装ケースやペットのトイレスペースなど、目立たせたくないものにリメイクシートを活用して空間になじませたり、逆に空間にアクセントを作るために貼ったりしてもいいですね。専門店では、サンプルをもらえるケースもあるので、いろいろ取り寄せてみるのもおすすめです。

リメイクシートを貼るときは、貼りたい場所のサイズをはかり、定規とカッターで少し大きめに切り出します。裏面に罫線が印刷されているものが多いので、その線に沿って切るとやりやすいです。裏面のシールを剥がしながら少しずつ貼り合わせて、気泡が入ったら針で穴をあけて抜いてしまいましょう。剥がせるタイプであれば、やり直しができるので安心ですね。粘着力が強いタイプのシートは、マスキングテープの上から貼ると、あとから剥がしやすくなります。

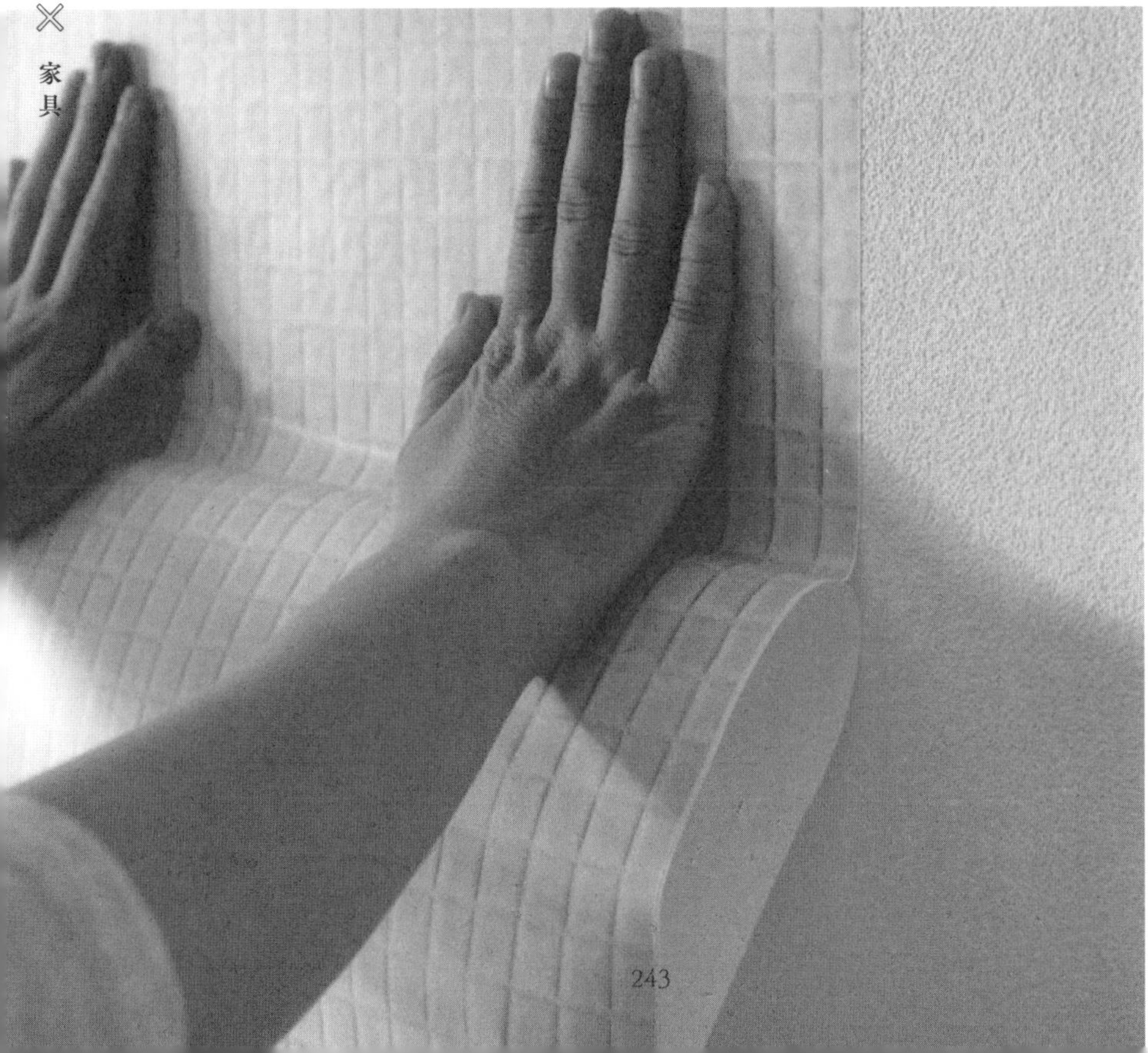

# 133 — 家に手を入れながら暮らす

地方移住や二拠点生活ブームを背景に、古い家に手を加えながら暮らしたいという人が増えています。新築戸建なら買ったときが一番ピカピカでよい状態、経年とともに劣化していくのが常ですが、はじめから築年数の経った家を選んで、日々、自分好みに手を入れてDIYも楽しみながら暮らしていく、という選択肢もあります。

築年数が古い家は、入居前に家の状態を入念にチェックしましょう。場合により、大規模なリノベーションを行う必要があるかもしれません。内装に目が行きがちですが、重要なのは屋根や壁、床といった構造部分、それに水回り、電気などのライフラインです。物件を新たに探すなら、壁から浸水していないか、屋根の内部の状態はしっかり確認しておきたいところです。古民家とまでいかない中古住宅でも、購入するなら住宅診断（ホームインスペクション）のプロに事前診断を頼むのもおすすめです。

住み始めてからも、日頃から異常がないか確認してこまめにケアしていくことで、住まいの心地よさは持続できます。長く楽しく暮らすためのポイントが

「修繕のイメージを持っておく」ということです。

いきなり何かが壊れるのが古い家。不具合が出たときに、ありあわせの建材やパーツで修繕しなくてはいけなくなると残念ですよね。あらかじめ、ここはいつかこうしたい、この素材で直したいという計画を持っておきましょう。またトラブルが起きた際の相談先も見つけておきたいもの。小さなことでもアドバイスをもらえる相手がいると安心ですね。定期的にプロによるメンテナンスが必要な外壁の修繕などは、あらかじめ予算などを把握し、備えておくとよいでしょう。

134

# アクセントウォールを作る

リビング、キッチン、寝室、洗面所やトイレなど、部屋の壁面の一部だけ色やデザイン、質感が異なるアクセントウォールに変えると、空間がグッと引き締まり、華やかさが生まれます。気軽に試せるのは、アクセントクロス。剥がせる壁紙として販売されている商品も多種あるので、賃貸住宅でも取り入れやすいのが魅力です。リメイクシートも手軽ですね（Ｐ２４２参照）。質感にこだわるなら、タイルや木材などを加えてもいいですね。パネル状に加工された木材を壁に沿ってはめるだけで木の壁が仕上がるアイテムも売られています。ＤＩＹ初心者でも取り入れやすく、高級感もあるのが魅力です。また最近は、黒板やホワイトボードになる壁紙や塗料もあり、デザインとしてだけでなく実用性にすぐれた商品も増えています。凹凸をつけて仕上げたいなら漆喰風の塗料もおすすめです（Ｐ２４７参照）。

アクセントウォールは人の目を集める部屋の顔＝フォーカルポイントになります。映える場所を意識して作りましょう。おすすめは、部屋の入り口やいつも座っている位置からまっすぐ先にみえる壁。視界に入る機会が多いところに作ると効果的です。

# 135 壁にテクスチャーを加える

部屋にニュアンスをプラスする方法のひとつが、塗りの壁です。日本には古来、漆喰や土壁、砂壁などさまざまな塗りの壁がありました。現代では壁紙のほうが安価で手軽なためあまり見かけなくなっていますが、使った素材の質感を直に味わえる塗りの壁は、取り入れるとインテリアがグッとこなれた印象になります。漆喰は耐久性が高く調湿効果にも優れた素材。白くなめらかな独自の質感に心惹かれる人もいることでしょう。ただ、現代の住宅で施工する場合、お金も時間もかかります。

そこでおすすめなのが、「STYLE MORUMORU（通称：モルモル）」という漆喰風の塗料です。自然素材の塗料ではありませんが、壁紙の上から塗ることができるので、塗り重ねはもちろん、飽きたら壁紙ごと剥がせます。そして一番の利点は、手で塗れること。適量取って、ビニール袋をはめた手のひらで塗り広げればいいだけという気軽さが、作業のハードルを下げてくれます。穴や溝、段差、ヒビ割れなどを埋めるためのパテとしても利用でき、汚れたら上から塗り直しも容易です。わざと凹凸をつけて塗れば、存在感のあるテクスチャーの完成です。

それでもやはり本物の漆喰を使いたいという場合は、ＤＩＹ用に改良された「漆喰うま～くヌレール」などを使ってみてもよいでしょう。壁面にも自然素材を取り入れて、心落ち着く空間を作るのも一案です。

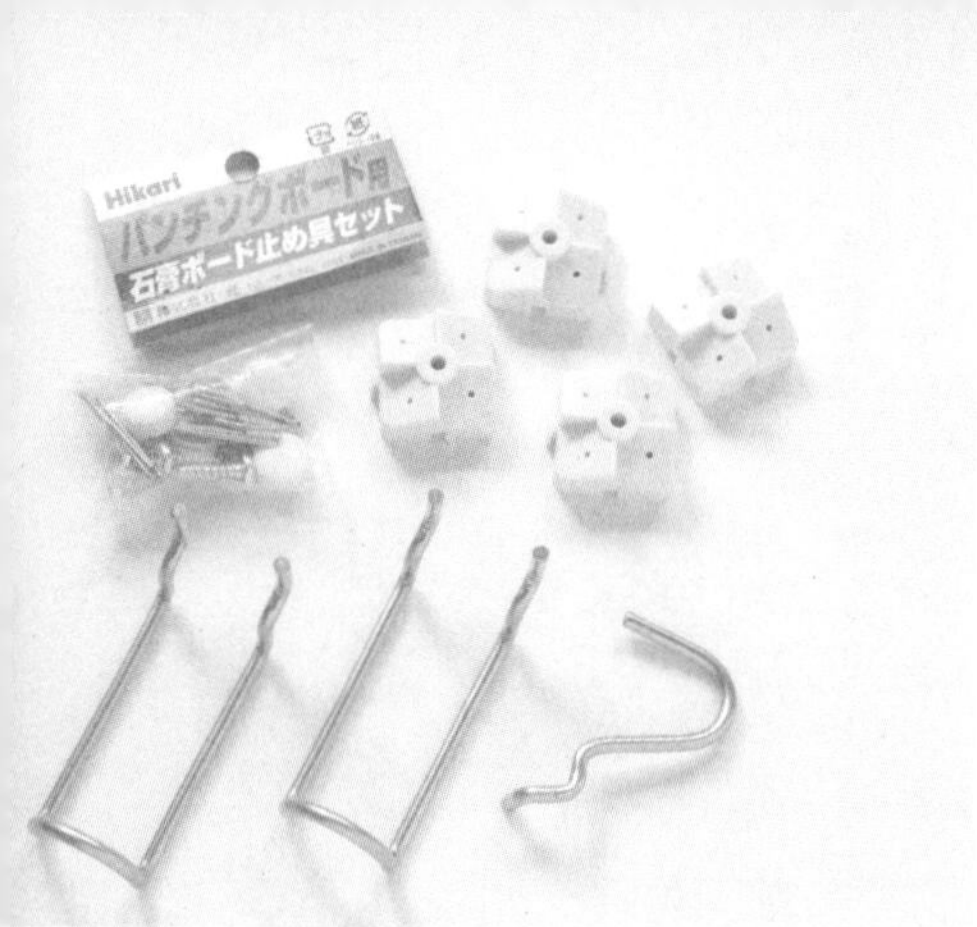


# 136 有孔ボードを壁につける

見せる収納がしたいときに近年人気なのが、有孔ボード（パンチングボード）。有孔ボードは壁に設置するので、場所を取らずに細々としたモノを収納することができます。たとえば、玄関の一角に取りつけて、荷造り紐やガムテープ、カッターなどそこで使う道具をひとまとめに。ウォークインクローゼットに設置して、カバンや小物、キャンプ用品をずらりと並べて保管するのもいいですね。キッチンスペースに取りつけて調理器具やスパイスを並べるのも実用的です。ＤＩＹ用の工具も有孔ボードで定位置を決めてあげれば、モノが迷子になるのを防げます。

あると便利な有孔ボード収納ですが、注意点はズバリ、壁に穴があくこと。有孔ボードを受けるアンカーを壁に打ちつけて固定するので、壁へのダメージは避けられません。取りつけた穴

を目立たせたくないときは、あらかじめ柱を立てて（P250参照）そこにアンカーとボードを設置するといいでしょう。壁面と有孔ボードの間には、10〜20㎜くらいの隙間があくようにして、穴にフックを取りつけます。フックに直接モノをかけたり、棚を作ってのせたりするため、穴の間隔に合うフックを選ぶのも重要なポイント。一般的な有孔ボードの穴の間隔は25㎜と30㎜です。収納したいモノのサイズを測り、1枚の有孔ボードに収められる量を計算してから配置すると仕上がりが美しく、すっきり片づきます。

# 137

# 柱を立てる

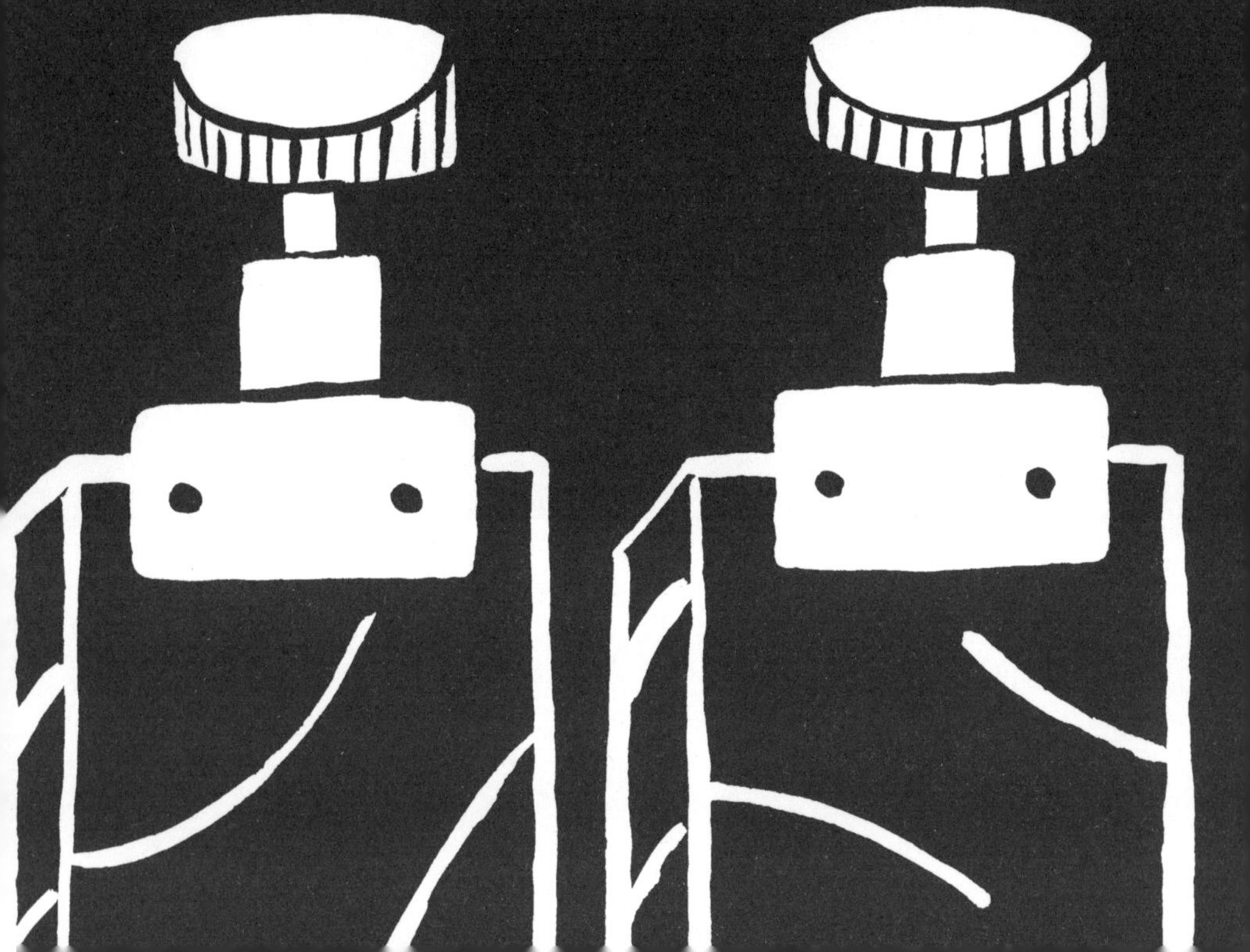

原状回復が求められる賃貸住宅の場合、壁に釘を打ったりペンキを塗ったりというのは難しいこと。それでも自分らしく手を加えて暮らしたいと思ったときに役立つのが、ラブリコやディアウォールといったアイテムです。ツーバイフォーなどホームセンターでも入手しやすい規格の木材をはめ込み、バネやねじの力で突っ張ることで、木材を柱のように立てることができます。

柱を立ててしまえば、そこに金具をつけてモノをかけたり、有孔ボードや棚板をつけて収納にしたりすることもできます。複数の柱を立てて間にベニア板を打ちつければ、部屋の間仕切りのようにも使えます。本来の壁に沿ってベニアの壁を作れば、DIYし放題のスペースができあがり。ペンキや塗料を好きなだけ塗って室内の雰囲気を変えてみましょう。ライフスタイルや趣味の変化に合わせて自由にアレンジを楽しんで。

[可動式柱の立て方]

❶ まずはどこに柱を立てたいのか構想を練りましょう。簡単なものでいいので図面をひくと失敗を減らせます。

❷ 必要な木材の長さを算出するため、柱を立てる場所の床から天井までの高さを測ります。ラブリコの場合はその高さからマイナス95㎜、ディアウォールの場合はマイナス45㎜した長さが必要な木材の長さになります。

❸ 算出した長さにあわせて柱をカットします。DIYに不慣れなら、ホームセンターでカットしてもらうと安心です。

❹ 基本的に専用器具などは不要ですが、各メーカーの取り扱い説明書の手順で柱を立てましょう。

# 138 突っ張り棒を上手に使う

ちょっとしたＤＩＹに活躍する突っ張り棒。１００円ショップでもいろいろな長さや質感のものが手に入るので身近なアイテムといえるでしょう。そんな突っ張り棒ですが、いざ使ってみたら頻繁に落ちる……なんて人もいるのではないでしょうか。

突っ張り棒を安全に活用するために、まず正しい突っ張り方をマスターしましょう。ありがちな間違いが、「突っ張りたいところより短く調整した突っ張り棒を、長くなるように回しながら突っ張る」ことです。この方法だと耐荷重が低くなり、上にものをのせると落ちやすくなります。おすすめの方法は以下の通りです。

❶ 突っ張り棒の長さは、突っ張る長さより長めに出して調整します。こんなに長いと入らないかな？　と思う程度に長くして構いません。

❷ 突っ張り棒を斜めにして空

間に差し入れます。棒が床と天井に対して水平になるようにグッと力を入れて押し込みましょう。

この方法だと、簡単には落ちることなく突っ張れます。ただし、壁紙が摩擦でこすれることがあるので注意しましょう。

また、使い方のアイデアをいくつかご紹介します。まずはオーソドックスに、棚。トイレなど幅のない場所に棚を作るのに突っ張り棒は便利です。2本をギュッと並行に突っ張ったら、長さを揃えた棚板を上におきます。たとえば足場板の古材など雰囲気のある板を使うと、おしゃれ感もプラス。

間仕切りがほしいときも突っ張り棒は使えます。天井近くに突っ張れば、カーテンレール代わりに。クロスにハトメで穴を開ければリングを使って掛けることができます。ＩＫＥＡの「SYRLIG（スィールリグ）」などクロスを簡単に吊り下げられるアイテムや、あらかじめ穴が開けられたクロスもあります。

また、クロスのかわりにＳ字フックや引っ掛けるピンチを突っ張り棒にかければ、吊るす収納に早変わり。気に入ったポストカードなど下げておいてもいいですね。

# 139 タイルを貼る

色、柄、形、質感が豊富にそろい、ＤＩＹの素材として人気のタイル。選び方や組み合わせ次第で、さわやかな西海岸風、レトロ風、カントリーテイストなど、自在にイメージを広げてくれます。台所のシンクや洗面所、トイレなど水回りを中心に取り入れたい素材です。魅力的なタイルですが、実際に自分で貼ると工程が多く、時間もかかるため根気が要ります。まずタイルを貼る場所のサイズをはかり、養生をするまでは壁紙を貼る作業と同じ（Ｐ１５２参照）。そこから「割りつけ」という作業でどうタイルを貼っていくかを決めたら、壁にボンドを塗ってタイルを貼っていきましょう。最後にタイルとタイルの間の隙間（目地）を目地材とよばれる樹脂で埋めていきます。目地をなくしてピッタリとタイルを並べる「突きつけ」という貼り方もあり、この場合は埋める作業は不要になります。

さて一番の難関といえるのが、半端なスペースにタイルがはまるようタイルを切る作業。陶器やセメント製のタイルをきれいにカットするのは難易度が高く、タイルカッターやノコギリ、専用工具が必要になります。この作業ができない場合は、なるべく小さなタイルを使って、目地の幅を調整することで帳尻をあわせる方法もあります。

タイルは、複数枚が並べられてシート状になっているものや、シール式になっているものもあります。ＤＩＹする際の手間を減らすことができるので、おすすめです。

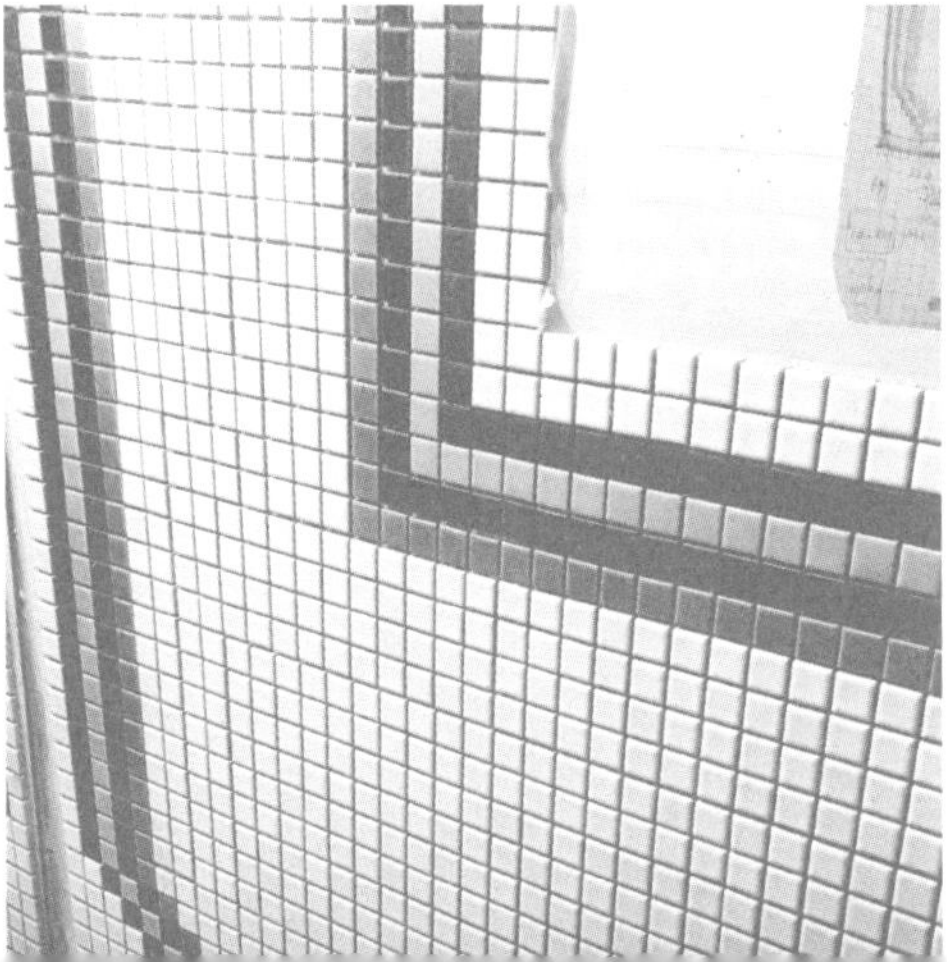

TOOLS COLUMN

# 工具の種類と使い方

ちょっとした修繕から本格的なリフォームを視野に入れたDIYまで使える基本の道具や工具。これだけはあると便利というラインナップを初心者でも扱いやすい視点でご紹介します。電動工具はホームセンターでレンタルできる場合もあるので、購入以外にも貸出サービスも探してみましょう。

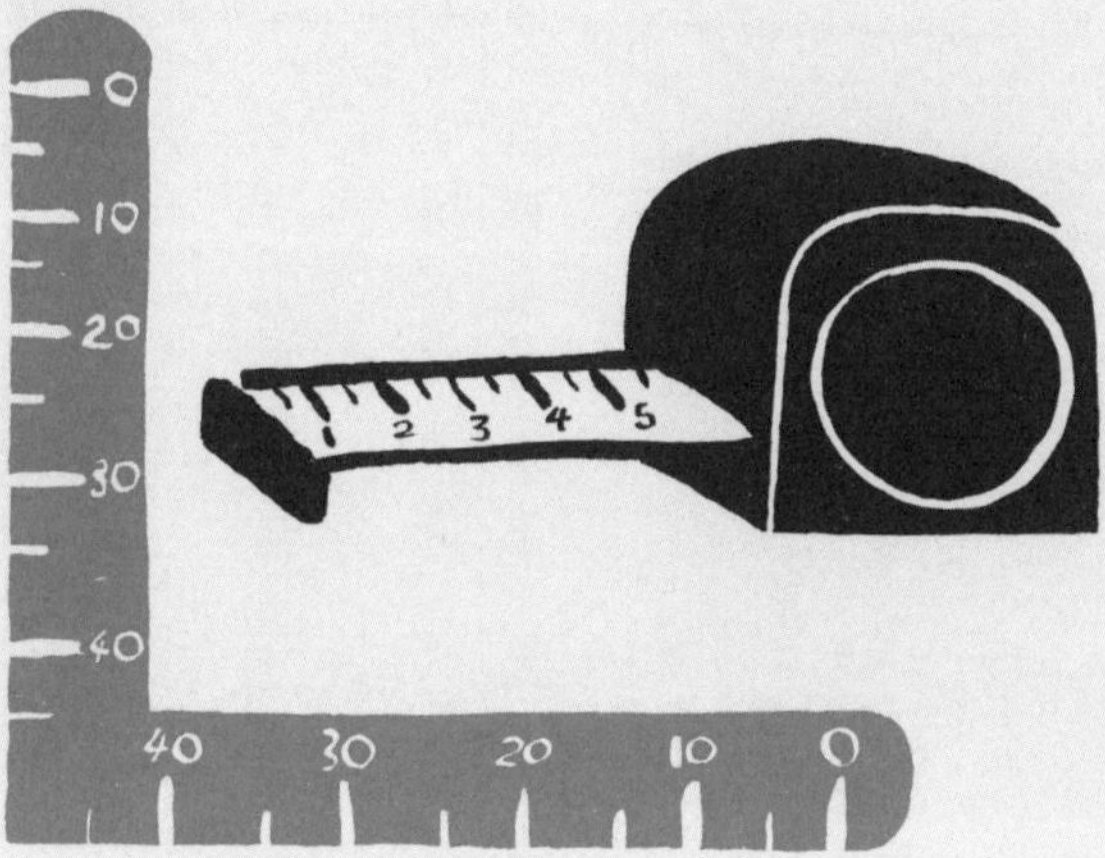


## ☑ のこぎり

木材を切り出すのに便利な、のこぎり。手動のこぎりは、コンパクトな設計でグリップが短いものがおすすめ。替刃が着脱できるタイプだと交換しながら長く使えます。電動式は丸ノコが初心者でも扱いやすいです。丸ノコガイドもセットで使いましょう。

## ☑ ドライバー

ねじの緩みを直す程度なら普通のドライバーでもいいですが、インパクトドライバー（電動ドライバー）があると作業効率が向上。力がいるねじの着脱も一瞬でできるので、軽量でコンパクトなタイプが1台あると便利です。

## ペンチ／ニッパー

主に金属線を切ったり、電線の被覆をむいたりする作業に適したニッパー。細く、深く刺さった釘を取るのにも重宝します。ペンチは、針金を曲げるほか、ナットを締めるのにも使えます。手芸をやる人は、小ぶりなラジオペンチも用意しておくといいでしょう。

## 金槌（ハンマー）

釘などを叩いて打ち込むのに使う道具。金槌のうち、頭部の両端の打面が平らと曲面になっている「げんのう」は、釘打ちを仕上げる際に、曲面を使うと対象物を傷つけずにきれいにできるのでおすすめです。

## スクレーパー

ヘラ状の刃がついた工具で、ガラスやタイル、壁、床などから塗料や接着剤などをこそげ落とすのに使います。細い隙間に差し込んで力を入れることができるので、コンセントカバーや塗料缶を開けるのにも便利。カッターがついているタイプは、壁紙を剥がすのに最適です。

## 差金／コンベックス

あると便利な差金は、直角や寸法を測るのに重宝します。コンベックスは、メジャーやスケールと同じものですが、計測部が薄い金属製で断面が湾曲しているものを指します。先端の爪を引っ掛けて効率よく長さを測ることができ、プロの現場調査で使われています。

## サンディングペーパーホルダー

紙ヤスリや布ヤスリは直接手で持って作業するのではなく、専用のペーパーホルダーにセットして使うことで安全性が高まり、仕上がりもきれいに。手軽で使いやすいロール状の紙ヤスリ（リフィールロール）をホルダーにつけられるタイプも。

# ねじ・釘の種類

TOOLs COLUMN

製品の組み立てや修理時に必要なねじや釘。種類が多く、違いがわかりにくいですが、それぞれに役割があり、適したものを使用する必要があります。

ねじには、ねじ山と呼ぶ突起があり、回転させながら取りつけます。木材やプラスチック、金属や精密機械、建材や車両など、素材や規模で使われるねじの種類が変わります。また、締めつけて固定した後で緩めることも可能で、再利用できるツールです。

一方で釘は、金槌などでしっかりと打ち込んで固定させるため、基本的に再利用はしません。木材を留めるのが主流で、細く、強度のある釘は、建築現場でも必ず使われているツールです。コンクリートに使える「コンクリート釘」など目的により素材や形状を選んで使える利点があります。

## ［主なねじの種類］

### ☑ 小ねじ

一般的に使用されているねじで、頭の形がＪＩＳやＩＳＯ規格のもの。あらゆる分野で広く使われている「なべ小ねじ」は、上面の角に丸みがあるタイプ。頭が平で座面が円錐形のものは「皿小ねじ」、頭は丸みがあるけれど座面が円錐形のものは「丸皿小ねじ」など、形状により呼び名も変わります。

### ☑ ビス／タッピング・ドリルねじ

先端が尖り、ドリルやドライバーで穴を開けなくてもねじ込んでいくことができるタイプ。ビスは直接木材や薄い金属素材の取りつけと取り外しが可能。タッピングやドリルねじは、下穴を開けて締めるタイプもあり、石膏ボードや調整下地材に使える種類も。

## ボルト／ナット

ボルトはねじの外側に螺旋状の溝があるもの(雄ねじ)で、ヘッド部分が四角形や六角形のかたちをしているものが多いです。ナットと組み合わせて使います。ナットはスパナやレンチで締める「六角ナット」のほか、手で締めたり緩めたりできるタイプの「蝶ナット」、「アイナット」などがあります。

## 座金／ワッシャー

ねじの緩み止め、ナットの脱落防止などに使われる金属板。ねじと固定する対象物の間やボルトとナットの間に挟むと、緩みにくくなるといわれています。



# [主な釘の種類]

## スクリュー釘

ねじのように螺旋状になっていて、打ち込んだ後の保持力が強い釘。強度が強く、床板をはじめ建築部材や梱包箱、ボード類などに多用されます。

## 丸釘

主に木材同士をつなぐのに使われる釘。ステンレスの釘は、アルミサッシやアルミ板の取りつけにも使われます。

## コンクリート釘

コンクリート専用の釘ですが、保持力は高くないため、強度を増すためにはアンカーボルトなどが必要。用途としては、コンクリートに打ち込んでフックのように使います。

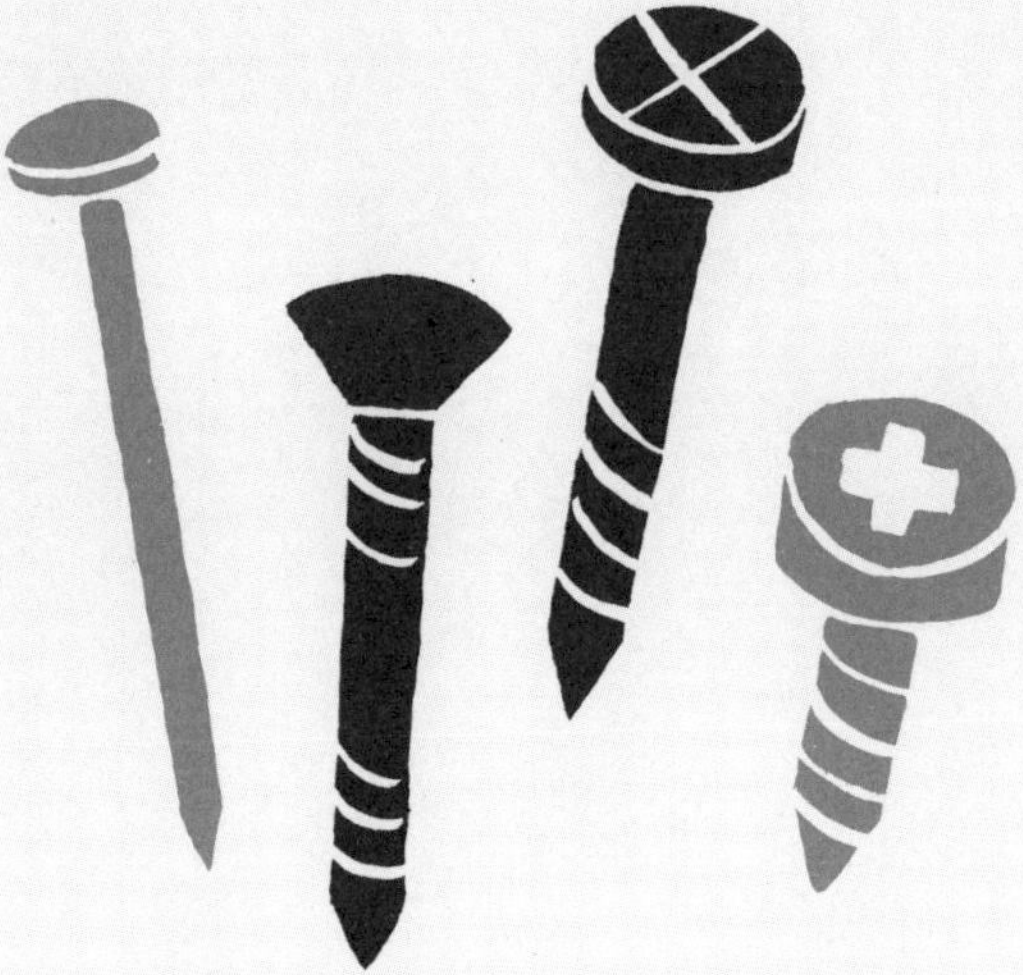

140

# 木材にワックスやオイルを塗って好みの色にする

一口に「木材」といっても、樹種や板の取り方によって色や質感はさまざま。明るい木の家具はナチュラルな雰囲気や北欧インテリアになじみ、暗めの色はどっしりとした民藝的な内装やヴィンテージ風、男前インテリアになじみます。

理想のお部屋を作るなら、イメージにあった色味の家具をそろえたいと考えますが、いま所有している家具の色がすべてそろっているとは限りません。買い直すのもなかなか大仕事と迷ったときに選べる手段が、塗りかえです。

無垢材でできた家具でオイル仕上げのものならば、表面をやすりがけしてワックスやワトコオイルを塗ることで色味を変えることができます。ワトコオイルは植物油ベースの木部用オイルで、木目や木の質感を保ちながら色だけを変化させられるのが魅力。抜け感のあるナチュラルな色味から赤やダークブラウン系などがそろい、混ぜてオリジナルカラーにもできます。ただし、基本的には薄い色から濃い色への塗りかえとなり、濃いものを薄くするのは、表面をかなり削る必要があり、現実的ではありません。

木製家具のほかにも、木製ドアや建具なども、同じ要領でチャレンジできます。またシェルフの棚板など、木材を使ってDIYするときも、ホームセンターで買ってきた白木の板に、ワックスやワトコオイルを塗ることで理想の色味にすることも可能です。

なお、表面がラッカーやウレタン塗装されている家具は、塗りかえの前に塗装を落とす必要が

ありま す。これはなかなか大仕事になるので、木目は覆われてしまいますが、ペンキで塗りかえるのが現実的でしょう。原状回復したいならリメイクシートを貼りましょう（P２４２参照）。貼った上からペンキで仕上げれば塗りも楽しめます。

# 141

# アイアン塗料で建具やドアに金属風の質感を出す

どの素材に塗っても、金属風の仕上がりになるというアイアン塗料。○重たいドアや取りかえが難しい窓枠やサッシ、ドアノブなども塗りかえで質感を変えることができます。あえて長く使いこまれたシャビーシックな雰囲気にしたり、無骨なインテリアなどにもマッチします。

そんな変化を楽しめるアイアン塗料ですが、塗料の扱いには注意が必要です。アイアン塗料は油性塗料。専用のうすめ液（ラッカーやシンナー）で薄めて使います。においがきつめで、塗料の粘度が高いので、必ず換気をしながら作業をし、肌につかないよう手袋、軍手で保護しましょう。

きれいに仕上げるコツは薄く塗り、しっかり乾かしてから塗り重ねること。ゴツゴツさせたいといきなり分厚く塗ると乾きが遅くなってしまいます。鉄のような質感を出すためには、ポンポンと叩くようにして塗ったり、あえてムラを出したりするのもいいですね。塗り終わってから、やすりでザッと磨くと手触りに変化が生まれて味わい深くなりますよ。

TOOLS COLUMN

# ペンキ、ローラー、刷毛の種類

壁を塗りかえるときに悩むのがペンキ選び。色以外にも、ツヤがあるかマットなのかでも印象が変わってくるので注意しましょう。またペンキを塗るのに不可欠なローラーと刷毛も無数に種類があるため、ここでは壁面に使用しやすいタイプをご紹介します。

## ［ペンキの種類］

### ☑ 水性塗料と油性塗料

ペンキには水性と油性の2種類があります。内装に使用するのは、基本的に水性塗料。においがほとんどせず、使った道具類は水道水で洗うことができます。

一方油性塗料は、水性よりも耐久性・密着性が高いため、屋外や金属への塗装にも使用されます。乾燥時にシンナーが揮発するため、扱いには注意が必要です。

### ☑ ツヤありとツヤなし

水性塗料には塗ったときにツヤが出るものと出ないものがあります。ツヤの度合いは「全ツヤ」、「7分ツヤ」、「半ツヤ(5分ツヤ)」、「3分ツヤ」、「ツヤなし」などと表現されます。最近はマットな質感が人気ですが、耐久性が高いのはツヤありのほう。水濡れや油汚れをよく弾いてくれます。

## ［ローラーの種類］

壁のように広い範囲を塗るときは、主にローラーを使います。ローラーの毛の長さを「毛丈」といい、長毛～短毛まであります。オールマイティに使えるのは、長毛と短毛のよさを兼ね備えた中毛タイプです。

### 長毛タイプ

塗料をたくさん含むので、広い面を塗るのに適しています。凹凸面にも毛が入り込むため、塗り残しが少なくなるのも特徴。ただし、塗料を含む分ローラーが重たくなり、ムダも出やすいデメリットがあります。

### 短毛タイプ

塗料を含む量が少ないので垂れにくく、部分的な塗り直しにも適しています。一度に付着する量が少なく重ね塗りする必要はありますが、塗り跡が残りにくいので仕上がりがきれい。重たくならないので、細かい部分でも動かしやすいというメリットがあります。

## ［刷毛の種類］

細かい部分にはローラーではなく刷毛を使用します。

### 水性用刷毛

水性塗料専用の刷毛で、山羊や馬、豚の毛のほか、ポリエステルなども使われます。毛がやわらかくコシがあり、塗料を多く含むのが特徴。なかには速乾タイプの塗料に使用できないものもあるので、購入時に注意してください。

### 目地刷毛

その名の通り目地のような細かい部分を塗るのに適した刷毛。1本持っておくと作業効率が上がるので重宝します。水性用と油性用があります。

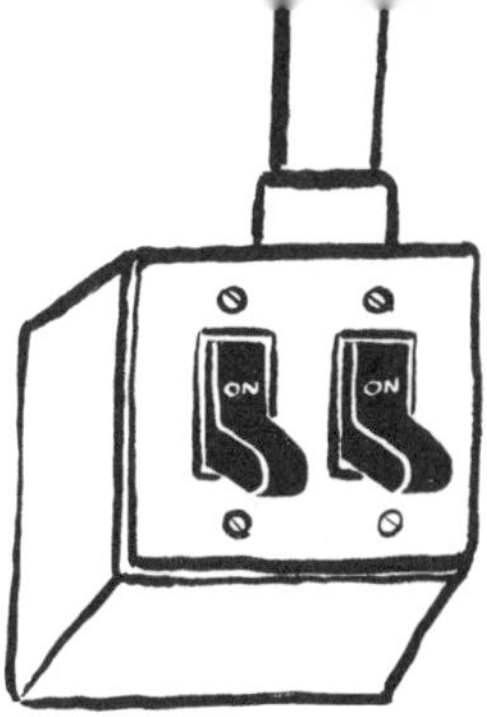

# 142 ― スイッチやカバーを変える

内装に手をかけだすと部屋の細部までこだわりたくなりますね。たとえば壁のスイッチ。まず大前提として、スイッチそのものを変える作業は、電気工事資格を持っているプロの専門業者以外禁止されています。自分でできるかもと触ってしてしまうと感電・火災の危険性があり、また罰せられることもあります。必ず工務店など専門業者に依頼しましょう。

プロの手を借りれば、スイッチもいろいろな工夫ができます。レバーでオンオフを切り替えるスタイリッシュな「トグルスイッチ」に交換することも可能ですし、人感センサーつき、リモコン対応など機能性スイッチにすることもできます。

一方、スイッチカバーだけを変えるなら、自分で取りかえられます。壁に穴を開けることもないので、賃貸でも問題ありません。用意するものは、プラスドライバーと新しいカバー、ビスの3つ。カバーは既存のスイッチがピッタリ収まるサイズを選びましょう。カバーの表にネジ穴が出ているタイプは、ドライバーで緩めて外し、新しいカバーを同じように被せてネジどめすればOK。化粧カバータイプは、マイナスドライバーを差し込んでスライドさせて開けてから、フレーム部分を外して同じようにつけ替えます。

カバーだけの交換は、コンセントカバーも同じ要領で取りかえられます。ただし通電しているので、くれぐれもカバーやフレーム以外は、勝手にいじらないようにしましょう。

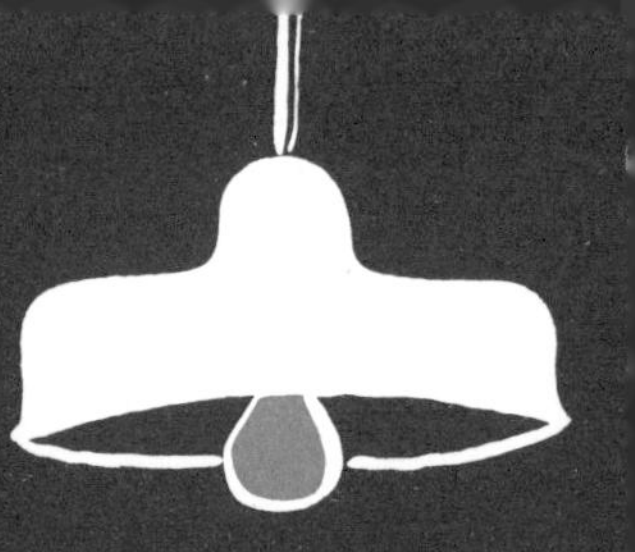

# 143 — 照明をつけかえる

照明器具をつけかえるときは、自分で交換できる範囲か確認してから行いましょう。天井に取りつけるタイプのシーリングライトの場合は、まずカバーを外すとわかります。配線器具が取りつけられているなら、自分で違うものにつけかえが可能。「引掛けシーリング」、「埋め込みローゼット」という器具がついていれば、新しい照明のプラグを挿しこみ、カチッというまでひねって固定すればいいだけ。適合する形を間違えないように気をつければ、シーリングライトからペンダントライトに変えるなど、いろいろなデザインの照明につけかえが可能です。ただし、やはり電気に関わる部分なので、心配なときは工務店などに依頼するようにしましょう。

配線器具がなく、照明器具に直接配線されている直づけ型の場合は、電気工事士の資格がなければ作業できません。明るさが調節できる調光式タイプの照明につけかえる際は、スイッチ元も変える必要があります。

このように、配線工事をともなう照明器具の交換は、迷わず専門業者に依頼しましょう。工務店のほか、リフォームやインテリアを取り扱う会社が取り次いでくれることもあるので、照明を買い求める際に尋ねてみてもいいでしょう。

# 144 吊り下げライト（ペンダントライト）の高さや位置を調整する

ダイニングテーブル上などに吊り下げらるとすてきなペンダントライト。天井に取りつけるシーリングライトが部屋全体を明るく照らすのに対して、ペンダントライトは部分的に明るい部分を作り、部屋に陰影や奥行きを与えてくれます。吊り下げるものなので、照明自体が視界に入り、気に入ったものを選べばインテリアのポイントにもなります。

部分的な明るさを生み出すペンダントライトは、適切な場所に設置することが大切です。天井からどのくらいの長さで吊るすかによって、行き渡る明るさだけでなく、部屋の雰囲気も変わるからです。ダイニングテーブルの上に設置する場合は、手元と並べた料理に光が美しくあたるよう、コードの長さを調整しましょう。手軽なのはコードクリップ。コードをくるっと輪にしてとめるだけです。おしゃれなクリップを選べば、見えていても気にならないでしょう。余ったコードを見せたくないなら、コードリールを使ってリールの中にコードを巻き取って隠せるので、見た目がすっきりします。

では高さではなく、位置を調整するにはどうしたらいいでしょうか。通常、ペンダントライトは天井にある配線器具にプラグ

を取りつけて設置します。配線器具の下にちょうどダイニングテーブルの中央がくればよいですが、ズレてしまうこともあります。そんなときは、コードハンガーが便利です。配線器具からコードを移動させて、吊り下げたい位置で固定することができます。また、天井に照明用のバーがついていることがあります。これはライティングレールと呼ばれるもので、レールのどこに照明器具のプラグをつけても通電するようになっています。気軽に照明の場所を変更できるほか、複数のシーリングライトを導入したりスポットライト型のモノに取りかえたりするにも簡単です。天井に配線器具がついていれば、そこにはめるタイプのライティングレールを新たに取りつけることができます。レールにはフック型のパーツをつけることで観葉植物やカゴなど自由に吊り下げることもでき、インテリアの幅が広がります。

145

## ― 壁に棚を作りつける

壁一面に本や洋服など大好きなアイテムを収納したり、雑貨を自由に飾ったりしたいと思ったことはありませんか？　そんな壁面収納の可能性を広げてくれるのが可動棚です。棚柱と呼ばれるレール状の金属を壁に設置し、そこに棚受け用のパーツを取りつけて棚板を固定します。自由に棚の位置を変えられるのが魅力です。棚の位置は変更できませんが、壁に直接金属の棚受けをつけて棚板をのせる方法も一般的ですね。

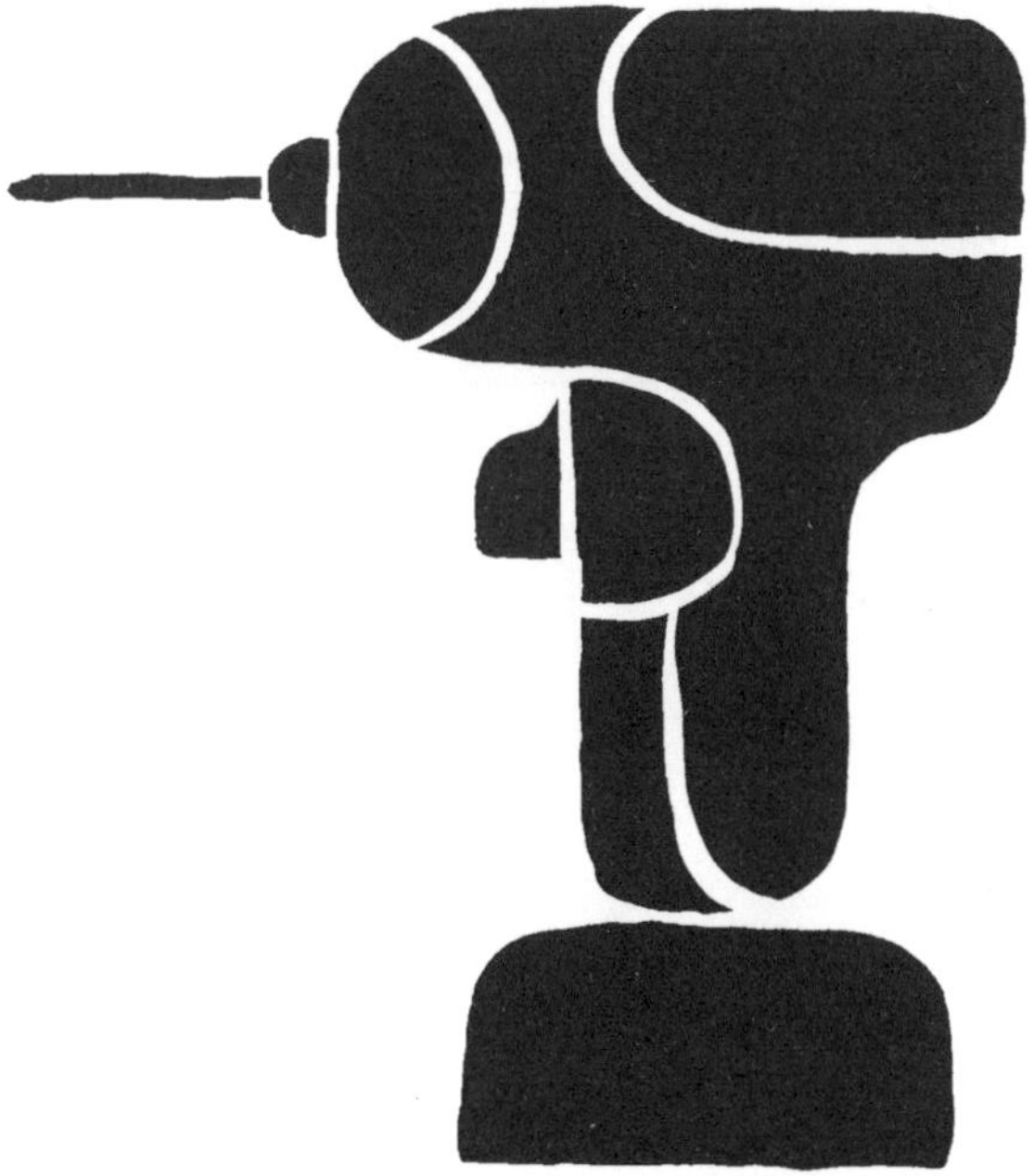

部屋づくりのイメージを広げる作りつけの棚ですが、実はどこにでも取りつけられるものではありません。石膏ボードの壁だと強度が足らず、モノをのせたときに落下する危険があるからです。一般的な住宅の壁は、間柱の間を石膏ボードで覆うようにして作られています。間柱のないところの石膏ボードの下は空洞です。そして石膏ボードの芯は石膏の粉。ネジをさしてもすぐにゆるんでしまいます。

つけるのに最適な場所は厚い下地が入っている壁の部分なので、下地探しなどを使って適切なところに設置を。

家を建てる場合は、「ここにテレビを掛けたいからあらかじめ下地を入れてほしい」といった設計をしますが、そうでない場合はどこに下地があるのかわかりません。そんなとき、下地のある場所を正確に探せるのが、壁裏探知機。針タイプやセンサータイプなどがあります。慣れた人は壁を叩いた音の変化でわかるといいますが、素人は機械に頼るのが確実。下地の場所が確認できたらマスキングテープで印をつけておきます。DIYの際は、水平垂直がゆがみがち。水平器を使うと高さがそろうので安心です。取りつけの際はしっかりと壁面に固定するのに力がいるので、インパクトドライバー（電動のドライバー）があるといいですね。

棚柱を設置するタイプの可動棚にはいろいろ種類があります。あらかじめ棚柱と棚受けのパーツ、棚板がセットになっている商品もあるので、お試しを。

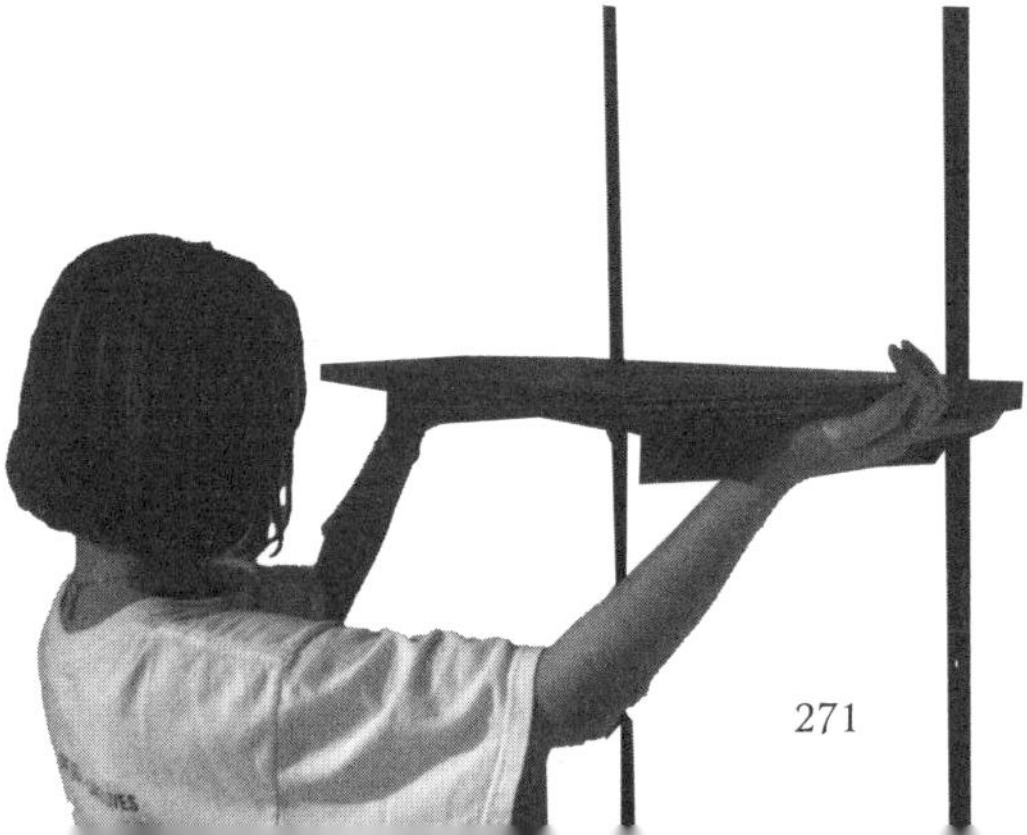

146

# ハンガーバーを好みのものにする

洋服やタオルを掛けたり、S字フックで吊り下げ収納をしたり。どんな家にもひとつは設置されているハンガーバー。洗面所の天井にあれば、洗濯物をそのまま干せますすね。細手のものをカーテンレールのかわりにしてもおしゃれです。モノをかける以外にも、棚板に上向きにつければ落下防止ストッパーになりますし、雑誌を立てて飾るような使い方も素敵です。一口にハンガーバーといっても、鉄やステンレス、真鍮など、素材によって質感が異なります。また長さや太さもさまざまなので、空間の雰囲気や目的に合わせて選ぶのがおすすめ。長さをオーダーできるものもあります。

取りつけは、ネジや釘を使って設置するものが主流ですが、タイルやコンクリート面につけたいなら接着式のものも。強度は落ちますが、吸盤式のものも手軽です。

モノをかけるバーなので、作りつけの棚と同様、設置場所には下地が必要です（Ｐ２７１参照）。今まであったバーをつけかえるなら下地が入っているはずですが、増設するときにはしっかり確認しましょう。

# 147 ブラインドやロールスクリーンを取りつける

昨今のブラインドは、木製タイプをはじめ、洗練されたおしゃれなものが増えています。窓辺をブラインドにすると室内の雰囲気が一気に変わります。また、カーテンをかけるには幅が狭いところ場所や、脱衣所など目隠しが場所などには、ロールスクリーンもおすすめです。

ブラインドやロールスクリーンはカーテンレールと同様、窓枠の外側に設置する「正面づけ」と、窓枠の内側に設置する「天井づけ」のふたつの設置方法があります。どちらもブラケットというパーツをビスでしっかり固定して、そこにブラインド本体をはめ込んで設置します。住宅事情によって取れる手段が変わるので調べてみましょう。設置には電動ドライバー（インパクトドライバー）があるといいでしょう。なお、賃貸住宅など取りつけ用の穴を新たに開けにくい状況なら、カーテンレールに引っ掛けて上げ下ろしできる軽量タイプのブラインドやロールスクリーンもあります。ブラインドもロールスクリーンも、カーテンと同様に規格サイズが合わなければオーダーが可能です。きっちり仕上げたい人は採寸のうえ注文を。

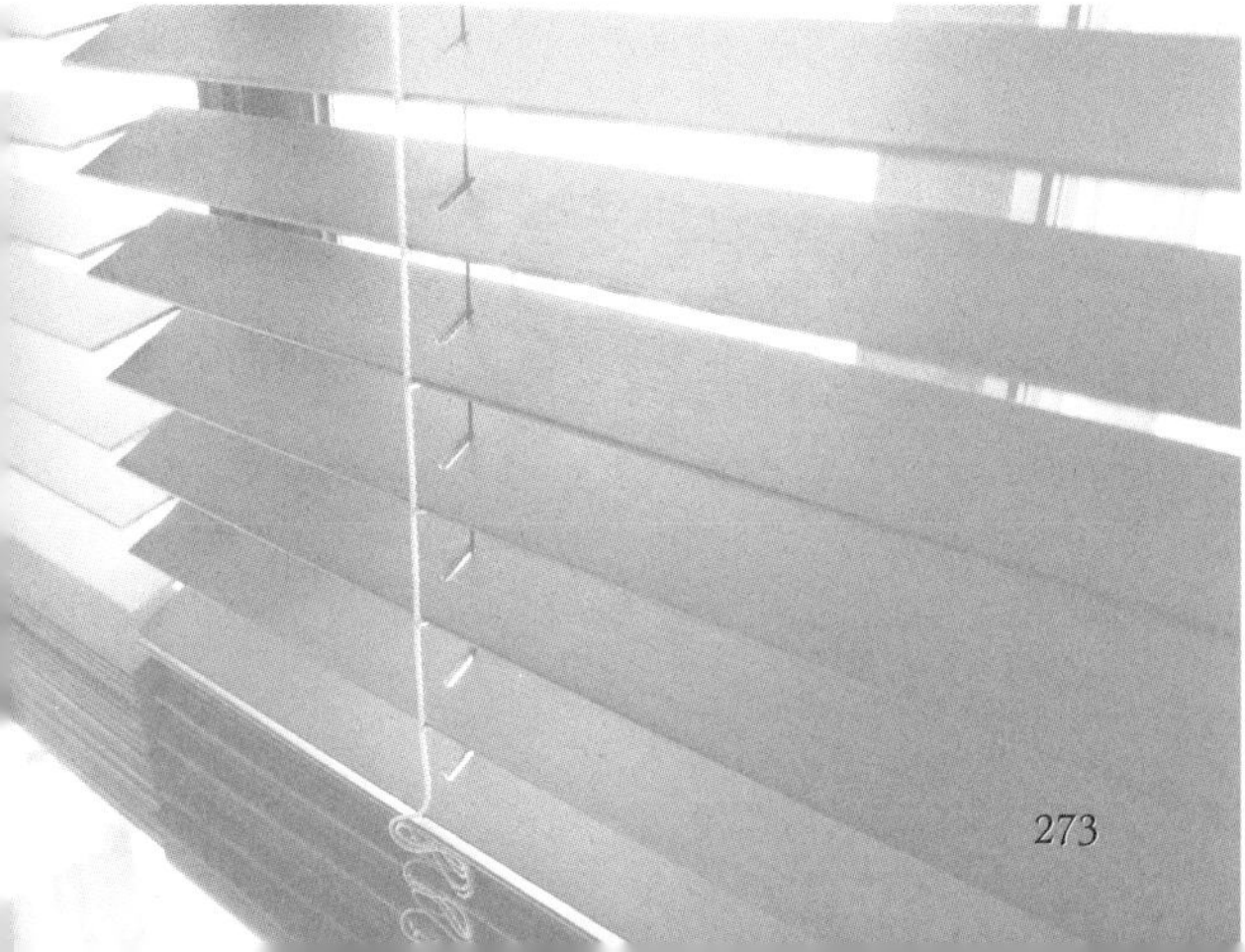

# 148

# 水道蛇口のハンドルを交換する

ガス、水道、電気などのライフラインに関連する修繕は、専門業者にお願いするのが基本ですが、水道蛇口のハンドル（取手）のデザインを変えることは可能です。新しいハンドルを購入する前に、蛇口と合致するか確認しましょう。合わない場合でもアダプターがあれば使えるものもあるので、販売先に問い合わせてみるとよいでしょう。

回転式のハンドルは、ドライバーがあれば比較的簡単に交換が行えます。まずは作業前に止水栓を探して水を止めましょう。ハンドルトップに青や赤のキャップがついている場合は、マイナスドライバーや爪楊枝などを差し込んでキャップを外すと、ネジが現れます。ネジを緩めてハンドルを取り、サイズに合うアダプターをはめてから新しいハンドルをつければ交換完了です。

回転式ハンドルをレバーハンドルに交換するなど、水栓の開閉にも影響が出る可能性があるリフォームは、専門業者に相談してすすめると安心です。

# 149

# ヴィンテージの金具やフックを集めておく

古い時代のパーツ類は出会いのもの。蚤の市やネットオークションで、心ときめく金属の取手やフック、釘、ナンバープレート、棚受けなどに出会ったら、とりあえず買っておくのがおすすめです。どこに使おうか考えるのは後でOK。やっぱりあれが欲しかったなと思っても、また同じものに出会えるとは限りません。大きな家具と違って場所もとらないのがいいところです。

あの洋服掛けのフックをこのヴィンテージの釘にしてみたらかわいいかな？　この取っ手はシェルフの引き出しに……などと使い道をアレコレ考える時間も楽しいもの。少しずつ自分の家に手を加えていく喜びを感じられるはずです。

# 150 ― ウッドデッキをDIYする

子どもが自由に走り回ったり、キャンプチェアを出してみんなで食事をしたり、ハンモックでアウトドア気分を味わったり。縁側のようなゆったりした空間に憧れる人も多いのではないでしょうか。

そんなウッドデッキも自作することが可能です。腕に覚えがあるなら1から材料を用意して挑戦できますが、手軽なのはDIYショップやホームセンターで販売されているキットを購入する方法です。必要な材料と設計図がそろっているので、初心者でも手順通りに進めれば完成できます。商品別に組み立て方動画を公開しているDIY専門店もあり、細かいところまで手取り足取り教えてくれます。気にしておき

たいのは、素材について。ウッドデッキは天然木だけでなく、人工木も種類が豊富。天然木は風合いが美しく気持ちがよいですが、種類によって材質や特性が変わるため注意が必要です。屋根のない場所に設置すると経年劣化が進み、放置しているとささくれたり腐ったり壊れたりするので、折々でケアが必要です。購入時にアフターケアのプランも立てておくと安心ですね。

一方、人工木は、天然木と比べて安価で、手入れがほとんどいらない素材です。腐ることを心配しなくていいという特性は、ウッドデッキ用途ではかなりのメリットです。色味も選べるので、家の雰囲気に合わせて選ぶこともできます。

ウッドデッキを設置するときは、土台となる基礎作りが重要で一番手間がかかる工程です。しかし近年はパーツを合わせるだけの、アルミと樹脂素材からなる土台セットも販売されています。ＤＩＹの腕前や都合にあわせて取り入れやすいものを選びましょう。

なお、ウッドデッキが壊れた場合は、危ないので放置せずすぐに修繕を。部分的に取りかえられるなら壊れた箇所だけ取りかえてしまうのがよいでしょう。定期的なメンテナンスやお直しはプロに頼るのも一手です。

# 151 — 庭に芝をはる

青々とした芝生は、眺めるだけでも美しいですね。庭つきの戸建住宅であれば、全面、または一画に芝生を敷いてみてはいかがでしょう。適度な管理は必要ですが、年月が経つうちに芝の成長も楽しみになるでしょう。

芝は、大きく分けると暖地型と寒地型のふたつがあります。暖地型は、25度～35度、寒地型は15度～25度が成長しやすい気温なので、お住まいの地域によってどちらのタイプの芝を使うか決めましょう。そこからさらに、多種多様な芝があるので、生育環境や管理のしやすさなどを考慮して選びます。芝刈りの頻度を減らしたいなら、生育スピードが比較的ゆっくりな品種を選ぶとよいでしょう。

芝は、シート状になっているので、敷く面積から必要数を割り出します。芝生の土台となる床土を作るため、10～30cmほどスコップなどで掘り下げていきます。水はけがよい土壌なら浅く、悪い土壌は深く掘り、必要に応じて砂を混ぜて水はけがよくなるように仕上げます。床土ができたら、肥料を加え、芝生をはりましょう。最後に土をかぶせ、散水して水をたっぷり与えます。3～4週間ほどそのまま養生させますが、この期間は毎日水やりをします。芝生には立ち入らないように注意しましょう。

さて、どんな芝を選んでも、芝刈り、雑草処理、肥料や水やりは欠かせず、害虫発生のリスクはつきものです。特に1年目は、こまめな水やりでしっかりと根

づかせることが必要なので、芝のすみずみまで水が行き渡るよう、散水できるホースは準備しておきたいですね。そのほか、芝刈り機とトンボも普段のお手入れに欠かせないので用意しましょう。ハンディタイプのカッターもありますが、小型でも芝刈り機があると断然負担は軽くなるもの。芝を刈る頻度は月1〜2回を目安に、伸びたらカットしておくと、雑草や害虫対策にもなるのでおすすめです。芝生の庭は育てていくもの。世話をして触れ合う楽しみを味わえると暮らしになじんでいけますね。

CASE STUDY 08

［ケーススタディ］

# 古いモノに手をかけて変化を楽しみ、味わう喜び

株式会社TOOLBOX
三上莉音さん

インテリアから間取りに至るまで住まいづくりのためのアイデアを提案、実現するためのアイテムやツールをＷＥＢで販売している株式会社TOOLBOX。入社2年目の三上さんは、築46年の実家をＤＩＹ中。その様子を発信しながら楽しんでいるそうですが、お直しやお手入れに対する率直な思いを伺いました。

「元々、手を動かして何かを作るのが好きで、欲しいものがあったり、直したいものがあったりすれば自分でやるという感覚は備わっているかもしれません。祖父母や母がそういう考えで。祖父はバルコニーや机を作り、祖母や母は洋裁が得意で、サイズが合わない服も直してもらったりしていました」

そんな三上さんが現在お住まいのご実家のリフォームを始めたのは、大学時代。コロナ禍で在宅時間が長くなり、「自室の壁紙を塗り変えた」のがきっかけでした。

「小学生時代からの壁紙をずっと変えたいと思いながら、落ち着いて家にいる時間がなくてなかなか踏み切れなかったんですが、ようやく変えることができ

て（笑）。元の壁紙の上に、カラーの壁紙を貼っていましたが、その壁紙を剥がしてペンキで色を塗ってみたらすごく気に入って。もっと手を加えていきたくなりました。入社後は仕事で覚えた知識や道具を使って気になるところを少しずつ変えて、お気に入りの場所を増やしています」

職場で作業方法のアドバイスも受け、実践。プロから教わった技を活かして空間を再生させていく三上さんの自宅DIYの模様は今、「HOW TO MAKE」という記事として自社コンテンツ内で発信され、誰もが見られるようになっています。どの工程も楽しそうな雰囲気が伝わってくるのですが「うまくいかないこともたくさんありますよ（笑）」と三上さん。

「DIYにハプニングはつきものので、失敗もたくさんします。でも、完璧にやろうというより『楽しもう！』っていう気持ちが大

クラシックリブパネルという木製の商品を一枚ずつ貼って仕上げた壁が最近のお気に入り。「自然が好きだから木の素材があると落ち着く。自然素材が経年変化していく様子を見るのも好きなんです」

事だと思うんです。うまくいかないときは、どう対応したらいいかを考えるのも面白い。そうやってきた親の影響もあるかもしれませんし、私自身、古着や古家具が好きで、お手入れしたり、直しながら使うことに魅力を感じるからかもしれません」

部屋を思い通りにしてみたいけれど、なかなかDIYに踏み切れない超初心者が「楽しい」と感じるにはどうしたらいいのか。三上さんは「カーテンやスイッチカバーを変えることから始めてもいい」とアドバイス。

「カーテンは見える面積が広いので、部屋の雰囲気が変わったと感じやすい。空間の背景となる部分が変わるといいんだなと。実感が湧いて、壁や床も好きなように変えてみようと思えたらいいですよね。あと、タイル貼りは、いきなり大きい面積から始めずに、最初はコースターなど小さなものから始めるとイメージが湧きやすいです。基本的な道具もあると取りかかりやすいですね」

## 三上さんおすすめの
## 初心者用基本の道具3点＋α

まずはこれ！ を厳選。DIYをしなくても、あると便利なツールです。
そのほか、サイズ調整や製作に使える手動ノコギリを常備しておいても。

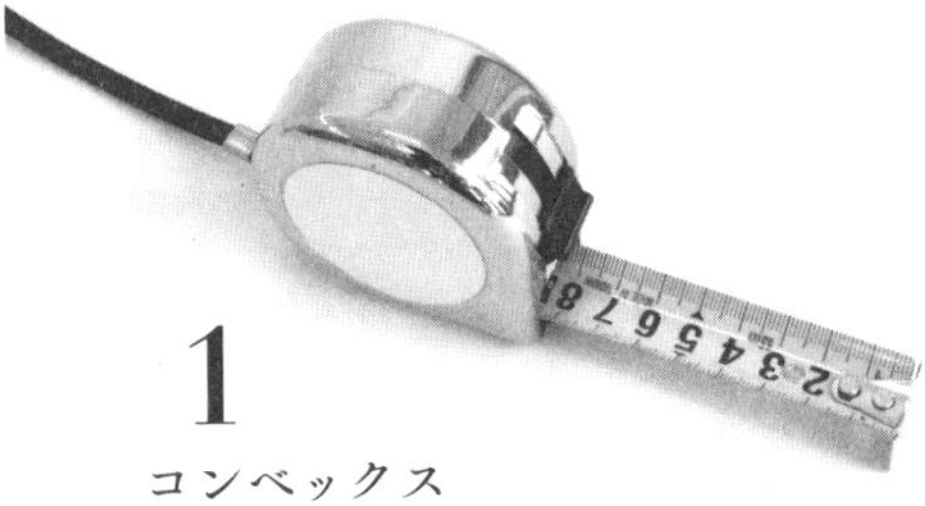

### 1
### コンベックス（幅2.5cm ×長さ5m）

天井や高さがあるものを測るのに便利なコンベックス（計測部が金属製のメジャー）は必需品。幅が細いと中折れしやすいので、自立する2.5cm幅がおすすめ。

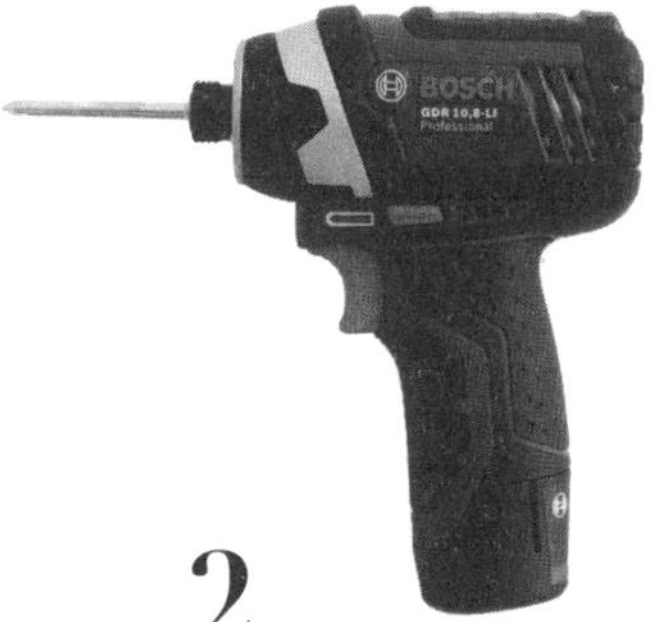


### 2
### インパクトドライバー

電動式のドライバーは、硬さのある素材にネジを取り付けるときや、取り外すときにも重宝します。

### 3
### 下地探し

壁に釘やピンを刺すときに、壁に当てると壁の厚みや下地の位置がわかる針タイプのチェッカー。シンワ測定の「下地探しどこ太」は、ペン型で携帯にも便利。

［ケーススタディ］

# 古い家に手を入れて中古品を愛でながらゆったり暮らす

## アラタ・クールハンドさん

作画／文筆／古家再生


CASE STUDY

09

「フラットハウス」と命名した古い平屋住宅とそこで暮らす住人たちを紹介した書籍『FLAT HOUSE LIFE1+2』をはじめ、住まいと生き方をテーマに活動されているアラタ・クールハンドさん。これからの時代を軽やかに暮らす秘訣について伺いました。

米軍ハウスなどの古い木造平屋と、そこに暮らす人々を取材した書籍『FLATHOUSE LIFE』。2009年に刊行され、「古いものに囲まれてゆったり暮らす」という新しい生活のムーブメントの発端となりました。その著者であるアラタ・クールハンドさんは、もちろん自身もフラットハウス暮らし。東京福岡二拠点それぞれで古い平屋に住んでいます。

「賃貸でもちゃんと自分で手を入れてやるんです。そうすれば気分よく住めるし家も喜ぶ」実際にアラタさんが暮らす東京の平屋も、取り壊すしか手がないと思われていた築45年の文化住宅をセルフで改修。みずから床を張り直し、壁を塗り、間取りも変更。バスタブや洗面台、建具などもアンティークや解体家屋から救ってきたものをしつらえ、〝自分ライク〟な住宅に生まれ変わらせています。

「案外昔の家のほうがしっかり造られていたりもするんですよ。欧州では古い建物にこそ価値を見るでしょう？ 土地ばかり重視して、家を『うわもの』なんて呼ぶ日本人の感性にはわびしさを感じますね」今では好きが

アラタさん宅。外壁も自身で白く塗り直したもの。

高じた中古住宅リノベーションも事業化、福岡ではみずから再生した米軍ハウスでゲストハウスも営んでいます。

「大企業ばかりに街のデザインを任せると、似たようなピカピカのビルが建ち並ぶことになります。そして便利＋新品至上主義が人々に生涯を賭すローンを組ませ、あくせくする生活へと誘う。それならばリーズナブルかつエコな古い家で、ライフスタイルに合わせカスタマイズして暮らすほうがずっと楽しいと思いませんか？」

そして古い家の魅力をこう続けます。「古い家に住む理由のひとつは、壁や建具にキズや凹凸が多くある点。いわば経年劣化ですが、油彩画でいうマチエールにあたり空間の魅力です。誰かが残したものを引き継ぐと、人の過ごした時間を一緒に感じることができる。そういうことが楽しめるか否かで、人生のよし悪しも決まるような気がしています」

# APPENDIX

# 不用品の始末と再生

なるべくモノを大切に扱い、最後まで大切に使い切りたい。そう思ってはいてもたくさんのモノがあふれる現代では、やはり不用品が出てきます。何かを入手するよりも、手放すことのほうが手間や労力、コストがかかることも多いのではないでしょうか。でも大切なモノとしっかり向き合いたいなら、不要なものは手放して、アイテムの数を厳選したいですよね。

ここからは、なるべく気持ちよくモノを捨てるアイデアをはじめ、リサイクルや処分のヒントについてご紹介します。

# 152 — メーカーの回収サービスを利用する

衣類や小型電化製品などはメーカーや業者による回収サービスを利用するのがおすすめ。ユニクロやH&Mなど着古した洋服の回収を行うメーカーや、大型家具の引き取りサービスを請け負う販売店や業者もあります。小型家電は環境省・経済産業省から認定を受けた業者が無料回収事業を行っています。インクジェットプリンタの使用後カートリッジはメーカー共同の回収活動もあるほか、エプソン、キヤノン、ブラザー製のインクカートリッジやトナーカートリッジは、ベルマーク活動でも点数として扱われています。

## 153 ― 寄付する

寄付を受けつけている会社や慈善団体などを調べてみましょう。送料は送り主が負担するけれど、玄関先まで引き取りに来てくれるというところも多いようです。衣類やバッグ、靴、ベルトなどの服飾雑貨、本、タオルやリネン類などが代表的な寄付できる品目です。切手や書き損じのハガキなど受けつけているところもあります。いろいろな母体があって悩むところですが、寄付した不用品がどのように活用され、どのように貢献できるのかを理解すると、寄付先を選びやすくなります。決めきれないときは地域の学校や団体のバザーに提供するのもよいでしょう。

チャリティーや寄付の場合は、受けつけている品物と受けつけていない品物をはっきり明記しています。収集期間が決まっていることもあるので、勝手に送りつけることは避け、必ず確認・連絡してから行いましょう。

## 154 ― ゆずって喜ばれるものを選ぶ

手放す方法として気軽なのは、身近な人にゆずること。知り合いに声をかけてみて、欲しいという人にゆずるなら抵抗が少ないでしょう。サイズアウトした子供服などゆずりあうケースもよくありますね。

ただし、人になにかゆずるときは押しつけにならないように気をつけましょう。いらないものでも不要といえずに受け取ってしまう人は少なくありません。モノを捨てるための労力や罪悪感を他人に肩代わりさせていないか、よく考えてみましょう。モ

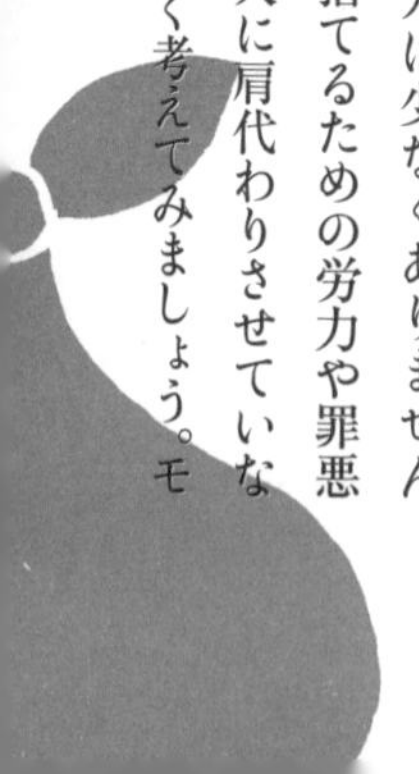

ノを買うときに、これは手放すときに欲しがる人がいるかな、と考えてみてください。上質なものを選んで大切に使っていけば、喜んでもらってくれる人も現れるのではないでしょうか。

## 155 — 売る（換金する）

換金目的で「売る」のも手放しのひとつ。メルカリやＹａｈｏｏ！オークション、ジモティなどが有名ですね。街で開催されるフリーマーケットもあるでしょう。不用品を売るのは、出品、連絡、発送など手間もかかるもの。労力をかけて手放した体験は、今後不必要なものを買う行為を抑制することにもつながります。

また、不用品をダンボールに詰めて買取査定に出せるサービスもあります。「せっかく箱に空きがあるからもう少し手放そう」と思えるので、モノを一気に減らしたいときに利用するといいでしょう。貴金属やチケットなどは専門店へ持ち込みましょう。踏ん切りがつかないものも、一度査定してもらうと気持ちの整理がついて手放しやすくなりますよ。

## 156 ─ アップサイクルで再利用する

モノを大切にし、役割を終えたものも工夫して活かせるといいですね。たとえば北欧では、テニスラケットのガット部分を外してミラーをつけ、鏡として再生させたり、ステンレスのチーズおろし器を逆さにしてカトラリー入れとして利用したりと、あちこちに楽しいアイデアがいっぱい。既成概念にとらわれないで、「どう使えるかな？」という視点で不用品を見直して、アップサイクルするのは暮らしの新たな楽しみにもつながります。

また、アップサイクルの視点をもった企業、作り手の商品を選ぶことで、自分が手放すときも再びリサイクルができることもありますね。

ちなみにアップサイクルがあればダウンサイクルもあります。アップサイクルは元のものとは違った新しい価値をつけて再生することを指しますが、ダウンサイクルは、使い古しのタオルを雑巾に、新聞紙やチラシでゴミ箱を折るなど「使い切って始末する」ことを指します。

## 157 ─ 生ゴミはコンポストで堆肥に

残飯や野菜くず、出涸らしの茶葉などを微生物の力を借りて発酵・分解し、堆肥にするコンポスト。生ゴミを栄養満点の肥料に変えて土に戻し、植物や野菜の栽培に活かす取り組みは古くからありましたが、再び注目を集めています。

基本は、容器にピートモスや燻した籾殻、発酵させた米ぬかなど微生物が繁殖しやすい基材を入れて生ゴミを加え混ぜ、発酵させるというシンプルな工程。市販のコンポストは防臭対策を施しているものも多いです。近年は、トートバッグや三角コーナーほどコンパクトなタイプや、電動タイプなど、サイズや種類の選択肢が増え、補助金制度を導入している自治体もあります。コンポストの購入に助成金が受けられるかどうかは、お住まいの地域で確認してください。コンポストでできた堆肥は、ガーデニングや家庭菜園に使ってもいいし、回収サービスを利用するのもよいでしょう。

生ゴミを減らすことができ、環境にもやさしいコンポストですが、魚の骨や貝殻など処理できないゴミもあります。適応するものはコンポストの種類によっても異なるので、確認してから入れるようにしましょう。

## 158 — 雨水を濾過して再生する

災害など非常用の水としても活用できるよう、雨水タンクを設置するのも暮らしの知恵。雨水を濾過してためておけば、打ち水や植物の水やり、ベランダや庭の掃除用にも惜しげなく使いやすいですね。

集めた雨水は、ゴミなどの異物が混ざっているので、必ず濾過して貯水しましょう。メーカーの雨水タンクは効率よく水を集める集水器や高性能な濾過機能などがついているものもありますが、飲料の使用は避けて。また、雨水・再生水についても助成金制度を導入している地域や自治体があるので、チェックしてみるとよいでしょう。

## 159 ― 迷うものBOXを作る

手放してよいか迷うものを一時的に保留するための箱を作りましょう。期限を決め、それがすぎたら、捨てる、ゆずる、売る、など手放しを。時間が経ってみると、どうしてこれを惜しいと思ったのかなと感じるかもしれません。家の前などに「ご自由にどうぞ」と張り紙をして、箱ごと出してみると必要な人の手に渡ることもあります。

## 160 ― 捨てたものは記録する

毎日捨てたものをノートに記録してみましょう。捨てる理由も合わせて記入します。記録に残すことで捨てることへの罪悪感がなくなり、記録がたまっていく達成感で継続しやすくなります。捨てるものを撮影して写真で保管する方法も効果的です。「こういう服はあまり着回しがよくないな」とか「やっぱりこれはひとつあればいいな」といった自分がモノを選ぶ基準を知るきっかけになるだけでなく、モノに対する価値観も向上します。

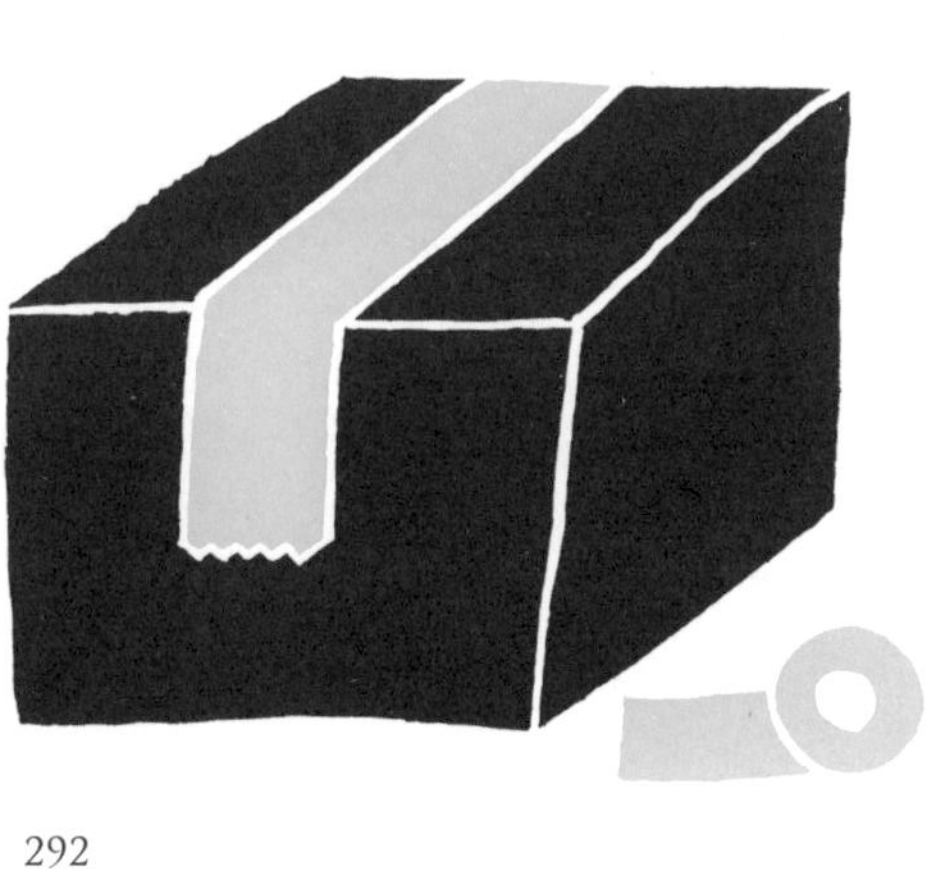

# ［制作協力］

イラストレーター／文筆家／古家の再生企画

## アラタ・クールハンド

Arata Coolhand

東京都出身。09年フラットハウスと命名した古い平屋住宅と、そこで暮らす住人たちを紹介する『FLAT HOUSE LIFE』（現在『FLAT HOUSE LIFE 1＋2』として発売中）を出版。以降は住まいから生き方を考えることをテーマにした著書を多く執筆。福岡の米軍ハウスを再生させたゲストハウス《フラットハウス・ヴィラ》や、古家やヴィンテージマンションをオリジナル状態を尊重しつつリノベートする再生事業《フラットハウス・プランニング》を運営する。東京の文化住宅と九州の米軍ハウス2棟でのデュアルライフを実践しつつ、あらゆる中古品を愛でるYoutubeチャンネル『再評価通信』を配信中。

https://aratacoolhand.net
@aratacoolhand
@arata_coolhand_fh
再評価通信 / REVIVAL Journal

omusubi
不動産

## omusubi不動産

（有限会社トノコーポレーション）

「自給自足できるまちをつくろう。」をコンセプトに、千葉・松戸で創業。以降、おこめをつくる不動産屋として入居者や地域住民と田植えや稲刈りなど米づくりを行い、まちの空き家を活かした場と機会の提供とコミュニティのリノベーションに取り組んでいるomusubi不動産。

DIY賃貸やリノベーションを推進し、空き家を活かした住居や店舗の提供のほか、シェアアトリエやシェアカフェ、コワーキングスペースの運営など、空き家の再生を起点としたまちづくり事業を行う。

2020年に東京・下北沢に2号店を出店、近年は鉄道会社や大手不動産会社とタッグを組んで沿線や地域の空き家活用にも注力。また、さまざまな地域のまちづくり開発から運営をサポートするなど事業を拡大中。

[松戸本店]
〒270-2231 千葉県松戸市稔台1丁目21-1
あかぎハイツ112
TEL：047-710-0628　定休日：日・水
[下北沢店]
〒270-2231 東京都世田谷区代田2丁目36-12
TEL:03-6805-5224　定休日：水

https://www.omusubi-estate.com/
https://omusubi.estate/
@omusubiestate
@omusubiestate
www.facebook.com/omusubiestate

ソーイングデザイナー

# オルソン恵子

豊かな色彩の北欧テキスタイルでオリジナルの作品を作っているソーイングデザイナーのオルソン恵子さん。日本でミュージカル舞台衣装の縫い子や数々のブランドのサンプル縫製で経験を積んだのち、２００８年よりスウェーデンに移住、Syateljé Keiko Olsson（ケイコ・オルソンの洋裁店）というアトリエを営んでいます。インスタグラムやYouTubeで手仕事の様子も配信し、インスタグラムのフォロワーは12万人、YouTube登録者数は22万人を突破（２０２３年11月）。開業以来、ソーイングレッスン講座やワークショップ、展示会、さまざまな企業とのコラボなど活躍の場を広げています。著書に『北欧ぐらしの布小物』（ワニブックス）、『スキル０でも一日でわかる　ソーイング大全』（KADOKAWA）など。

https://keikoolsson.com
@keiko_olsson
Keiko Olsson Sewing Channel

KABEGAMIYA
HONPO

## 壁紙屋本舗（かべがみやほんぽ）

現状、日本の壁紙文化は白っぽいビニールクロスがそのほとんどを占めています。

インテリアはもっと楽しめるし、壁紙にはもっと選択肢があってオモロイんです。

大阪にある壁紙屋本舗は『壁紙を自分で選んで貼る』ことの楽しさを発信し続けて20年以上が経ちました。オンラインショップでの販売を中心に、壁紙、床材、ペイント、ウォールステッカー、ふすま紙など、自分で施工するためのHOW TOやコーディネート、ビフォーアフターの事例などのコンテンツも発信しています。

今では賃貸住宅の方でも壁紙を楽しんで頂くことができる、貼ってはがせる原状回復が可能な壁紙や施工方法も数多くあります。壁紙からお部屋の質を一段上げて、毎日の暮らしをちょっと豊かにしてみませんか。

ショールーム 壁紙屋本舗 LAB
大阪市大正区千島２丁目４千島団地３号棟１階
TEL　06-6537-7121

https://kabegamiyahonpo.com
@kabegamiyahonpo

joko gumo

くらしの知恵と道具
よこぐも

くらしの知恵と道具

## jokogumo（よこぐも）

店主 小池梨江

残したいもの、大切にしたいこと。何を選び、何を選ばないのか。丁寧な選択はわたしたちの暮らしそのもの。jokogumoは、職人が作ったもの、作家の1点もの、国内産や国外産、手仕事であるか工業製品であるかどうかにとらわれず、共感できるもの、引き継ぎたい技、気持ちのよい道具、いろいろなものが同じように並びます。店名の「横雲（よこぐも）」とは、夜明けの東の空に棚引く雲のこと。店主小池さんの「美しい空と、それを眺める心の余裕。どちらもずっと、大切にしたい」という想いから名付けられました。

２０２２年には、店舗近くに「土脈」というギャラリー&スペースをオープン。金継ぎやダーニングほか、さまざまな物づくりや学びのワークショップも開催しています。

162-0825 東京都新宿区神楽坂 6-22
TEL 03-5228-3997
https://www.jokogumo.jp
https://dommyac.tokyo（土脈）
@jokogumo
@jokogumo

日本の手仕事・暮らしの道具店
cotogoto

日本の手仕事・暮らしの道具店

## cotogoto

２０１１年にＷＥＢショップ、２０１２年４月に高円寺に実店舗をオープン。台所道具をはじめ、数千種類の暮らしの道具を取り揃えた道具店。老舗の定番アイテムから、職人による手仕事品まで多数取り扱い、プロの料理家にも支持されている。ＷＥＢサイトには道具愛あふれる読み物も充実。季節のレシピなども多数公開している。Instagramアカウントも人気でフォロワーは20万人を超える。

166-0003 東京都杉並区高円寺南 4-27-17-2F
TEL 03-3318-0313
https://www.cotogoto.jp
@cotogoto.jp
@cotogoto_jp

整理収納アドバイザー

## moca

自称「生粋の片付けられないヒト」を公言する整理収納アドバイザーのmocaさん。自身が考案した「お片付けノート」で、驚くほどすんなりと片付けられるようになっただけでなく、モノとの向き合い方がガラリと変わり、その経緯をSNSで公開したところ大きな反響に。

mocaさんの1日3～5個モノを捨てる（手放す）、ノートに捨てたモノと理由を書き出すだけのシンプルメソッドは、モノを通して自分自身と向き合い、意識や価値観を再構築する作業に近いもの。そんなmocaさんのお片付けノートや、直感的にわかる収納、ちょこちょこ掃除で時短ハウスキーピングなどの実践方法は著書『1日5分！ お片付けノート』（扶桑社）、『お片付けノートで見えてくる！ 大事なのは捨てる理由でした』（主婦の友社）の中でも余すところなく紹介されています。

https://www.okataduke-note.com
@mocatam2014
@moca_note

toolbox

自分らしく愛着のある空間づくり

## toolbox（ツールボックス）

「自分の空間を編集するための〝道具箱〟」をコンセプトに2010年にスタートしたウェブショップ。キッチンや洗面、フローリングやタイルなどの床・壁材、建具、パーツ金物、照明、さらに家具やカーテンにいたるまで、家づくりにまつわるアイテムを販売しています。サイズオーダーできるアイテムが多いのも特徴。中古マンションの定額制リノベーションや部分リフォームのパッケージ、施工サービスもエリア限定で提供しています。ショールームは、東京と大阪の2ヶ所にあり、商品の展示だけでなく、自由な発想を促すさまざまな仕掛けを盛り込み、空間づくりの楽しさを提案。スタッフへの相談はもちろん、ご自宅からのオンライン相談も予約制で受け付けています。ウェブ上では、空間づくりのアイデアを広げる読みもの連載も多数展開。家づくりをした方のインタビュー記事や、DIYやメンテナンスの体験記、施主支給のガイド記事などもあります。毎週金曜日の正午からは、インスタライブでも情報を発信中。たくさんの事例写真と約1000点のアイテムを掲載したカタログは、無料で請求いただけます。

ショールーム
〒161-0033
東京都新宿区下落合 3-14-16
〒531-0071
大阪府大阪市北区中津 3-10-4
西田ビル 3 階
https://www.r-toolbox.jp
@r_toolbox

# [参考文献]

## [主な参考書籍]

『暮らしの図鑑 うつわ』(翔泳社)、『暮らしの図鑑 民藝と手仕事』(翔泳社)、『暮らしの図鑑 ガラス』(翔泳社)、『暮らしの図鑑 木のもの』(翔泳社)、『暮らしの図鑑 台所道具』(翔泳社)、『ナチュラルヴィンテージで作る センスのいらないインテリア プロが教えるセオリー&アイデア』(翔泳社)、『プロが教えるセオリー&アイデア 季節やシーンを楽しむ日々のうつわ使い』(翔泳社)、『スキル0でも一目でわかる ソーイング大全』(KADOKAWA)、『愛らしいお直し ダーニングスティック&ダーニングマウスでもっと楽しく』(主婦の友社)、『幸せになれる!私の片付け術』(宝島社)、『捨てない暮らし』(宝島社)、『引き算のお掃除術』(お掃除本舗)、『キレイが続く、おウチのお手入れ術』(お掃除本舗)、『毎日のお手入れも超ラクチン!時短そうじ術』(お掃除本舗)、『FLAT HOUSE LIFE 1+2 』(TWO VIRGINS)、『別冊天然生活 エコでやさしい暮らし』(扶桑社)、『1日5分!お片付けノート』(扶桑社)、『決定版 DIY でできる!壁・床リフォーム&メンテナンス百科 』(ワンパブリッシング)

## [主な参考 WEB サイト]

&FREL
ADAL
AGF
and colors
Bauhutte
BEPAL
Bio Cafe
BIZOUX
Bona
cotogoto
COVEARTH MAGAZINE
DAIKEN
DAILY CLEANERS Co-
DCM
DIME
dinos
DIY Clip
DIY LABO
DIYと暮らしを楽しむ
Eight Hundred Ships & co.
esseオンライン
ethicame
Eury dike
FLANNEL SOFA
HAGS
Haier
Hanakoya 染め直し
Handle
Hugkumu
IDC OTSUKA
iecolle
Inoue Pearl
INVITIN'
K&K
KINOSHITA
LABRICO
LIFE UP FLOOR
LIMIA
MAMA CARE
mamagirl
MARUKINKAGU
MISUMI
MOTOM
mumokuteki　大槌刺し子
MUUSEO SQUARE
mybest
NTT東日本
NURIKAE CLUB
one's store
Paint Navi
PAJOLIS.com
Panasonic
preco cirico
PROTIMES
Re:CENO
re:sumica
Resta
RoomClip
RS ネジの種類
saita
SAKODA
SATETO
SDS エアコン取り付けコージ君
sheage
Shina Interior Works Company
shuhoo
Sitwell
Soliwood
soraironote
sot
toolbox
total solutio
TSUTSUMI
TWIGWS & DWARF
vacay
WATCO
watts
with ONLINE
Wood workers
YKK
YOUR MY STYLE
アイリスオーヤマ
アクロン
アサヒペン
アロンアルファ
アンティークハウスポートベロ
アンティークログ
イースマイル
うるしの器あさだ
エアウィーヴ
エネチェンジ
おそうじ本舗
おやこのくふう
ガーデコジャパン
カーテンくれない
ガーデンストーリー

カインズリフォーム
かご・ざる・み　市川籠店
カジタウン
カネヨ石鹸
カビ取りマイスター
キーコーヒー
きせかえマイホーム
キナリノ
果物語
クラシアン
くらしきぬ
くらしのマーケット
くらしの研究　kao
グリーンロケット
クロコミ
クロバー
ゲキセンプラス
ケントストア（古家具の再生）
こぎん刺し図案集
コジカジ
コメリ
サクラクレパス
サンユニフォーム
サンワ
シーツジェイピー
シフォングループ
すまいのホットライン
スリースノー
セーラー万年筆
セカンドストリート
セキスイハイム
セシール
セゾンのくらし大研究
セブンプレミアム
せんたくのーと
センチュリー21
ダイヤクリーニング
タカラプラザ
ダスキン
チャーミーMagica
つぐつぐ
ディアウォール
トクバイニュース
トクヤマ
となりのカインズさん
ドマーニ
とりまつ畳
トリムミズラボ
ナスラック
ニジイロランプ
ニッセン
ニッペホームオンライン
にっぽん　てならい堂
ニトリ
ヌリカエ
ネジクル
ねじ通販　WILCO.JP
パイロット
ハウジーマガジン
ハウスリンク
パナソニック
ハンズ
ピースワーク
びっくりカーペット
ピナイ家事ラボ
フーディー 三越伊勢丹の食メディア
フェリシモ
フェリシモ女子DIY部
フクシホーム
フジックス
ふとんのつゆき
ブラザー
ペイントナビ
ベッドスタイル
マイナビ子育て
マイレピ
松野屋
マネーの達人
マルキン家具
マロンレシピ
ミスミ
もちやぷらす
モノタロウ
モキログ
モルモル
ヤマサ醤油
ユアマイスター
ユナイテッドアローズ
ユニクロ
ユニコレ食品店ユニフォーム
ライオン
ラブリコ
リクシル
リショップナビ
リスタ
リネット
リノベ不動産
リフォームのリノコ
リフォームマニア
リンナイ
リンレイ
レスキューラボ
レタスクラブ
ロイモール
旭川木工センター
伊織
伊勢型紙　おおすぎ
羽目板屋どっとこむ
燕商事
価格.comマガジン
家具クリニック
家具は村内
家事タウン
家電 Watch
花王
貝印
鞄いたがき
業務用家具ADAL
金継ぎ師GUU.
金継ぎ図書館
金継ぎ暮らし
金曜大工
熊本県畳工業組合
健菜
建築BLOG'S あかばね金物
建築の友
虎竹のある暮らし
弘前こぎん研究所
三菱電機 くらトク
資生堂
漆器修理ヒロセ
漆喰うまくヌレール
手芸のオリムパス
住まいる水道
住宅金融普及協会
住友林業クレスト
消費者庁
上手工作所
神清
青森りんご
石鹸百科
川喜金物
全日本コーヒー協会
全日本畳事業協同組合
大川こもれび家具
大忠
第一石鹸産業
宅配クリーニング　フランス屋
宅配クリーニング　リクリ
宅配クリーニング　リネット
長谷園
長谷エグループ　ブランシェクラブ
賃貸のマサキ
電気工事110番
東リ オンライン
東京ガス　ウチコト
東京ガスのハウスクリーニング
東京都クリーニング生活衛生同業組合
東京都葛飾福祉工場
東建コーポレーション
藤次郎
陶香堂
鍋屋バイテック会社
日本ペイント
日本工芸堂
日本特殊加工化粧板協議会
日本民藝館
梅沢木材工芸社
白ごはん.com
白石木工チャンネル
繁盛シール工房
美輪漆行
不用品回収の達人
婦人画報
富成工業所
壁紙屋本舗
暮らしとインテリア　SUMURO
暮らしニスタ
暮らしのマーケット
縫いナビ
貿易ネットコム
毎日が発見ネット
蜜蝋ワックス834
無印良品
無垢sotry
無垢フローリング床材専門店キャスオンライン
無垢材家具の専門店 SOLIWOOD PRODUCTS
木の店　木楽
木工のデン
野田琺瑯
和の匠プラス
和泉屋
和平フレイズ

**お問い合わせ**

本書に関するご質問、正誤表については、下記の Web サイトをご参照ください。
正誤表　　　　https://www.shoeisha.co.jp/book/errata/
お問い合わせ　https://www.shoeisha.co.jp/book/qa/
インターネットをご利用でない場合は、FAX または郵便にて、下記までお問い合わせください。電話でのご質問はお受けしておりません。

〒 160-0006 東京都新宿区舟町 5
FAX 番号 03-5362-3818
（株）翔泳社 愛読者サービスセンター

デザイン　坂本 真一郎（クオルデザイン）
イラスト　村松 佑樹（一章、二章、三章）、
アラタ・クールハンド（三章、四章）、
勝山 八千代（五章、六章）
撮影　平沢 千秋
監修　アラタ・クールハンド、omusubi 不動産、
オルソン 恵子、壁紙屋本舗、
小池 梨江、cotogoto、
moca、toolbox
制作協力　佐藤 碧、上田 優子、サカモトアキコ
執筆　ごとうあいこ、牟田 悠
編集　古賀 あかね

◎写真提供
アラタ・クールハンド（P188、285）／オルソン恵子（P14、15、93、218、219）／壁紙屋本舗（P154、175、192、243）／栗原 悠太（P63、190）／小池 梨江（P9、12、13、16、178〜180、231）／下北沢ジャズ喫茶マサコ（P255）／toolbox（P119、121、134、162〜165、189〜191、261、263、267、269、271〜273、281〜283）／信長 江美（P58、60、77）／平沢 千秋（P181、232、233）／moca（P137）／株式会社リンレイ（P164、165）

暮らしの事典
モノのお手入れ・お直し・作りかえ
繕って長く使う、
自分らしく整えるアイデアとヒント160

二〇二四年一月十六日　初版第一刷発行

編者　暮らしの図鑑編集部
発行人　佐々木 幹夫
発行所　株式会社 翔泳社
（https://www.shoeisha.co.jp）
印刷・製本　日経印刷 株式会社


ISBN978-4-7981-8227-8 Printed in Japan